LA HONTE SIONISTE

AUX SOURCES DU SIONISME ET DE SES RAVAGES DANS LE MONDE

Lucien Cavro-Demars

2019

the Savoisien & Baglis

Illustration couverture

de René Giffey, Le juif Isaac d'York
Walter Scott, Ivanhoé ; Edt. Paul Duval, Elbeuf, Paris 1934

Ce livre est dédié aux innombrables victimes des subversions maçonniques qui fomentèrent :

- *Les guerres de religion ; la Révolution de 1789 ;*
- *Les génocides des catholiques irlandais, vendéens, lyonnais ;*
- *Les guerres napoléoniennes d'Italie, d'Égypte, de Palestine, d'Autriche, d'Allemagne, de Pologne, d'Espagne, de Russie, du Mexique, de Crimée, d'Algérie, de France ;*
- *La guerre civile de Sécession américaine ;*
- *Les conquêtes coloniales en Amérique, en Afrique, en Asie, à Madagascar ;*
- *La Première Guerre mondiale et les occupations mandataires en Syrie et Palestine ;*
- *Les génocides des chrétiens d'Orient : Bulgares, Grecs, Arméniens, Libanais, Assyro-Chaldéens ;*
- *Les Révolutions en Russie et en Hongrie par Kérensky et Bela Kum ;*
- *La Seconde Guerre mondiale et le partage de la Palestine ;*
- *Les guerres coloniales pétrolières d'Indochine, de Suez, d'Algérie et du Biafra ;*
- *La guerre contre les États arabes ;*
- *La « croisade » anticommuniste en Europe, Asie, Amérique, Afrique, prêchée par les Achkénazim athées, de souche khazare (mongols blancs russes) révolutionnaires cupides et subversifs, comme l'est la presque totalité des Sionistes américains, européens et israéliens, qui ont la haute main sur la Franc-maçonnerie et sur le Protestantisme politique associés.*

Ce livre, dédié aussi à Michel Chiha (1891-1954) et à Charles de GAULLE, est voué à la Libération de la Palestine.

Copyright by Lucien CAVRO -DEMARS, Beyrouth, Liban
Imprimé au Liban, 21 janvier 1972

Édité et distribué à frais d'auteur
Format 142 x 215 m/m, Poids : 400 grammes, 231 pages, 32 planches.

Première édition numérique 1er Mai 2007

the Savoisien & Lenculus

Tous droits de traduction et de reproduction réservés pour tous les pays.

Exegi monumentum ære perennius
Un Serviteur Inutile, parmi les autres

SCAN & ORC, MISE EN PAGE
16 juillet 2019

LENCULUS †(2016) & BAGLIS
in memoriam

Pour la Librairie Excommuniée Numérique des CUrieux de Lire les USuels

AVERTISSEMENT

Notre ouvrage, d'un architecte apolitique inspiré du devoir européen, n'est pas antisémite, ni raciste, ni antijuif : le chapitre V l'atteste. Il s'oppose au Sionisme maçonnique et à la politique des gouvernants et des *financiers* anglo-saxons qui ont conduit le monde à son état actuel menant à une catastrophe inéluctable.

La *Honte Sioniste* s'oppose aux imposteurs de l'histoire des XIXe et XXe siècles contrefaite, de 1800 à 1967, par la Franc-maçonnerie sioniste et aux subversions de l'argent, comme en opèrent, en 1971, les membres du Club des Présidents internationaux, seigneurs du commerce des armes et de la guerre, monopolisant le pétrole, l'or, le diamant et le nickel, la publicité et l'information, qui, au moyen des organismes internationaux alimentent la presse, la radio, la télévision, abusent les esprits et lavent les cerveaux pour dominer la politique occidentale.

Le livre *La Honte Sioniste* complète et succède à l'édition épuisée du *Défi Israélien*, réplique au *Défi américain*. Il est marqué de l'étoile de David et des symboles maçonniques ramifiés jusqu'au Dollar, monnaie de l'impérialisme sioniste, à l'origine, frappée des 2 colonnes du Temple et de l'S de « Sion ». Il démasque le Sionisme, idéologie raciale fétichiste des mercantis khazars américanisés, activistes d'une certaine Judaïcité soumise à un État juif xénophobe, imposé en Palestine, pour stimuler un réseau international totalitaire.

L'édition originale libanaise du *Défi Israélien* a trouvé grâce auprès des critiques français qui l'ont jugé digne d'être lu par les Étudiants des Grandes Écoles et communiqué aux observateurs politiques qui s'interrogent sur le passé récent, inavouable, et le proche avenir du monde moderne face au Sionisme maçonnique.

Notre thèse, présentée au Vatican, fut lue par le Saint-Père Paul VI qui condescendit à remercier l'auteur, pour sa participation à la défense du Christianisme et de la Paix. Elle a été acceptée également par d'éminents juristes, spécialistes de la question d'Orient.

700 exemplaires expédiés du Liban en France, sous le contrôle de l'Inspection des Douanes et de la Censure du ministère de l'Intérieur, sont parvenus à leurs destinataires. La loi du 21 avril 1939, dite Loi Marchandeau, contre l'antisémitisme, invraisemblable, qui punit les libelles répandus contre les *Rothschild* — sans protéger pour autant les travailleurs arabes — ne s'applique pas au *Défi Israélien* et sa suite *La Honte Sioniste*, livres essentiellement politiques basés sur l'histoire et l'actualité.

Mais le monopole de fait de la distribution des moyens d'information, qu'exerce l'Organisation sioniste sur les zones francophones, a interdit notre ouvrage à ses services, à ses *Maisons de la Presse* et kiosques de gare et de ville. — La censure et la mainmise sionistes sur la librairie du *Monde libre* sont comparables au contrôle de l'État en U.R.S.S.

Notre premier livre, *explosif*, ne fut reçu, *au pays de la liberté*, que par de rares librairies libres : 3 à Paris, 2 dans le Nord, 2 à Tours. Partout le veto (sioniste) s'appliquait : chez Maspéro (Paris), à Astragale (Tours), comme *il interdit* à M. Royer, maire de Tours, de s'opposer à la pornographie dans sa ville. « *Ce n'est pas contre vos théories... que je m'élève mais contre tout ce que vous ne dites pas encore et que je perçois à travers vos paroles* », pouvait faire distribuer l'Achkénaze parisien Rachline contre la moralité française pervertie par l'Organisation. On verra bien qui, des Sionistes ou des Français, auront le dernier mot, en France.

En général on observera l'aboutissement des doctrines maçonniques hypocrites de W. Wilson (1919) *pour le droit et la justice et l'indépendance des peuples*, et d'Eisenhower (1957) *pour la protection des lieux saints de l'islam*, dictées par les Organisations sionistes, associées au Cartel des pétroles. On suivra la voie de l'impérialisme maçonnique, depuis 1789, à sa fin inévitable, dans les humiliantes défaites diplomatiques enregistrées par les gouvernants anglo-américains, après 1947, dans la perte de prestige occidental, en Orient surtout, et le recul de l'influence de la culture occidentale minée intentionnellement par le Sionisme maçonnique pour implanter les lois du *Talmud* à son profit. On citera la lutte héroïque des peuples du Tiers Monde devant les mêmes armes perfides qui ont attaqué successivement les Catholiques irlandais, canadiens, mexicains, les Indiens américains, les Nègres, Algériens, Indochinois, Chinois, Malgaches, les aborigènes d'Australie, de Nouvelle-Zélande, d'Afrique du Sud, les Chrétiens d'Orient, Grecs et Arméniens d'Asie Mineure et les Assyro-Chaldéens de Mossoul, les Arabes d'Égypte, de Syrie, de Palestine, d'Irak. On comparera cette faillite de l'esprit occidental, berné par le Sionisme maçonnique *à la remarquable intelligence et à l'intuition de Charles de Gaulle, dénonçant toute domination impérialiste dans le monde, par ses discours et sa politique qui ont fait de la France le symbole de la résistance des peuples à toute infiltration et hégémonie impérialiste, et du respect de la dignité des nations du globe sans distinction de couleur ni de foi, base de la politique étrangère de la France,* que le Sionisme maçonnique international n'a cessé d'attaquer au sein du Catholicisme.

Issu du Liban, terre de liberté, puisse cet ouvrage être diffusé par la volonté française, en dépit de l'obstruction des *Sionistes*, pour libérer l'esprit opprimé, rendre lucides les consciences abusées et dresser la Jeunesse contre les fauteurs de guerre, qui prétendent prôner la paix.

L. C.-D., janvier 1972.

Planche 1.
1925.
Le général Sarrail, maître du Grand-Orient, a fait juguler les protestations druses par la Légion. Sur la photo, prise par un officier français, 10 victimes semblent avoir été fusillé par surprise.

Planche 2.
Mars 1966
Mont du Sinaï. Rassemblement au pied du Couvent de Sainte-Catherine.
Photo Manoug Alemian, Beyrouth
(2ᵉ prix du Concours international de Tokyo, 1969)

Planche 3

*Beyrouth,
août 1940.*

Le général Fougères, commandant en chef, et F. Colombani, directeur de la Sûreté, font arrêter l'auteur (à droite) et 2 amis patriotes sous *l'inculpation d'atteinte à la sûreté extérieure de l'État* (de Vichy). Les Loges maçonniques autorisent leurs membres à prêter serment sur l'honneur de n'être pas francs-maçons.

Au Tribunal militaire, les officiers supérieurs responsables : Guillotin, Farges, Couapey et au Conseil de guerre tous le sont, sauf le Président. Un des leurs (à gauche) est inculpé, dénoncé par l'Intendant Colonel Fréby, en contact avec Colombani (enquêteur de l'affaire Prince). Sept arrestations, dont 2 officiers et 2 fonctionnaires, suffirent aux autorités de Vichy pour rallier 50.000 Français, mobilisés en Syrie et au Liban, qui, abusés par l'information et devenus anglophobes, hésitaient entre De Gaulle, inconnu, et Pétain soutenu par le sioniste Roosevelt. En 1941, plusieurs milliers d'entre eux, renforcés d'autres venus de France asservie par Hitler, se sacrifièrent en Syrie contre l'invasion anglo-australienne, suivie des sionistes Dayan Eban. Les rares gaullistes luttaient contre Dentz, *d'autres* avec lui. L'auteur emprisonné à nouveau pour insoumission à Pétain faillit être fusillé. Le dénonciateur Fréby fut *récupéré* par le F∴-M∴ CATROUX. À la *Libération* de Paris, le F∴-M∴ *courageux* fut à la Banque Lazare et après plusieurs conférences antisyriennes, nommé au poste d'inspecteur principal des contributions à Nice.

Manoug Alémian est un *miraculé* de l'évacuation nocturne de Marach, le 13 février 1920, dans les pires conditions de froid (-20°) et d'enneigement des cols. Sa mère morte gelée et d'épuisement, son oncle le reprit de ses bras raidis et sauva le nourrisson, enfoui contre lui, en achevant les 30 heures de marche de l'étape.

C'est par l'obédience du *Grand-Orient* de France et des Loges écossaises que le Sionisme fit livrer la Cilicie aux *Jeunes Turcs*, en nov. 1919, et les pétroles de Mossoul au Cartel anglo-américain. La garnison française de Marach, 2.500 hommes et officiers, dont des Sénégalais et des Algériens vêtus de toile, attaquée le 17.1.1920 résista si bien que ses assaillants offrirent de se rendre après avoir égorgé 2.000 Arméniens, mais l'ordre de Gouraud fut donné d'évacuer subitement la place. La colonne se mit en marche, dans la nuit du 13 février, suivie de 8.000 Arméniens de la ville, les autres des environs furent abandonnés aux égorgeurs. Le 16, 1.200 Français étaient morts en route avec 3.000 Arméniens. 200 officiers et soldats, membres gelés, furent amputés. Le journal *le Temps*, favorable au Sionisme et aux agresseurs, ne publia aucune nouvelle de Marach. En 1927, l'auteur, restaurant le Palais de Beit-Eddine (Liban), y rencontra en cantonnement 2 capitaines de la Coloniale, anciens de Verdun et de Marach, qui s'insurgeaient encore contre l'abandon de Marach devant les Turcs capitulants. L'un d'eux avait perdu dans sa compagnie 43 tirailleurs sénégalais morts gelés et 22 autres évacués pour pieds gangrenés.

Planche 4

Liaison avion-auto dans le désert de Palmyre, 1930.

Planche 5

Meskeneh (antique Balis), *Syrie nord.*

Mission archéologique : Eustache-De Lorey†, Georges Salles†, Lucien Cavro, 1928. — Robert de Quai† et Darches† du ministère des Affaires Étrangères et l'auteur.

(Photo Jean Sauvaget†, orientaliste.)

Planche 6

Mosquée des Omeyades, Damas, 1927.

Dégagement, consolidation et relevé des mosaïques du VIIIe s.
— De gauche à droite, Ramai Kalass, Fehmi Kabbani, Nazmi Kheir, l'auteur.

Planche 7

Tel Alamar, Syrie nord.

Mission archéologique de Till Barsib, 1929 : F. Thureau Dangin †, Maurice Dunand, Lucien CAVRO.
Reconstitution des peintures assyriennes
du palais de Téglad Phalazar III (VIIIe s. av. J.-C.)
l'assyriologue Thureau Dangin, académien, suit le travail de l'auteur.

Planche 8

Lucien Cavro-Demars

Réplique aux informations mensongères ou tronquées
de la presse maçonnique internationale du Cartel sioniste.

AVANT-PROPOS

Cette ébauche documentaire sur le Sionisme inconnu, rassemblée hâtivement durant la tension croissante en Proche-Orient, début 1971, est un appel à l'attention de la jeunesse occidentale apolitique contre le pouvoir infernal du Sionisme, puissance politique du « capitalisme honteux » menaçant l'humanité d'un autre cataclysme.

Une longue présence d'architecte en Orient, commencée en 1926, nous avait fait connaître confusément maints faits révoltants. Cependant l'accaparement au travail, le peu de familiarité avec la politique en général, les distractions dédiées aux sports et à la montagne, la soumission disciplinée au Pouvoir étaient autant de facteurs s'opposant à une prise de conscience plus nette, en dépit de notre répulsion intuitive au colonialisme et aux armes, ressentie pour en avoir vécu les effets, de 1914 à 1923, dans le Nord de la France et en Belgique.

Une infirmité nous fit réfléchir davantage sur les causes des guerres de 1967, en Orient et en Asie, ainsi que sur les buts de la campagne de presse mensongère prosioniste, couvrant l'embargo français sur les armes à destination d'Israël et les appels pathétiques antisionistes d'Emmanuel Lévine, d'Ania Francos, de Maxime Rodinson, sous l'avalanche des publications américano-israéliennes.

Amené, à l'écoute de la Voix d'Israël *pour la première fois en juin 1967, aux problèmes cruciaux dont, durant 40 ans, nous avions été le témoin muet, quelque peu inconscient, nous découvrions les tendances secrètes du Sionisme appuyant la guerre au Vietnam, la colonisation maçonnique en Amérique, en Afrique et en Europe occidentale avec l'appui d'un certain protestantisme politique. L'action israélienne ne se limitait pas à son expansion territoriale : elle soutenait également la « croisade » anticommuniste, l'antigaullisme, l'anticatholicisme, au Canada, en Ulster et en Amérique latine, outre la propagande anti-arabe et anti-islamique.*

Ayant voulu faire acte de présence française, dans la lutte contre le Sionisme menée par la presse libanaise, l'analyse que nous avons tentée, des problèmes de l'actualité par rapport à l'action sioniste, nous fit retrouver les relations du « Rapport Lepsius 1917 » et de l'œuvre de Paul du Véou (1936-1954), sur l'origine maçonnique des génocides des chrétiens d'Orient : Bulgares, Arméniens, Grecs, Libanais, Assyro-Chaldéens, commis, à l'instigation de la « Loge de Salonique » affiliée à celles du « Grand-Orient », durant la période du Sionisme occulte. L'étude d'une partie de la littérature sioniste et antisioniste nous fit revenir aux guerres napoléoniennes, à la Révolution de 1789 et à son antécédent, la Réforme, inspirée du Sionisme biblique et liée à une même trame maçonnique.

Les hasards de la Résistance, en 1940-1941, contre le régime de Vichy, nous avaient fait emprisonner à Beyrouth avec un Franc-maçon, aujourd'hui disparu, qui, irrité de la versatilité de ses « frères » et « Maîtres » devenus vichystes (avant de s'incorporer au gaullisme et au communisme pour les « noyauter »), nous fit connaître certains aspects du rôle de la Franc-Maçonnerie dans l'exercice, par le Gouvernement de la IIIe République, de son mandat sur les États du Levant.

Nous avions su en Touraine, auprès d'un observateur marquant, que des écrivains français importants ne pouvaient publier, faute d'éditeur, aucun livre associant le Sionisme à la Franc-Maçonnerie. Il nous a paru utile de relater, librement au Liban, nos observations sur ces sujets historiques tabous en les reliant à l'actualité.

Nos meilleures sources d'information ont été les ouvrages sionistes interprétés et la « Voix d'Israël », diffusée 4 fois par jour à l'intention des Juifs francophones rebelles à la pauvreté de l'hébreu, mais dont les commentaires politiques tarissent, depuis mars dernier, sans doute à la suite d'un mot d'ordre pour un certain retour à la clandestinité. Pour l'Histoire, nous avons interrogé l'Encyclopédie Larousse de 1900, quelques fascicules de la collection « Que sais-je », et divers récits. Des « Historia », « Historama », « Histoire pour tous », généralement prosionistes, et par conséquent tronquées, servirent de comparaison. Nous avons consulté cinq historiens au Liban. Pour l'actualité, nous avons été informé par l'objectivité (relative) du journal « Le Monde ». Au sujet du Cartel des Pétroles, nous avons puisé nos informations principales dans l'ouvrage remarquable de Harvey O'Connor « L'Empire du Pétrole » 1957 (?) introuvable, et des informations du « Monde », de janv. 70 à juin 71, que nous tenons spécialement à remercier, en remarquant qu'en dehors de cette courte période, ses informations de l'étranger, monopole achkénaze, sont empreintes de partialité ou de dissimulation déplorables.

Les sujets présentés dans ce livre ont été groupés selon les rapports d'ordre historique ou politique qui les relient les uns aux autres. L'ordre chronologique n'a pas pu être toujours respecté, notamment en ce qui concerne les liaisons sionistes avec le Cartel des Pétroles.

Les cartes des périodes historiques ont été prises dans les publications de : Aramco, Tapline, I.P.C., et Larousse, que nous remercions.

Mai-décembre 1971.

L'opprobre mondial, stigmatisant le chaos de la politique achkénaze, qu'une faible partie des Secrets d'État divulguait, et les interférences de la faillite du dollar développent la seconde édition de notre thèse, qu'adoptent d'éminents juristes et historiens ayant lutté plus de vingt ans, en vain, contre le Sionisme avec les appoints de la diplomatie et de la jurisprudence. Notre premier livre, intitulé « Le Défi Israélien », était soutenu par l'exposé magistral de Pierre Rossi, « Les clefs de la guerre » (1970), par « Les Juifs » (1971) d'Alain Guichard (que recommande « L'Arche », mensuel sioniste), par « Les Francs-Maçons » (1969) du même auteur. Les précisions concordantes de ces ouvrages étaient corroborées par le « Le Guide Juif de France » (1971) soulignant le pouvoir de l'État sioniste en France et son activité au service des « Rothschild », accapareurs, soumis eux-mêmes au chantage de leurs complices. Nous découvrions également : « L'Avant-Guerre » (1913) de Léon Daudet ; « The International Jew » (1922) de Henry Ford ; « Bagatelles pour un massacre » (1937) de L.-F. Céline ; « L'Italie et Nous » (1947) de G. André-Fribourg ; « La République Universelle » (1955) de Pierre Hépess ; la documentation de l'« Arche », qui, avec d'autres, soulignent les machinations des Sionistes qui ont sur la conscience les guerres mondiales.

Cette édition de « La Honte Sioniste » complète notre thèse actuelle, en un livre qui ne saurait inclure tout l'enseignement déjà recueilli susceptible de faire l'objet d'un prochain ouvrage « Le Danger Sioniste », mais elle incorpore des ajouts inséparables.

Le grand humaniste libanais Michel Chiha[1] *a guidé notre libéralisme, qui fut influencé également par une longue présence dans les Pays arabes et aux rencontres actives clans la vie*

___

1). Michel Chiha (1891-1951) docteur *Honoris Causa*, en 1953, de l'Université de Lyon.

patriarcale légendaire, qui était naguère française, où, des bédouins aux montagnards, des simples ouvriers aux élites, la solidarité confessionnelle, nationale, s'attachait aux traditions du respect mutuel. Nous avons été exalté par ces pays, berceau de la civilisation méditerranéenne : Grèce, Égypte, Phénicie, Mésopotamie, Syrie, et avons parcouru leurs sites fabuleux, montagnes, plaines, et déserts, et visité les côtes et les monuments des millénaires ; irréels de notre pays nordique, dénaturé par l'industrie intensive.

Catholique du Nord, nous avons vu l'invasion allemande de 1914 en Belgique et en France. Élevé dans le patriotisme familial, nous avons vécu les sacrifices, sous les bombardements incendiaires et de gaz avant d'être évacué, en 1915, dans un village d'Eure-et-Loir qui inscrivit 21 morts au tableau d'honneur de ses 800 âmes. Revenu, en 1919, dans notre ville natale détruite, nous avons servi la reconstruction d'une zone ravagée et parsemée de tombes. Dans les ruines des monuments espagnols du XVIe s., remplacés par d'affreux bâtiments, nous avons mieux étudié l'architecture qu'à la lamentable école régionale des Beaux-Arts, à Lille d'alors. Appelé au service militaire, volontaire aux missions géographiques au Sahara, nous avons été envoyé en Syrie, en 1925, avec les renforts demandés par le général Sarrail, F∴-M∴., pour réprimer la révolte syro-druse contre l'occupation. Un concours d'architecture, de nos loisirs, nous mena, démobilisé, à restaurer des monuments historiques syriens que Sarrail avait fait bombarder ou que les Ottomans avaient abandonnés. Nommé professeur à l'École des Arts arabes modernes, nous avons participé à la rénovation des métiers du verre, du tissage, du meuble, de la peinture à Damas.

Au contact d'élites nous avons été convié à Jérusalem dès 1928, à l'Y.M.C.A. et au Rotary-Club, (sionistes), et visité la Palestine arabe au début du Sionisme. Participant à plusieurs missions archéologiques successives, celle de Meskeneh, ancienne Balis hellénique, à l'est d'Alep, financée par Edmond Rothschild, le promoteur du Sionisme, qui, parmi les chefs-d'œuvre mobiliers royaux accumulés dans ses demeures luxueuses à Paris, nous donna ses instructions directes de rechercher en priorité des vestiges d'époque hébraïques, sur ce lieu de passage probable d'Abraham. Or il coupa son financement, mécontent de sa part des trouvailles que lui accorda le Service des Antiquités, mais plus certainement en raison de la découverte de la synagogue de Doura-Europos qui reportait plus loin les ambitions du « Grand-Israël ». (Les fouilles furent reprises, en 1969, par l'Institut français de Damas à la demande du Gouvernement syrien pressé par l'inondation prochaine de cette région sous la retenue du *barrage de l'Euphrate.) En 1929, demandé aux fouilles de Till-Barsib, des célèbres archéologues François Thureau-Dangin, assyriologue académicien, et M. Maurice Dunand, spécialiste de la Phénicie, qui avaient découvert un des palais de Téglad Phalazar III (prédécesseur de Nabuchodonosor), dont les murs de terre croulants présentaient les traces des premières peintures assyriennes connues. Nous les avons reconstituées sur plus de 100 mètres de longueur : scènes de massacres, de chasse et de soumission, reproduisant 20 fois le roi ennemi d'Israël, qui furent exposées au Pavillon de Marsan avant d'entrer au Louvre. Les archéologues, à la recherche de l'introuvable bilingue assyro-hittite, avaient trouvé à Arslan Tach les ivoires phéniciens du Trône d'Hazaël, roi de Damas au VIIIe siècle av. J.-C. (Quelques-uns de ces chefs-d'œuvre phéniciens volés aux fouilles furent exposés comme art hébreu à l'*Expo. d'Israël à travers les âges, Paris 1969.*) Après 4 autres campagnes aux fouilles de M. Maurice Dunand, à Byblos, nous avons participé à celles de la mission de l'Université de Yale à Doura-Europos, ville hellénique à l'est de Deir ez-Zor, où les ouvriers travaillant aux fouilles avaient été témoins des massacres d'Arméniens, déportés affamés, d'Asie Mineure, tués par centaines de milliers, par les Turcs, de 1915 à 1918. Nous avons aussi conversé avec des Assyro-Chaldéens, chrétiens francophones de la région de Kirkouk (Irak), qui s'étaient réfugiés à Deir ez-Zor pour échapper aux massacres de 1922, commis, quant à eux, sous l'autorité anglaise. — Dans les ruines helléniques de Doura-Europos — détruite, en 260 par les Sassanides, que les Sionistes désignent pour alliés — sur les murs d'une synagogue datée de 244, nous avons reproduit pour l'Université de Yale les peintures, en bon état mais fort laides, représentant des scènes de personnages bibliques vêtus à la grecque. (Les originaux, refusés aux demandes de Yale, et reconstitués au Musée de Damas, sont revendiqués par les Sionistes.) A Doura-Europos, qui ne survécut pas à sa chute, l'étude des ruines nous démontra que les assaillants pénétrèrent dans la ville par la terrasse de la synagogue qui, adossée au rempart, fut atteinte au moyen d'une rampe de terre — probablement élevée par des chaines de prisonniers sacrifiés — tandis qu'à l'intérieur, les assiégés ayant remblayé la synagogue et tenté de surélever le rempart, si hâtivement sous les flèches, il s'effondra sur eux et livra passage aux massacreurs, alliés des Sionistes.*

Ayant séjourné au Sandjak d'Alexandrette (délimité en 1930 pour être donné aux Turcs par le général Hutzinger, en 1938), nous avions appris des Arméniens, réfugiés de Cilicie, l'épouvantable génocide du peuple chrétien, que la Franc-Maçonnerie fit commettre, de 1915 à 1920, par les Turcs. Avec ces chrétiens francophones d'Asie Mineure nous avons visité le Djebel Moussa, qui fut le théâtre de leur héroïsme en 1915, et le champ d'Issus de la victoire d'Alexandre en 333 av. J.-C. Fixé au Liban, nous avons été appelé à restaurer les Palais de Beit-Eddine et de Deir el-Kamar, à construire maintes écoles, hôpitaux, laboratoires, immeubles, villas avec des ouvriers et des entrepreneurs de toutes confessions, y compris des Juifs, qui furent tous nos amis sauf de rares exceptions.

Nous avons reçu les confidences d'assistants : un Achkénaze viennois, chômeur en Palestine, plus anglophobe qu'antinazi, qui nous fit connaître d'autres architectes obnubilés par le Sionisme ; un Sépharade fasciste méprisant Mussolini et le Sionisme ; et un fier Romain, frondeur, architecte talentueux, miné et désabusé en Érythrée ; un ingénieur arménien révolté par la trahison des Alliés et attiré par l'indépendance arménienne en U.R.S.S. ; un métreur italien qui construisit, pour les militaires germano-ottomans en 1915, une route avec l'unique matériel des doigts nus de milliers de femmes et d'enfants arméniens déportés de Cilicie, affamés, transis, qui, stimulés par la promesse de rentrer chez eux ensuite, grattèrent le sol de leurs ongles et déplacèrent les roches avant d'être quand même massacrés.

Nous avons vu l'âme de l'Orient également au contact de la fierté des communautés chrétiennes et islamiques et dans les belles périodes de l'art arabe auquel nous nous sommes attachés durant 45 ans. De même dans la solidarité des montagnards, musulmans et chrétiens, qui furent nos compagnons de course. Mounir, Libanais, comme Sami, de Palestine, que les Sionistes frappèrent en assassinant ses deux frères et en emprisonnant son père.

Cette introduction s'achève après avoir lu d'un trait La mystérieuse internationale juive *de Léon de Poncins (édition Beauchesne 1936) qui confirme l'immense œuvre de destruction tramée dans l'ombre et le silence par le Sionisme maçonnique que peu de gens connaissent car la presse n'en parle jamais. La forte documentation de Poncins, ignorée et plus évidente par la trahison ouverte du Congrès américain, renforce encore nos pages. Aussi c'est en notre âme et conscience que nous remplissons notre devoir pour témoigner contre le Sionisme international, abjection de l'humanité.*

19 janvier 1972

Table des matières

AVERTISSEMENT
AVANT-PROPOS
Table des matières 23
Planches et Cartes 25

CHAPITRE PREMIER
Le dollar, monnaie sioniste 27
    Le sionisme menace l'Amérique 35
    Pouvoir sioniste plus que centenaire 37
    Le sionisme maçonnique 38
    Politique sioniste 41
    La face cachée du Sionisme 43
    L'Empire ottoman démembré par le sionisme colonial 43
    Du génocide politique, aux mandats militaires 44
    Le défi sioniste 47
    Le bilan sanglant de l'arche sioniste 50
    Emprise du pouvoir sioniste 53

CHAPITRE II
La colonisation de l'Amérique et de l'Europe occidentale 59
    Les « zéros » de Valmy 64
    Bonaparte, général sioniste 66
    La doctrine neutraliste de Monroe 73
    La guerre de sécession (1861-1865) et l'expédition
        maçonnique du Mexique (1862-1867) 74
    Le gouvernement maçonnique d'Occident 77
    Napoléon III et l'Italie maçonnique. La guerre
        de 1870-71, la IIIe république et le sionisme 82
    Le « Grand Occident » Américain 90
    Affaire Dreyfus pour l'Amérique 91
    Le capitalisme sioniste national-socialiste américain 100
    L'occupation de la palestine (1914-1918) 102
    Héroïsme et mandat pour Israël 103
    Débuts du sionisme américain en Orient 108
    Le livre blanc ou mémorandum Mac Donald (mai 1939) .. 111
    La résistance sioniste à Hitler 112
    Le sionisme américain prend la relève (1945) 114

L'Amérique, colonie sioniste après 1919. 117
Organisation maçonnique des États américains (1948). 120
Organisation du Traité de l'Atlantique-Nord (4 avril 1949). 122
Le péril khazar sioniste ou l'organisation du traité de
    l'Asie du Sud-Est. 126
Les États-Unis discrédités par le sionisme. 127
Sionisme occidental, sionisme israélien. 130
Ultimes chantages du sionisme en perdition. 134
Antisionisme et expansion. 136
L'étoile de David. 145

CHAPITRE III
De la réforme à la bombe H. 153
    Le sionisme et l'anglicanisme politique. 153
    De Tanger à Téhéran. 164
    Le peuple élu, au service du capitalisme achkénaze. 167
    Perspectives sionistes. 168

CHAPITRE IV
Le sionisme et le pétrole 185
    1970. Pétrole, guerre d'Indochine et sionisme. 197
    1969. Stupeur du cartel et du sionisme. 199
    1967. Guerre des six jours. 199
    1966-1969. Le pétrole nigérien et Israël. 200
    1956. « Opération de Suez », du pétrole « impérialiste ». 200
    1955-1958. La guerre d'Algérie et le pétrole. 201
    1946-1956. Le pétrole entre deux guerres israéliennes. 203
    1939-1948. Coexistence pétrole-sionisme. 204
    1919-1939. Le pétrole de l'entre-deux guerres mondiales. ... 205
    1916-1924. Collusion du cartel avec le sionisme. 206
    Les pétroles du Sinaï. 212

CHAPITRE V
Le sionisme contre les juifs 219
    Des défaites hébraïques à la haine sioniste. 223
    L'antisionisme doit être exprimé librement. 240
    «*Mirage*» remboursés contre «*vedettes*» restituées pour que
        la collecte sioniste en France ne paie pas les «*phantom*». ... 245
    Les portes des temples maçonniques. 246
    Le Talmud. 247
    La guerre sans mensonge. 249

ANNEXE

Table des matières

Planches et Cartes

Planche 1 *(1925) Le général Sarrail, maître du Grand-Orient, a fait juguler les protestations druses.* 10
Planche 2 *Mont du Sinaï, mars 1966.* 10
Planche 3 *Beyrouth, août 1940. Le général Fougères, commandant en chef, et F. Colombani.* 11
Planche 4 Liaison avion-auto dans le désert de Palmyre, 1930. 12
Planche 5 *Meskeneh* (antique Balis), *Syrie nord*. Mission archéologique. 13
Planche 6 *Mosquée des Omeyades, Damas, 1927.* Dégagement, consolidation et relevé des mosaïques. 14
Planche 7 *Tel Alamar, Syrie nord*. Mission archéologique de Till Barsib, 1929. 15
Planche 8 Lucien Cavro-Demars réplique aux informations mensongères. 16
Planche 9 *Adana, 1909. Par ordres des pachas Enver et Talaat, de la Loge de Salonique.* 41
Planche 10 *Massacres d'Adana, 1909.* Des Arméniens survivants devant leurs morts en décomposition. 41
Planche 11 *Ankara, 1915.* La population arménienne est massacrée sur le chemin menant à Alep. 57
Planche 12 Mater Dolorosa arménienne et Saints-Innocents, sacrifiés par la Franc-Maçonnerie. 57
Planche 13 *Alep, 1915.* Les Ottomans pendent des Arméniens innocents. 58
Planche 14 *Smyrne, 1922.* Cette ville grecque est incendiée. 94
Planche 15 *Front oriental 1916.* Les Ottomans massacrèrent la population arménienne. 94
Planche 16 *Anatolie, 1915.* Les têtes d'intellectuels arméniens décapités. 95
Planche 17 *Anatolie, 1915.* Génocide des Arméniens, 1.5000.000 victimes. 96
Planche 18 L'Empire Babylonien 1700 av. J.-C. 180

Planche 19 L'Empire Babylonien 1450 av. J.-C. 180
Planche 20 Les villes et comptoirs du commerce phénicien du
            IIIe millénaire au 1er siècle av. J.-C. 180
Planche 21 La colonisation grecque et l'expansion
            phénicienne du VIIIe au VIe s. av. J.-C. 181
Planche 22 L'Empire Assyrien au VIIe siècle av. J.-C. 181
Planche 23 L'Empire Mède et Chaldéen au VIe siècle av. J.-C 182
Planche 24 L'Empire Perse 500 ans avant J.-C. 182
Planche 25 Les conquêtes d'Alexandre le Grand
            de 334 à 323 av. J.-C. 183
Planche 26 L'Empire romain du Ier au IIe siècle av. J.-C. 183
Planche 27 Les conquêtes arabes du VIIe au VIIIe siècle. 195
Planche 28 Les Croisades du XIe au XIIIe siècle. 195
Planche 29 L'extension de l'Empire Ottoman. 196
Planche 30 Accord Sykes-Picot 1916 – La Syrie 1939. 196
Planche 31 Les nappes pétrolières probables dans le monde. 215
Planche 32 Les oléoducs de l'I.P.C. 215
Planche 33 Le transport du pétrole du Moyen-Orient, par
            super-tankers, de 1967 à 1971. 216
Planche 34 Les exportations des pétroles du Moyen-Orient,
            d'Amériques et d'Asie du Sud-Est. 216
Planche 35 La population musulmane en 1971, en Afrique, en
            Europe et en Asie 217
Planche 36 Carte postale de Beyrouth 1960 1970. 217
Planche 37 Carte descriptive le « Nouvel Ordre Mondial ». 254

Chapitre premier

LE DOLLAR, MONNAIE SIONISTE

La crise monétaire du dollar, conséquence de la politique paradoxale de guerre et de dilapidation des gouvernants américains, influencés par le Sionisme, en vue de réaliser un plein emploi de l'industrie et du commerce, présente les tares de l'accaparement constant des tendances sionistes depuis 1914. L'Administration Johnson a confié la gestion financière des États-Unis à cette Organisation expansionniste qui fit main basse, entre autres, sur d'importantes entreprises du *Monde Libre*, européennes et japonaises, au moyen d'investissements extérieurs en dollars, ou empruntés sur place en cette même monnaie qui ne fut pas convertie en or, étalon monétaire, sous la pression de la politique américaine. Le total des montants, en dollars investis à court terme hors des États-Unis, serait proche de 60 milliards de dollars que le Trésor américain ne peut honorer et que les porteurs étrangers voient fondre entre leurs mains sous l'effet de l'inflation et du discrédit américains.

La spéculation sur le dollar, opérée à l'étranger par l'intermédiaire des banques d'affaires sionistes, fut suivie par la direction du Trésor israélien qui fit échanger ses comptes dollars en Deutschmarks, prétendant tenir la monnaie allemande des versements de Bonn à Tel-Aviv, de 1960 à 1966. Le Sionisme international a bien extorqué à l'Allemagne Fédérale la contrevaleur de 10 milliards de dollars, au titre d'indemnités aux victimes juives du Nazisme, mais elle fut dépensée dans la préparation de la guerre de 1967 et la relance de l'immigration sioniste.

Le trafic des ressources occidentales par l'Organisation sioniste est l'essentiel de son activité et, partant, de sa puissance politique et financière reposant sur l'information subversive.

La dépréciation du dollar, suivant celle de l'ancienne monnaie internationale, la livre-sterling, menaçait le système monétaire occidental. Le Président Nixon déclarait :

« *Je suis fermement décidé à ce que le Dollar ne soit plus jamais un otage aux mains des spéculateurs internationaux.* » En France, *Carrefour*, complice, lui répondait : « *Qui sont donc ces spéculateurs cosmopolites mystérieux (sic) et assez puissants pour affaiblir le Franc, le Mark, la Livre et même... le Dollar ?* ». Jean-Jacques Servan-Schreiber, le politicard fouetté, par « *Le temps des petits Maîtres* » (Philippe de Saint-Robert, *le Monde*, 9 sept. 1970), revenu à la tribune sioniste de *l'Express*, attaquait les États-Unis pour la première fois : « *La monnaie, c'est la gestion* » (sioniste) et de prétendre que le profit occasionnel était une prise normale. Pour ce *petit-maître* du Radical Socialisme, plus les monnaies du Marché Commun flotteront, mieux les Organisations sionistes nageront dans les ressources occidentales.

En Italie, le ministre des Finances, F∴-M∴ prosioniste, accusa les Français de pratiquer la politique agaçante de conversion des dollars en or. Quoi qu'il en soit, l'abaissement de la parité du dollar doit entraîner le relèvement du prix du pétrole et, s'il s'accentue, l'abandon de la devise américaine dans les transactions internationales et une juste crise de confiance européenne. M. R. Escarpit remarqua *que si la crise monétaire d'août 1971 avait fait disparaître les Palestiniens et les Pakistanais (de la conscience occidentale), il fallait reconnaître que l'édifice européen n'a pas attendu d'être terminé pour se lézarder et que, pour unir les peuples, l'argent était le pire des mortiers.*

La faillite sioniste dans la crise monétaire démontra que l'or, demeuré une garantie utilisée par les États-Unis comme instrument de leurs encaissements en cas de guerre, était abusivement refusé par eux en remboursement de la créance de dollars dépréciés. Et que l'organisme supranational du F.M.I. était inopérant sous l'emprise sioniste achkénaze (2).

En Israël, la monnaie était dévaluée pour la septième fois depuis sa création, en 1949. Le dollar qui valait alors 0,35 livre israélienne,

---

2). Achkénaze, pluriel achkénazim, terme dérivé du nom du petit-fils de Noé, désignant l'Allemagne en *yiddish* (dialecte juif du sud-allemand-polonais-russe). Les juifs achkénazim, d'origine khazare, Mongols blancs d'Asie centrale convertis au Judaïsme vers le VIIIe siècle, formaient, au XIXe siècle, un bloc au centre de l'Europe, de faible mobilité. Une grande partie de ceux de Russie fut chargée de peupler l'Amérique.

passa, malgré sa dépréciation d'août 1971, de 3,5 à 4,2 livres israéliennes. La dette extérieure israélienne atteignait alors quatre milliards de dollars ou 22 milliards de francs français.

Le trafic monétaire et de l'alliage des métaux précieux, or et argent, aux vils cuivre et plomb commence avant l'ère chrétienne et se poursuit ensuite pour le lucratif profit que s'interdirent longtemps les pieux chrétiens et musulmans, et qui fut monopolisé par les Israélites, puis par leurs associés les Protestants, au début du siècle dernier.

Au XVIe siècle, en Bohême apparaissent les monnaies d'argent : thalers Joachims, origine du daler de Scandinavie, du daalder de Hollande, du dolera des colonies espagnoles d'Amérique, monnaie d'argent que négociaient les Juifs d'Angleterre, enfin du dollar-papier *continental* américain émis lors de l'*Insurrection* de 1776, et abandonné en papier peint.

Un dollar d'argent fut frappé de deux colonnes enrubannées, symbole existant sur les insignes maçonniques des Loges du *Grand-Orient* et d'*Orange*, qui sont les deux colonnes du Temple de Salomon, d'inspiration biblique. La stylisation moderne de ce symbole maçonnique sioniste, reportée sur le signe du dollar, forme le double trait entrelacé de l'S de Sion. Signe secret de ralliement des financiers achkénazim et leurs associés, protestants, aux deux colonnes symboliques *Jachin* et *Boaz* du Temple de Salomon.

L'unité monétaire initiale du Thaler-Dollar était destinée à servir de monnaie à la République Universelle maçonnique dont le siège serait quelque part en Suisse. Cette monnaie est imposée à 315 millions d'hommes des 50 États américains auxquels il faut joindre le district fédéral de Colombia et les territoires extérieurs : Commonwealth de Porto-Rico, îles Vierges américaines, les Samoa américaines et Guam ; des 16 Pays anglo-saxons de l'ancien empire britannique, ex-soutien du Sionisme à : Canada, Jamaïque, Trinité, Guyane, Bahamas, Bermudes, Honduras, Indes-Occidentales ainsi que ceux du Pacifique : Australie, Nouvelle-Zélande, Hongkong, Fidji, Brunei, Singapour demeurés du Commonwealth, à l'exception de la Rhodésie, et qui ont pour unité monétaire le dollar de valeur variable, ainsi que trois autres États : Libéria, Éthiopie et Formose. Ce dernier, reste de la *Chine nationaliste* que l'O.N.U. expulsait le

25 octobre 1971, est le seul de ces pays à n'avoir pas des relations étroites avec l'État juif, depuis 1950, qui alors reconnut Pékin sans réciprocité.

L'inflation monétaire avait débuté en France par le système financier de Law John (né à Edimburg en 1671, Franc-Maçon de la Loge Écossaise) qui, sous la Régence de Philippe d'Orléans (Louis XV), 1715-1723, fut contrôleur général des Finances de France et créateur de la Compagnie française des Indes, laquelle fit faillite. Période aboutissant à l'effroyable banqueroute de 1720 et à la perte, par la France, des Indes et du Canada. Cette première frénésie monétaire ébranla le Trône, quadrupla la monnaie, tripla le prix du pain, avant d'être démonétisée et brûlée à l'Hôtel-de-Ville de Paris pour avoir ruiné maints Français.

Soixante-quinze ans après, vinrent les assignats et les mandats de la Convention révolutionnaire maçonnique de 1792, inspirée par les Anglo-Saxons achkénazim. La circulation monétaire fut multipliée par 33, le prix du pain par 1.000 et le sucre par 1.500. Le papier-monnaie émis se réduisit au 1/3.000 de sa valeur de base.

Du *papier-dollar*, rappelons que le mot *dollar*, adopté en Angleterre vers 1620 pour désigner les monnaies d'argent espagnoles négociées par les Juifs, s'appliqua au papier-monnaie continental de l'Insurrection de 1776[3] fomentée à Boston, colonie anglaise d'Amérique, soit sept ans avant le Traité de l'Indépendance américaine acquise, en 1783, à Versailles sous l'égide du Roi Louis XVI. La tourmente monétaire de ce *dollar continental*, émis par des Ashkénazim durant la guerre de l'Indépendance, rogna sa valeur au 1/1.000 du dollar argent de base. Celui-ci équivalait en 1775 au dolera espagnol par 25,92 grammes d'argent pur, qui se réduisirent, en 1792, à 24,06 gr. ou à 1.504,6 milligrammes d'or fin, en 1900, puis à 888,67 milligrammes d'or en 1934, *passant de 20,67 à 35 dollars l'once* d'or fin.

---

3). Suscitée par les agitateurs achkénazim de Samuel Adams et autres opposés aux 5 *intolérable acts* du Parlement anglais de Georges III, dont l'essentiel accordait la liberté religieuse aux Catholiques de Québec. L'Indépendance des États-Unis fut gagnée autant par l'or du Trésor royal français que par les soldats de Rochambeau, du Roi Louis XVI, qui firent capituler les troupes allemandes louées au Prince de Brunswick et commandées par Lord Cornvallis à Yorktown, ultime champ de bataille, du pays découvert par les Espagnols et exploré par les Français au début du XVIe siècle.

Soixante-quinze ans après, la guerre de Sécession, conduite par Abraham Lincoln (dérivé de Lin... Cohen), précipita la spéculation à la hausse de l'or (et à la baisse du papier) et mit en évidence, dans ses causes et effets le mécanisme de l'enflure des *green-backs* (inflation, disent les Yankees, dans la mesure produite, hors des États-Unis, de l'infortune des Nations européennes durant la guerre de 1914-1918 — réitérée en 1939 — ayant soutiré leur garantie monétaire d'or que Fort-Knox absorba).

En Russie, durant la Révolution judéo-maçonnique fomentée, en mars 1917, par le parti achkénaze Bund, la circulation monétaire fut multipliée par 450 et le *Rouble* fut déprécié à deux cents milliardièmes de sa valeur or. La vie fut hors de prix... Les emprunts d'or français, collectés par les Rothschild parisiens pour les chemins de fer tsaristes, furent anéantis pour les épargnants et l'État français.

L'inflation devint, en 1918, l'instrument de la ruine de la féodalité et de la bourgeoisie en Autriche, en Pologne, en Allemagne... Dans ce pays administré presque entièrement par de hauts fonctionnaires achkénazim (sionistes) de la communauté déjà forte de 3 millions d'Israélites, les marks-billets passèrent de 3 milliards en 1914 à 22 en 1918, 122 fin 1921, 1.280 milliards fin 1922, 8.600 milliards en mai 1923, 3 quadrillions en août et 524 quintillions en octobre. Le cours du *dollar américain* dépassa 1.000 marks en août 1922 et s'éleva jusqu'à 4.200 milliards de marks, par une augmentation de 613.000 marks à la seconde. Sur la base 1 en 1913, la moyenne des prix en octobre 1923 atteignit 7 milliards pour les prix de gros. Rentiers, propriétaires, commerçants scrupuleux perdirent la valeur de leurs biens souvent rachetés par les Achkénazim, mais la dette de l'État administré par eux tomba à zéro. Durant cette inflation vertigineuse, l'Allemagne s'offrit à profusion des spectacles de luxe et de débauche, pour faire oublier la misère dans les grandes villes.

En France la monnaie des vainqueurs de Verdun, privée de son encaisse-or, raflée par les Achkénazim américains, se dévalua jusqu'à 79,7 % de sa valeur or. Limitée par R. Poincaré en 1928, la dévaluation s'accéléra sous les gouvernants maçons des IIIe et IVe Républiques, et ne fut arrêtée que durant les dix années de la présidence de Charles de Gaulle. (La pièce de 10 francs-or français valait 5.640 anciens francs-papier, à la suite de la dernière dévaluation — août 1969 — consécutive aux événements sionistes déclenchés à Paris, Strasbourg... en mai 1968, et applaudis dans les pays anglo-saxons, scandinaves, Pays-Bas, Italie, Israël et principalement à New-York ainsi qu'à Paris.)

Rudyard Kipling stigmatisa la politique américaine : « *Entrés trop tard dans la guerre, les États-Unis ont empêché les Alliés de remporter une véritable victoire, puis se sont retirés sans attendre de voir la tâche accomplie. Maintenant ils réclament l'argent prêté à leurs camarades de combat.* » (de 1916 à 1918)

Le célèbre Franc-Maçon Georges Clemenceau déclara également aux Américains achkénazim qui sommaient la France de payer ses dettes de guerre et réclamaient des gages sur un pays épuisé : « *Vous êtes venus trop tard et partis trop tôt... Vous êtes nos créanciers... La France n'est pas à vendre, même à ses amis... Venez lire dans* nos villages *la liste sans fin de* nos morts, *et comparons. N'est-ce pas* compte de banque, *la force vive de cette jeunesse perdue ?*(4)

Les reproches du vieillard, abusé par la Franc-Maçonnerie anticléricale, qui, pour avoir fait poursuivre la guerre jusqu'à épuisement des Français, était gravement coupable, expriment ses regrets car il est mort dans la piété. Rappelons que ce radical-socialiste, devenu patriote, était grandement responsable de la guerre. Né en 1841, député en 1875 du Parti dont il fut le chef et directeur du journal *l'Aurore* de la Loge du *Grand-Orient*, Clemenceau est le promoteur de la tardive et scandaleuse campagne antifrançaise (subversion maçonnique achkénaze allemande) et de la révision du procès de l'officier Dreyfus (1897-1899), accusé en 1894, gracié en 1899, qui divisa les Français face au militarisme allemand activé par les partis achkénazim. Président du Conseil de 1906 à 1909, demeuré anticatholique virulent, il revint au pouvoir

---

4). Comparant l'immense gaspillage en hommes et en matériel commis, de 14 à 18, par les gouvernants, on estima en France, vers 1924, qu'il correspondait pour le Territoire français et *ses colonies* au coût de la reconstruction complète modernisée de toutes les villes et villages et de l'équipement des campagnes, de la rénovation entière du réseau routier et de ses ponts, des chemins de fer, des ports et de la marine marchande... En outre, une assurance-retraite aurait pu être donnée, à l'âge de 50 ans, à tous les habitants, ainsi que des études secondaires et supérieures dispensées à tous les moins de 20 ans.

On sait que cette dilapidation aberrante des ressources françaises, par les dirigeants républicains F∴-M∴ *jusqu'au-boutistes*, fut très largement dépassée durant la Seconde Guerre mondiale et les guerres coloniales d'Indochine, de Suez et d'Algérie qui ont suivi. Cette dictature militariste stérile, imposée au détriment des secteurs fertiles sociaux et économiques, gaspillage enrichissant une minorité privilégiée avertie, parmi laquelle une forte proportion achkénaze, devait retarder le développement français.

en 1917, poussé à l'âge de 71 ans, par le parti sioniste français, pour conduire la guerre sous l'influence de son chef de cabinet Georges Mandel Joroboam Rothschild, placé par la Franc-Maçonnerie des marchands de canons. Celle-ci refusa (1917) l'offre de paix séparée avec l'Autriche qui, à sa demande, fut démembrée en 1919 au profit de l'État judéo-maçonnique tchèque, colonisateur de la Slovaquie et des Sudètes, causes de la Seconde Guerre mondiale.

G. Clemenceau et Lloyd George, inspirés par Georges Mandel-Rothschild, signèrent un accord secret maçonnique, en 1919, qui livrait l'Arménie aux Turcs, les pétroles de Kirkouk aux Rothschild de la Shell-Royal-Dutch, plaçait la Syrie et le Liban sous un mandat militaire et remettait la Palestine aux Sionistes achkénazim allemands et russes, comme nous le verrons plus loin sous divers aspects politiques.

Aux États-Unis, la fortune accumulée durant la guerre par le commerce politique des trois millions d'Achkénazim — originaires de Russie, descendants aussi des Khazars, Mongols blancs convertis au Judaïsme au VIIIe siècle — était anéantie par la folle spéculation, origine de la crise économique de 1929-1933 qui paralysa l'Amérique et l'Europe. Le président Roosevelt (dérivé de Roosenfeld), élu par les Organisations sionistes, demanda la dévaluation du dollar, fixée à 40,94 % avec embargo sur l'or restant à Fort-Knox. C'était déjà un cours forcé repris de la loi de 1862, déclarée nulle en 1870. Cette solution ne résorba pas le chômage car, en 1938, il y avait encore 9 à 10 millions de chômeurs, soit 16 % des salariés, outre 7 millions de travailleurs servant dans les travaux publics. Ce fut la guerre de 1939-1945, que laissa se produire l'Administration Roosevelt, influencée par Baruch, secrétaire d'État et achkénaze, dans les conditions étranges exposées plus loin et qui, ne leur causant en comparaison de l'Europe et de l'Asie que des pertes minimes, refit des États-Unis l'arsenal et le banquier de l'Europe en guerre, le collecteur des ressources européennes et le créateur d'Israël. État fétiche des Achkénazim américains et russes, et centre politique maçonnique international.

La prétention de l'Administration du Trésor américain de faire assujettir au dollar, déprécié une quatrième fois, le prix de l'or, fixé à 35 dollars l'once (28,35 grammes d'or fin), est contestée par les Nations qui refusent de considérer cette monnaie comme un étalon, d'autant plus que durant 3 mois, de mai à juillet 1971, les spéculations opérées par les banques d'affaires sionistes, auprès des Banques centrales occidentales, ont fait perdre un supplément de plus de 2 millions de dollars-or américains et laissé l'énorme surplus de 60 milliards de dollars-papier inchangeables. Ainsi est dépassée la demande du Trésor américain d'un droit sur les encaisses-or des Nations européennes, en raison des 12 milliards de dollars, dont 6,5 de prêts à long terme, versés du Plan Marshall aux Nations européennes, de 1947 à 1955, au titre d'aide à la reconstruction, assujettie à la politique sioniste de l'O.T.A.N(5).

Le sens destructeur paradoxal du Sionisme, dirigé par l'Alliance des Achkénazim internationaux, plus athées que fanatiques religieux, plus affairistes accapareurs qu'internationalistes, plus xénophobes que conquérants... parait avoir sous-tendu le fléau sioniste. Par la force des choses, l'Amérique peut être amenée à se retirer non seulement de l'Asie et d'une grande partie du Pacifique, où la Chine et le Japon auront l'importance de leur peuple, mais de l'Europe. Les pressions du Congrès pour le retrait des forces américaines d'Allemagne Fédérale ; la guerre d'anéantissement du Vietnam, ayant pour résultat, après 6 ans de gaspillage de vies humaines et de matériel, de maintenir à Saïgon le régime antidémocratique du despote unique, élu par 94 % des voix ; la décision unilatérale américaine de suspendre la convertibilité du dollar et la surtaxe de 10 % sur les importations en provenance des pays alliés ; le refus de dévaluer le dollar par rapport à l'or ; l'invite faite par les États-Unis aux autres pays pour réévaluer leur monnaie afin de rendre leur commerce moins compétitif... sont à mettre sur le compte de l'Organisation sioniste qui dirige la politique américaine. Également le rejet en bloc, le 29 octobre 1971, par le Sénat américain par 41 voix (26 démocrates et 15 républicains) contre 27 (8 démocrates et 19 républicains) du programme d'aide à l'étranger (2,9 milliards de dollars pour la période du 1er juillet 1971 au 30 juin 1973), proposé par l'Administration Nixon (insistant sur ce moyen vital pour l'influence américaine). Le programme comprenait 400 millions de dollars de nouvelles armes à Israël, 250 millions de dollars d'aide aux 9 millions de Bengalis réfugiés, mourant de faim en Inde par la faute de l'O.T.A.S.E., 549 millions au despote de Saïgon et 139 millions aux organisations internationales... Le rejet du Sénat était consécutif au cuisant échec américain ressenti à l'O.N.U. qui expulsa Formose(6), pour admettre enfin la Chine, absente depuis

---

5). « En 1946, les 3/5 des stocks d'or mondiaux se trouvaient à Fort-Knox », pouvait écrire le *New York Times*. Sir Richard Tute répondit : « Si le prêt à la Grande-Bretagne avait été consenti en or, le crédit devenant dix fois 937 millions de livres eût permis à l'Angleterre (ruinée) de rétablir son économie sans perte pour les U.S.A. »

6). La disparition du dollar, en tant qu'unité monétaire achkénaze,

1950. Mais le lendemain du rejet fracassant, Fulbright, président de la commission sénatoriale, reconnaissait que l'assistance à Israël serait de toute façon poursuivie. Répétons que l'admission de la Chine à l'O.N.U. fut préparée durant le voyage du Sioniste Henry Kissinger à Pékin pour la prochaine visite de Nixon et que, par ailleurs, si Israël avait voté contre l'admission de la Chine, il l'avait reconnue depuis 1950, bien que Pékin refusât de reconnaître Tel-Aviv et soutint les plus acharnés de ses adversaires. Le télégramme de félicitations d'Abba Eban à la Chine fut retourné à l'expéditeur sans même avoir été ouvert.

Après la dépréciation de la Livre sterling, qui fut la devise du Sionisme dans l'Empire britannique aujourd'hui démembré, la loi immuable du gigantisme se retourne contre le Dollar achkénaze. Cet assignat de l'impérialisme de l'argent extorqué au monde s'est déprécié dans les mains des chevaliers d'industrie et de l'apocalypse du Club des Présidents achkénazim. Contre les besoins essentiels de l'humanité, l'activité de ces criminels de guerre a développé l'Industrie stérile, pour le gaspillage, la guerre, la destruction... ; la Chimie de la pollution, la Diffusion du mensonge, pour clé-former et avilir l'humanité, pour épuiser les ressources de la Terre... Afin de soutenir le Dollar la propagande sioniste prétend substituer les capacités des industries américaines à la garantie monétaire de la devise du *Grand-Occident* ; alors qu'elles sont tributaires de matières premières en voie d'épuisement et de marchés pléthoriques ou insolvables.

Le sionisme menace l'Amérique

Au bilan de l'an hébreu 5730 (oct. 1970), diffusé à l'attention mondiale israélite et anglo-saxonne, la propagande israélienne fit entendre à la réticence des États-Unis, enclins à inverser leur politique, une claire menace d'incendier aux quatre coins leur empire politico-économique, comme le fut l'impérialisme britannique en 1939 lorsqu'il commit, envers Israël, l'impudent Livre Blanc, limitant l'immigration sioniste en Palestine. L'Empire romain se serait effondré sous *la vengeance juive* lorsqu'il eut détruit le Temple de Jérusalem, il y a près de 1900 ans [7].

---

commencera à Formose et il est probable qu'elle se généralisera, en refus mondial, lorsque la signification du nom Dollar sera mieux connue.
7). Par Titus en 70 ap. J.-C. Déjà en 49, l'empereur Claude avait chassé les Juifs de Rome où ils fomentaient des troubles. En 117, soulèvement général des Juifs de tout l'Orient. L'insurrection juive de Salamine, à Chypre, perpétra

L'attention occidentale jugera ce coup de la guerre psychologique destiné à ramener les dirigeants anglo-saxons déviationnistes dans le giron sioniste. Elle remarquera que l'extraordinaire influence du Pouvoir sioniste sur les administrations américaines s'est renforcée, plus coûteuse, après 23 ans d'occupation israélienne des territoires arabes et 52 mois de blocage du canal de Suez contre l'économie européenne et méditerranéenne, plus pesante aux responsables américains devant les Palestiniens expulsés et la situation explosive en Orient. Elle sera sensible à l'évocation de l'Empire romain détruit, et aux menaces de représailles contre le protestantisme anglo-saxon en cas d'hésitation dans son rôle de soutien d'Israël.

Ce n'est pas la première fois que le Sionisme menace l'Occident d'une apocalypse généralisée plutôt que de reculer d'un pouce (ces termes furent utilisés aussi en mai 1968 à l'O.R.T.F. à Paris par le personnel franco-israélien qui voulait en être le Maître). De tels avertissements se sont répétés en littérature et journalisme sionistes en Occident, brandissant les armes nucléaires américaines, que conduisent les affidés sionistes, engagés dans l'aviation U.S., et également l'arsenal chimico-bactériologique et atomique israélien. À notre connaissance, l'administration des États-Unis n'avait pas été visée avec autant de précision depuis l'assassinat de son président catholique, John Kennedy, qui fut, comme on le sait, remplacé par le plus cynique des pro-israéliens responsables des guerres d'Indochine et des Six Jours.

Cet activisme menaçant, qui inquiète certains de ses organisateurs, serait un signe de perte d'influence auprès de l'opinion occidentale et la marque d'une volonté de retarder le processus tendant à généraliser les ruptures diplomatiques avec Israël et à l'exclure de l'O.N.U. Par contre, ces menaces, ayant contribué à accentuer la désionisation des pays socialistes de l'Est, pourraient renforcer l'accord tacite des États-Unis et de l'U.R.S.S. pour éviter un affrontement provoqué par une politique achkénaze.

---

l'atroce génocide de 240.000 habitants romains et grecs ; l'implacable réaction romaine de Trajan exécuta tous les insurgés et édicta l'exclusion définitive de Chypre de toute personne juive. En 132-135, seconde révolte juive en Palestine. Un lien unissait les émigrés de la Diaspora en Iran et les tribus berbères judaïsées, qui, de l'Éthiopie à l'Atlantique, finirent par submerger le *limes* méridional de l'Empire romain, à l'est (les Parthes puis les Sassanides) et au sud (les invasions berbères). L'Empire commença à décliner sous Marc-Aurèle (161-180).

Pouvoir sioniste plus que centenaire

L'impasse des efforts de l'administration Nixon, pour débloquer la situation en Orient et en Indochine, provient de la même opposition du Pouvoir sioniste, présent au Sénat, à la Chambre des Représentants et au Pentagone, pouvoir qui dirige la politique du Département d'État sur la Planète et dans l'Espace.

Ce Pouvoir sioniste n'est pas nouveau ; il est plus que centenaire dans les pays anglo-saxons. En France aussi, où les parlementaires opposants, ayant géré la IVe République avec les mêmes méthodes que la IIIe, de sinistre mémoire, sont associés étroitement aux soucis israéliens et aux ennuis américano-sionistes. Il en est de même dans les gouvernements des pays du Pacte de l'Atlantique (OTAN) — sauf en Grèce, semble-t-il [8] —, ainsi que dans ceux de la Suisse et de l'Autriche, en dépit de leur caractère neutraliste.

Le rapprochement des implications sionistes dans l'actuelle politique anglo-saxonne avec les faits politiques survenus dans un passé récent, remontant à 1870 et couvrant la période coloniale et celle des fratricides européens, dévoile des mystères d'une Histoire qui n'ont cessé de surprendre les observateurs et les historiens, mettant en doute la véracité des versions officielles et des exposés journalistiques alimentés par les fonds secrets officiels ou de particuliers intéressés.

Ces faits, où l'on constate les mêmes processus d'influences occultes d'origines semblables, nous révoltent. Ils conduisent à repenser l'enchaînement des guerres mondiales, des guerres coloniales d'Indochine, de Suez, d'Algérie (et aussi du Biafra qui se voulait être un conflit islamo-chrétien alors que le Général Gowon, dirigeant nigérien, est Protestant). Ils attirent l'attention sur « la prétendue croisade anticommuniste » soutenue par Israël et par les fournisseurs de matériel de guerre, associés politiques, croisade qui conduit les Chrétiens américains, Blancs et Noirs, à porter leur croix en Indochine comme en Corée pour détruire et se détruire. Ils mettent sur leurs gardes les Pays arabes du Proche-Orient menacés de fratricides politiques et confessionnels, téléguidés et financés par des campagnes occultes. Ils polarisent l'attention de l'Europe contre l'oppression anticatholique en Irlande du Nord, contre les tendances révolutionnaires activées dans les groupes estudiantins, dans les syndicats, les partis politiques, etc. Paris (4e centre sioniste

---

8). La Grèce, qui n'a pas reconnu l'État d'Israël, est critiquée.

mondial) refit l'expérience révolutionnaire en mai 1968 avec des commandos de Paris et de Tel-Aviv, les banques d'affaires pillant le Franc, Radio-Luxembourg produisant Cohen-Bendit, dans le même esprit sioniste destructeur dressé contre la Ve République qui avait osé l'embargo. Ils dénonceront le sens des campagnes de presse dirigées contre les pays arabes, les Viets, la Chine, la Négritude ou l'U.R.S.S., campagnes qui préparent l'autodestruction des non Juifs et les réactions sanglantes inévitables.

LE SIONISME MAÇONNIQUE

Les dirigeants protestants anglo-saxons s'attachèrent moins au Sionisme par ferveur envers la Bible, comme l'a dit A. Koestler, que le Sionisme choisit le protestantisme anglo-saxon comme un support de sa politique coloniale, ainsi que l'affirma Golda Meïr. On reconnaît que les gouvernants anglo-saxons et consorts s'y sont prêtés (par leur franc-maçonnerie abusée dans ses principes de fraternité), pour des politiques nationales d'intérêts communs ou personnels, qui eurent des conséquences épouvantables, regrettées et cachées en secrets d'États (9) et de l'information.

Jérusalem, entité terrestre et politique, constituerait un pôle d'attraction mystique, destiné à rassembler les Israélites en usant de pressions coercitives politico-économiques. Ce réseau, conçu par la solidarité sioniste internationale, fut développé dans les États d'Europe et d'Amérique, pour faire dévier la politique des gouvernements d'Occident.

Parmi les principales organisations sionistes modernes, celle de New-York, de loin la plus importante, fut formée en 1830. Celles de Londres se développèrent en 1868 sous Disraeli. Celles de Paris se firent remarquer de 1789 à 1815, de 1840 à 1870, en 1880, 1895, 1905, de 1914 à 1940, de 1946 à 1958, de 1968 à 1971. Celles de la Russie tsariste virent successivement le jour en 1884, 1905 et 1917... avec le parti BUND et Kérensky. À la conférence de Yalta, en février 1945, Roosevelt demanda à Staline :

« *Je suis Sioniste, et vous ? — Je le suis en principe*, répondit Staline, *sans en méconnaître les difficultés.* »

---

9). Parmi les gouvernants occidentaux prosionistes les plus connus, citons : W. Wilson, R.D. Roosevelt, H. Truman, L.-B. Johnson, Lloyd George, W. Churchill, A. Eden, G. Clemenceau, A. Briand, L. Blum, E. Daladier, R. Schuman, G. Bidault, D. Meyer, G. Mollet. En 1970, le Président Nixon, élu sans le suffrage des Sionistes, voit son administration paralysée par les mêmes organisations.

(Il jaugeait en réaliste, mieux que Fr. Roosevelt, la solidarité politique de la Franc-Maçonnerie subversive des Achkénazim internationaux qui envahissent les États d'Europe et d'Amérique. Ces descendants des hordes mongoles des Khazars blancs convertis en masse au judaïsme au VIIIe siècle pour combattre les Chrétiens, ont fait de la judaïcité, qu'ils constituent aux 5/6, un parti politique secret dans les Nations jusqu'*à contraindre, à leurs visées, les seuls vrais Juifs, les 3 millions de Séphardim d*'origine méditerranéenne, dont 1.300.000 ont été attirés en Israël depuis 1948) (10).

En Allemagne, les Organisations sionistes furent très importantes, dès 1886, dans la Loge de Prusse *«Jeune Europe»* qui fonda la filiale de Salonique *«Jeune Turquie»*. Celles d'Autriche donnèrent naissance aux *«Jeunes Tchèques»*, en 1887, et Bela-Kum fut la terreur de la Hongrie en 1918. Dans l'Empire ottoman, les affiliés Enver et Talaat, Juifs convertis à l'Islam, s'emparèrent du pouvoir en 1908 et l'entrainèrent dans une suite de guerres, qui se terminèrent par la débâcle de 1918 et l'invasion sioniste de la Palestine.

Des observateurs ont été convaincus par des initiés que le but primordial du Sionisme était de réorganiser le monde en confédérations continentales. Par la suite, ce plan aurait été considéré comme irréalisable dans la conjoncture modifiée. Cependant, le Sionisme ayant créé Israël, la survie de l'État juif devenait un casse-tête infernal.

(La grande majorité israélite européenne n'est pas sioniste. Sensible, elle feignait de l'*être, et versait la rançon imposée à ceux qui s*'abstiennent dans la Loi du Retour en Israël. Cette rançon, que E. Rothschild fixait en France à 10 % du montant de la fortune et du revenu de chacun, serait maintenant du reste grandement contestée par la plupart.)

---

10). Les *juifs* aux États-Unis (6.300.000) et en U.R.S.S. (3.000.000) sont tous de la même origine khazare russe. Ils étaient 3.000.000 aux États-Unis, en 1930 (Larousse). Ces mêmes Achkénazim constituent les ¾ environ de la Judaïcité en Europe occidentale et sa totalité dans l'Est.

Planche 9

Adana, 1909.

Par ordres des pachas Enver et Talaat, de la Loge de Salonique, la ville arménienne est incendiée, 20.000 chrétiens arméniens sont massacrés. L'Angleterre, présente à Chypre, ne bouge pas et empêche les Russes d'intervenir. La guerre des Balkans suivra en 1913, puis celle de 1914

Planche 10

Massacres d'Adana, 1909.

Des Arméniens survivants devant leurs morts en décomposition. Les Anglo-Saxons protestèrent pour la forme, les représentants F∴-M∴ ne furent pas plus sévères ainsi que les missionnaires protestants. Les Juifs n'élevèrent aucune protestation de leurs groupements important en Europe et en Amérique.

Politique sioniste

La politique sioniste moderne(11), commencée à Katowice en 1884, fut unifiée aux congrès annuels amorcés à Bâle en 1898. Elle fut placée d'abord au service de l'Empire britannique. Lorsque les propositions anglaises de fonder l'État juif dans l'aride Sinaï égyptien, puis dans le lointain Ouganda ou en Patagonie argentine, furent rejetées par les Sionistes russes qui exigeaient la Palestine, celle-ci fut refusée aux Rothschild en 1890 par le Sultan Abdul-Hamid II (personnifiant l'*Homme Malade*), puis demandée en vain à Guillaume II, en 1898, par Théodore Herzl, promoteur du Sionisme moderne, qui s'était tourné vers l'Allemagne en abandonnant l'Angleterre. Les Organisations sionistes en conclurent que la Palestine ne pouvait

---

11). Le Sionisme, raciste, néo-hébreu ou athée, dans sa volonté fanatique séculaire de reconstituer Israël, tend à provoquer l'autodestruction des nations de la Terre pour un repeuplement sélectif. A. Koestler, adepte franco-israélien du mouvement sioniste, réclame un produit chimique pouvant maîtriser la pensée des Humains.

être détachée de l'Empire ottoman que par démembrement révolutionnaire à la suite d'une guerre. La 1re Guerre mondiale en décida et sacrifia 8 millions d'âmes.

En 1914, il y eut des entretiens sionistes au Foreign Office et des manifestations « confraternelles » franco-allemandes s'organisèrent avec J. Jaurès (S.F.I.O.). Lloyd George, pro-sioniste, fut nommé Premier ministre en 1916 et, en 1917, il fit remettre à Lord Rothschild la *Déclaration Balfour*, demandée aussi par les organisations sionistes du Président W. Wilson, pour entraîner les États-Unis dans la guerre. C'est ainsi que furent sacrifiés les gardiens traditionnels des Lieux saints de Palestine : l'Empire ottoman, la France, la Russie orthodoxe et l'Empire catholique austro-hongrois, dont les offres de paix séparée en 1916 avaient été repoussées par les Loges maçonniques des Alliés. Dans cette guerre furent tués : 7.480.000 Européens, 120.000 Américains, ainsi que 1.800.000 Chrétiens orientaux, massacrés dans des circonstances demeurées cachées à l'Occident par la presse servile.

L'Empire allemand faillit gagner la guerre en 1914 et en 1918 ; il devait la perdre dans des troubles intérieurs et des fautes de commandement étranges qui firent, plus tard, l'objet des réactions hitlériennes dirigées contre les Juifs.

L'Empire ottoman fut démembré en 1919, d'abord par le Traité de paix de Versailles, fondé en grande partie sur les 14 Points proclamés par le Président américain Wilson pour l'indépendance des peuples, ensuite par la Société des Nations, fille du Sionisme qui sanctionna les génocides des Chrétiens (Arméniens et Libanais). Mais comme l'implantation sioniste en Palestine nécessitait aussi une protection militaire pour neutraliser les Arabes palestiniens, syriens, irakiens, transjordaniens, égyptiens et libanais, tous les pays arabes « *libérés* » furent placés sous mandat colonial militariste. Anglais et Français en firent les frais, de 1918 à 1939. Plus de 40.000 soldats français, arméniens, algériens, sénégalais, légionnaires, indochinois, sont morts avec de nombreux métropolitains pour libérer la Palestine et y protéger le Sionisme. Pas de Sionistes parmi eux. Les Sionistes étaient embusqués dans les services de l'arrière : hôpitaux, intendance, tribunaux, services de renseignements, etc., comme durant les guerres de Libye, d'Italie, d'Indochine et d'Algérie. Il fallut les guerres d'Israël pour découvrir que ces Sionistes, prétendument épris de paix, étaient passés Maîtres dans l'art de tuer et de faire tuer, par amour pour la Palestine.

La face cachée du Sionisme

La politique sioniste se relie à l'impérialisme britannique avec Benjamin Disraéli, Premier ministre, qui fit occuper les bases de Chypre en 1878, et d'Égypte en 1882, en s'opposant au traité russo-ottoman de San Stephano.

En faisant rompre à Berlin ce traité, qui eût protégé les Chrétiens des Balkans et d'Asie Mineure, l'acte disraélien coûta la vie à 20.000 Arméniens à Adana en 1909, à 50.000 Bulgares orthodoxes en 1913, à 1.500.000 autres Arméniens de 1915 à 1918, tous massacrés par ordre de la Loge de Salonique « *Union et Progrès* », affiliée à celles d'Europe et d'Amérique (Rapport Lepsius, *La passion de la Cilicie*, de P. du Véou et *La République Universelle* de P. Hépess).

La déclaration de guerre ottomane aux Alliés en décembre 1914 fut délibérément commise par les gouvernants Enver et Talaat, d'origine juive, Thessaloniciens convertis à l'Islam, qui s'étaient rendus Maîtres de l'Empire en 1908, avaient livré la Libye et le Dodécanèse aux Italiens en 1912 et perdu le Balkans en 1913. Cette déclaration de guerre était, pour l'Empire ottoman, un véritable suicide.

Les Allemands étaient partout engagés, tandis que les Russes étaient au nord et les Anglais au sud et à Chypre. Sur les côtes, de Smyrne à Jaffa, un débarquement allié eût été aisé et eût reçu le soutien des Grecs, des Arméniens, des Arabes chrétiens et musulmans, mais il eut lieu à Gallipoli, sous les canons allemands qui tuèrent par milliers : Australiens, Néo-Zélandais et Français. L'avance alliée se fit, en 1918, *après* les génocides des Chrétiens ; la cause du démembrement de l'Empire ottoman fut ainsi apprêtée pour le Traité de Sèvres de 1920 et la S.D.N. La Palestine fut enfin détachée de la Grande-Syrie et confiée aux Achkénazim européanisés.

L'Empire ottoman démembré par le sionisme colonial

En mai 1916, l'organisation sioniste et la IIIe République démembraient l'Empire ottoman encore intact. L'accord Sykes-Picot concédait aux Russes ce que les Sionistes anglais leur refusaient jusqu'alors : Constantinople et les Détroits ; aux Grecs, ce qui était grec depuis 3.500 ans : Smyrne et ses hauts plateaux ; aux Français, un droit de préemption sur Chypre, une zone d'occupation en Cilicie, ex-royaume des Lusignan du Poitou, plaines et montagnes bordant Sivas et Mouch, allant de Mersine à Alexandrette, au sud les monts Alaouïtes et le Liban jusqu'à la Palestine. La zone d'influence française allait de l'Anti-Liban à la frontière iranienne, couvrant la

Grande Syrie, le Vilayet de Mossoul et ses pétroles. La zone anglaise se prolongeait de l'Égypte au Kurdistan persan. Par contre, la France abandonnait ses droits sur la Palestine (qu'elle tenait du Royaume des Francs, de François Ier et de Soliman le Magnifique). La Palestine, englobant les Lieux saints, devenait ainsi « zone internationale ».

Cet accord était un leurre. Lloyd George et Clemenceau le transformèrent secrètement en une duperie d'intérêts politiques et pétroliers au profit des Anglo-Saxons sionistes, contre les Chrétiens et les Musulmans d'Orient. Cet acte passa outre aux engagements solennels pris envers les Arméniens, les Grecs et les Arabes, envers les Alliés russes défaits par la révolution des groupes sionistes BUND et Kérensky. Mais seule la *Déclaration Balfour* s'enracinait. Oubliant les droits des peuples à l'indépendance (du Président Wilson) pour les Arabes, effaçant la Cilicie arménienne du peuple chrétien le plus ancien, arménien depuis 27 siècles, le forfait sioniste maçonnique eut cinq conséquences catastrophiques :

1. Création d'un État juif en violation des droits des Arabes provoqués sur l'ensemble de l'Arabie et de l'Islam ;
2. Extermination des communautés chrétiennes orthodoxes et catholiques en Asie Mineure ;
3. Suppression de la Cilicie. (Le dernier abandon fut le sandjak d'Alexandrette en 1938. Le délégué français franc-maçon, le colonel Collet, fit falsifier à 51 % un pseudo référendum organisé par la S.D.N. Les Arméniens furent déportés pour la 4e fois en vingt-trois ans) ;
4. Refus de l'autonomie au Kurdistan ;
5. Mandat militariste imposé aux Pays arabes.

Du génocide politique, aux mandats militaires

L'effarante extermination d'un million et demi de Chrétiens d'Anatolie et de Cilicie, d'Arméniens laborieux, fiers, valeureux, artistes, bâtisseurs des monuments chrétiens et seldjouks d'Asie Mineure, demeurera l'inexpiable génocide des temps modernes et une flétrissure stigmatisant à jamais l'honneur de l'Intelligentzia occidentale dominée par les Juifs. Selon l'irréfutable rapport Lepsius (1916-1919), cette épouvantable destruction fut préparée et perpétrée systématiquement, de 1915 à 1918, par la Loge de Salonique, en présence des ambassadeurs à Stamboul : Wangenheim, Allemand, et Morgenthau, Américain, Israélites Maîtres francs-maçons très influents qui ne firent rien d'efficace pour l'empêcher. Ce massacre fut connu et suivi, dans sa préparation et dans son exécution, par les organisations sionistes de New-York, Londres et Berlin, présentes dans l'importante communauté israélite de Stamboul, où se trouvait David Ben Gourion, avocat ottoman (12), témoins des moindres faits et gestes des gouvernants turcs. (Les missions protestantes auprès des Arméniens, en 1914, étaient uniquement américaines et allemandes (13).)

Aucune raison d'État ne justifie le massacre de femmes, enfants, vieillards, perpétré après celui des hommes valides mobilisés pour être fusillés. Cela ne peut être d'inspiration ou d'intérêt ottomans, car la famine s'ensuivit durant 15 ans. (En quittant Stamboul, Mme Morgenthau, intervenant au- près d'Enver Pacha, reçut cette réponse : « *Pourquoi vous intéressez-vous aux Arméniens ? Vous êtes juifs sont chrétiens !...* »)

Détruire un peuple laborieux, producteur et cultivateur, artiste, industrieux et constructeur, dans la zone nourricière de l'Empire, n'était certes pas une politique ottomane dans le voisinage direct du puissant État chrétien russe.

Mais la destruction d'une communauté chrétienne, pouvant attirer les Slaves orthodoxes en Méditerranée, présumerait une politique étrangère (14).

De même, le génocide de cette communauté chrétienne, combative et vigoureuse, opposée à la sionisation des Lieux saints de Palestine, devait être une sanction pour l'Empire ottoman (détachement de la Palestine) et compromettre les Musulmans aux yeux des Occidentaux. (Selon Lepsius et P. du Véou, un seul Israélite protesta à temps et ouvertement contre les massacres des Arméniens : le Dr Rossler, consul d'Allemagne à Alep qui démissionna.)

---

12). David Ben Gourion, né en Pologne en 1886, Sioniste des premières vagues, avocat à Stamboul en 1913, témoin lucide des préparatifs et de l'exécution du massacre des Arméniens et des Libanais, en est complice. Il se rendit à Londres, en 1918, pour constituer la Légion juive d'occupation de la Palestine.

13). Un Américain, Bratter, protagoniste du génocide des Arméniens, utilisa en 1915 une étude de même tendance d'Alexandre Ular et H. Insabato, de l'Institut littéraire *Rutten et Loening* (Francfort-sur-Main, 1909) et de mêmes éléments parus dans le *New York Herald* (1915), ainsi qu'une interview du Dr Rifaat, des Loges Unionistes du Caire.

14). Lloyd George, P.M., prosioniste, citant la révolution russe, déclara au général Brémond : « *Cela nous libère ; d'ailleurs jamais nous n'aurions laissé les Russes s'installer à Constantinople* » (en Méditerranée).

(Témoignant devant la cour martiale de Stamboul, le 27.1.1920, le général Mustapha Kémal déclara : *« les pachas qui ont perpétré ces crimes inouïs..., qui ont entraîné le pays dans la situation présente suscitent encore des troubles. »* Effectivement, à cette date, Enver et Talaat pacha étaient les protégés des Loges occidentales et des gouvernants anglo-saxons.)

De 1915 à 1917, avant l'entrée en guerre des États-Unis, l'Ambassadeur américain à Stamboul, Morgenthau, Israélite, bien renseigné par ses coreligionnaires turcs et les missionnaires protestants américains (auprès des Arméniens), sur les préparatifs et l'exécution des génocides arménien, grec et libanais (1915-1918), ne s'y opposa pas, comme il en avait le devoir humain de par ses fonctions. Son Président à Washington, T. W. Wilson, élu en 1913 et réélu en 1917 avec l'appui massif des organisations sionistes américaines, également bien informé de la détresse des Arméniens, n'entama aucune démarche énergique humanitaire auprès de l'Ambassadeur ottoman aux États-Unis. Il en fut de même après le scandaleux Traité de Sèvres (10 août 1920), contraire aux principes des 14 Points (pour l'indépendance des peuples) du même Wilson, lorsque les populations arméniennes et grecques furent réattaquées par des bandes armées, que recrutèrent les Loges unionistes, appuyées par les maçons italiens, ennemis des Chrétiens arméniens et grecs.

Par ailleurs, au Parlement français, en 1920, les célèbres francs-maçons de la IIIe République, anti-autrichiens et pro-sionistes : Édouard Daladier, Léon Blum, Gaston Doumergue, etc., de triste mémoire, s'opposèrent à l'envoi de renforts français de secours à l'Armée déjà engagée en Cilicie avec la Légion arménienne qui avait libéré Jérusalem en 1918. Il fallut l'intervention du Pape auprès du maréchal Foch pour obtenir l'envoi, par surprise, de la Division Gombeau (dont la majeure partie allait être conduite en Syrie par Gouraud).

Le projet wilsonien, tendant à restaurer l'Arménie en ruines, n'eut aucune suite. Il fut repoussé par les Sionistes du Congrès américain, après en avoir obtenu le démembrement de l'Empire ottoman et de l'Autriche, ainsi que les mandats d'occupation militaire respectifs français et anglais sur la Syrie-Liban et la Palestine-Irak, afin d'y soumettre les populations durant la sionisation de la Palestine.

Cette conjonction des courants sionistes de l'après-guerre mondiale, contenus dans les politiques des nations alliées, d'intérêts contraires, et dans celles des Empires Centraux, trahis par les Sionistes, devait conduire à l'impasse politique de 1971, ruineuse pour l'Europe et l'Amérique.

Le défi sioniste

Depuis 1967, Israël impose ouvertement sa volonté aux dirigeants américains et à leur machin l'O.N.U. L'influence juive achkénaze, riche et considérable en Occident, quoique disproportionnée avec ses populations *chrétiennes*, y dicte les exigences de sa politique et définit *les nouveaux territoires israéliens reconquis* et le sort de leurs populations : 2.542.000 Juifs et 435.000 Arabes israéliens (octobre 1970). L'État juif propose à ses Arabes d'aller s'installer en Argentine ou en Australie. Plus d'un million d'Arabes sont asservis, en Cisjordanie et à Gaza, et employés en partie aux constructions accélérées de Jérusalem. Les Sionistes écartent près de deux millions de réfugiés, refoulés sur les pays arabes environnants. Ces réfugiés, se multipliant dans les camps, protestent contre l'inexécution des résolutions de l'O.N.U., de 1949 à 1967, tendant à les rapatrier selon leurs droits ; ils taxent de complicité les États-Unis et l'Europe occidentale.

Israël veut conserver ses frontières actuelles. Les exigences des négociations directes, la Mission Jarring, le Plan Rogers n'étaient que tergiversations ou atermoiements de pure forme. Lorsque le principe d'une acceptation de recul fut débattu à la Knesset, il y fut dit officiellement ensuite : *« Le parti Gahal quitte le gouvernement parce qu'il refuse de reculer. Or, le gouvernement ne reculera pas : c'est promis. Pourquoi le Gahal quitte-t-il ? »*

Le bilan des finances d'Israël est gravement déficitaire, mais c'est sans importance. Outre le coût fabuleux des armes américaines remises contre garanties problématiques et les dons annuels multipliés, la dette publique israélienne s'accroît entraînant la dévaluation permanente de sa monnaie.

Selon ses informations (fin octobre 1970), l'État juif dépense 4 millions de dollars par jour pour sa « défense-offensive ». De nouveaux crédits sont réclamés aux États-Unis pour les armements, le commerce, les industries, la balance monétaire, etc., à valoir sur les 20 milliards de dollars destinés aux « alliés ». De surcroit, Israël escompte obtenir, en 1971, un milliard de dollars de dons additifs des États-Unis, Canada, Brésil, Danemark, Afrique du Sud, bien que « la rançon », imposée aux Israélites réfractaires à la « Loi du Retour », soit maintenant contestée.

Des États ayant reconnu Israël, excepté les États-Unis et leurs satellites, récusent la politique du Sionisme international. Depuis juin 1967, le blocage du canal de Suez, ruineux pour l'économie des pays de l'Europe et de la Méditerranée, est devenu intolérable pour les

États-Unis ; ils s'inquiètent du refus européen qui expose au danger leurs intérêts dans les pétroles arabes. Le déficit pétrolier américain et les déceptions rencontrées en Amérique du Nord sont aussi des facteurs primordiaux. Néanmoins, le Sionisme pouvait maintenir son obstruction à l'O.N.U. et à la Concertation des quatre grandes puissances grâce au Congrès et au concours des États satellites d'Afrique et d'Amérique sous influence maçonnique et financière.

Du point de vue militaire, par contre, les succès israéliens sont largement exploités dans « la défense occidentale » et la « croisade anticommuniste ». La supériorité technique d'Israël pour l'emploi du matériel américain destructif ainsi que son espionnage en Europe, Afrique et Asie, lui auraient permis d'atteindre tous ses objectifs stratégiques et pétroliers à Suez, Mossoul, Arabie et Libye, si l'U.R.S.S. (sioniste avant et après 1948, de par ses cadres achkénazim), devenue antisioniste, n'avait pas armé et aidé l'Égypte. Toutefois, la grave question de l'existence palestinienne, jointe à l'occupation des territoires arabes, devient un problème américain insoluble en Europe et aux Nations Unies.

Quatre-vingt-dix pour cent des Israéliens sont citadins. Mécontents de leurs salaires, grévistes dans les ports et usines, aux services postaux, dans les hôpitaux et sur les aérodromes, chômeurs devant le travail impropre à leur formation, manquant de logements, astreints aux résidences imposées, ils sont avides de nouveaux territoires et prétendument épris de paix. Aussi font-ils quatre ans environ de service militaire en sacrifiant pour le budget de guerre 50 % des revenus de l'État, provenant des dons et prêts du *Monde Libre*.

Cinq pour cent environ des Israéliens vivent, dans les kibboutzim agricoles paramilitaires, une existence communiste tout confort, mécanisée, électrifiée et conditionnée, comportant : garderies d'enfants, centres culturels et récréatifs, restaurants-bars. Des centaines d'hommes et de femmes « jardinent » des fermes de moins de 60 hectares, sur lesquels en France une famille fermière amortit laborieusement son coûteux matériel sur des terres plus fertiles et arrosées (15).

---

15). En Palestine occupée, le Gouvernement israélien et les Organismes sionistes ont investi, de 1948 à 1969 — dans les 601 kibboutzim et moschavim, d'une superficie moyenne de 60 hectares et couvrant ensemble 430.000 hectares de terres spoliées aux Palestiniens — la somme de 14 milliards de francs, non compris les frais d'exploitation du volontariat d'exaltés recrutés parmi les étrangers ignorants, offrant une main-d'œuvre gratuite. Cet investissement correspond à 32.000 francs par hectare, tandis

Cette faible proportion de volontaires kibboutzim souligne la répulsion qu'éprouvent les Israéliens pour l'entraînement militaire. Les sections de commandos biafrais y furent formées ainsi que celles des contestataires de Paris en 1968. Les transfuges «tchèques» sionistes s'y réfugièrent après le coup du Printemps de Prague, pour pouvoir recommencer.

Les produits agricoles des kibboutzim sont, en fait, des productions militaires (le trafic aérien de la Compagnie El Al également). Offerts au Marché Commun Européen à des prix concurrentiels contestables (avantagés par les subventions prélevées en Occident) et provenant de la spoliation des terres palestiniennes, leur vente officialisée sera litigieuse.

Pour les territoires occupés, après l'achat effectif de 800 km² (de 1884 à 1939), augmentés de 800 km² de terres domaniales octroyées au Sionisme par Sir Herbert Samuel, haut-commissaire anglais et ses successeurs, entre 1918 et 1939, le Plan de l'O.N.U. (1947) porta «le partage» à 14.300 km². Le territoire sioniste était porté à 20.800 km² lors de la guerre dite de l'Indépendance (1948-1949) et augmenté jusqu'à atteindre 102 400 km² à l'issue de la guerre de 1967.

Cette progression constante vers les limites du «Grand Israël», du Nil à l'Euphrate, couvrant 800 000 km², est la résultante du plan sioniste en Orient décidé en 1897. Elle recula devant l'ultimatum du Président Eisenhower[16], condamné par le Sionisme indigné. Son

---

qu'une bonne terre est estimée, en France, à 10.000 fr. l'hectare en moyenne. On estime la valeur des produits agricoles israéliens, exportés en 1969 sur le marché européen — déjà pléthorique — à deux milliards et demi de francs (soustraits aux paysans européens et imposés au Marché Commun), le reste des produits sionistes ayant été consommés sur place. En tenant compte des intérêts simples, des sommes investies et irrécupérables ; des frais de main-d'œuvre offerts par les Sionistes et les étrangers volontaires (non compris les frais de voyage et de séjour prélevés par les compagnies de tourisme) ; les amortissements du matériel, le déficit annuel minimum du secteur agricole sioniste est de 6 milliards de francs.

16). Le respecté général Eisenhower, averti contre le Sionisme et élu président pour mettre fin à la guerre de Corée, fut obligé, en 1956, d'appeler la Marine plus sûre, afin de contraindre le tripartisme sioniste israélo-anglo-français à abandonner Suez et le Sinaï. En même temps, connaissant la compromission de la C.I.A. dans la révolution de Budapest, fomentée en diversion sioniste contre l'U.R.S.S., il sut y interdire toute intervention américaine officielle en dépit du tollé général soulevé par l'ignorance occidentale, que la presse sioniste entretient.

stade actuel provoque une vive dissension sioniste ; le général Rabin, commandant en chef en 1967, nommé ambassadeur aux États-Unis, déclara à Washington, c'est-à-dire à l'adresse des organisations sionistes américaines : « *Ceux qui croient encore réaliser le « Grand-Israël » dans la conjoncture actuelle, sont des utopistes.* » La confirmation en fut donnée en 1970 lors de débats officiels à la Knesset : « *En cessant d'avancer, pour le moment, Israël a (déjà) fait des concessions suffisantes.* »

Le bilan sanglant de l'arche sioniste

Le bilan d'Israël en l'an hébreu 5730 doit être ajouté aux résultats du Pouvoir sioniste euro-américain sur les théâtres de ses exploits diaboliques (inchangés, mais rendus plus difficiles par la décolonisation et la contestation).

- La détermination israélienne du Congrès de Berlin (1887) tendant à maintenir éloignée la Russie orthodoxe (ou soviétique) de la Méditerranée et isoler les communautés chrétiennes orientales, sinon les détruire.

- La Première Guerre mondiale devait : *a)* épuiser l'Europe et enrichir l'Amérique ; *b)* révolutionner la Russie dont une petite minorité sioniste BUND-Kérensky tenta de s'emparer ; *c)* activer les Turcs contre la paix ; *d)* réduire ou faire massacrer les protecteurs des Lieux saints palestiniens : l'Orthodoxie, le Catholicisme et l'Islam, en particulier Arméniens, Grecs, Français, AustroHongrois, Libanais, Syro-Palestiniens ; *e)* séparer la Palestine des pays arabes, placés sous mandat colonial ; *f)* développer la sionisation de la Palestine (en vue du « Grand-Israël ») par le truchement d'une Société des Nations ad hoc (puis l'ONU) ; *g)* exploiter les pétroles d'Iran et de Mossoul alors seuls connus.

Subsidiairement : appesantir l'anticatholicisme en Irlande, au Canada, en Amérique latine, développer le colonialisme en Afrique et en Asie.

- L'aboutissement des faits sionistes de la Seconde Guerre mondiale prolongeant la Première : *a)* saigner et ruiner l'Europe ; *b)* retenir sous le régime colonial les pays arabes, les nations musulmanes Nord et Centrafricaines, ainsi que l'Indochine ; *c)* subordonner l'ONU et les gouvernants occidentaux pour le partage inique de la Palestine ; *d)* sioniser la Palestine, en éjectant Chrétiens et Musulmans, en y appelant impérativement les Israélites ; *e)* développer en Occident la campagne antiarabe ; *f)* transférer les pétroles arabes au compte américain. Subsidiairement : *g)* maintenir la contrainte anticatholique dans le monde ; *h)* poursuivre la guerre en Indochine et en Corée ; *i)* provoquer la tension guerrière par l'occupation militaire en Corée, Japon, Indochine, Turquie, Chypre, Espagne, Allemagne et Amérique latine ; *j)* préparer une Troisième Guerre mondiale. (Le 18 octobre 1970, Moshé Dayan déclara attendre la participation des États-Unis dans le conflit oriental ; les Américains étant déjà avocat, juge et parti, un autre avocat israélien était nécessaire.)

Les résultats marquants et immédiats de ces exploits sionistes «indirects» furent : les génocides de deux millions de Chrétiens orientaux et les hécatombes des deux guerres mondiales enchaînées, soit : 40 millions d'Européens, 1.180.000 Anglais et 520.000 Américains.

Cependant nous avons vu que le sacrifice de 43.700.000 âmes n'avait pas arrêté l'action du Pouvoir sioniste. Après les guerres israéliennes dites de «l'Indépendance», menées contre l'ex-protecteur anglais, et de la «Libération», pour chasser les hôtes légitimes palestiniens, Israël, dans son esprit d'expansion, entend conserver tous les territoires occupés pour poursuivre sa marche par les guerres de diversion, à l'effet de conduire les gouvernants occidentaux à l'autodestruction.

Depuis la Seconde Guerre mondiale, il y eut : la guerre de Corée (1950-1953) pour soutenir un despote ; la guerre française d'Indochine, qui balaya les illusions colonialistes et les trafics monétaires ; le conflit de Suez (1956) et sa diversion simultanée à Budapest, violences qui virent s'unir les organisations sionistes et la C.I.A. aux gouvernants conservateurs anglais et «socialistes» français (de la S.F.I.O. maçonnique-sioniste), aux actionnaires du canal de Suez «nationalisé» (17).

17). Des démocrates anglais réagissaient. L'opinion française, abusée par les presses anti arabes, fut frappée par la pénurie d'essence. La diversion, conduite à Budapest par l'organisation sioniste de la C.I.A., opposa les Catholiques libéraux aux forces de l'U.R.S.S. pro arabe. L'objectif sioniste fut atteint dans la rupture franco-arabe étendue à l'Algérie, où la répression génocide suivit son cours contre les frères d'armes musulmans (de toutes les guerres) qui n'étaient pas Français en 1956 (alors que les Juifs l'étaient depuis 1870, sans avoir même participé aux combats).

Après les guerres de Chypre (1960) et d'Algérie (1962), arrêtées sous la contrainte de la réprobation mondiale, nous avons vu l'assassinat du Président John Kennedy (1963) qui eût interdit aussi l'expansion israélienne, mais que le pro-sioniste L.-B. Johnson, son remplaçant, toléra volontiers, en 1967, en armant plus fortement l'agresseur, « lésé » par l'embargo français. Le même allié d'Israël aggravait la destruction de l'Indochine en y enlisant plus de 600 000 soldats américains, dans une guerre odieuse qui révolte l'opinion des 200 millions d'Américains, sans pour cela entamer le bellicisme du Congrès (18). Cette autre diversion sioniste, dite « croisade anticommuniste », se reproduisait au Biafra, fausse guerre islamo-chrétienne, pour une tentative de sécession pétrolière. Répétition en mai 1968 à Paris contre l'embargo de la Ve République, puis au « Printemps de Prague », soulevé contre l'U.R.S.S. (pro arabe). Toutes ces guerres et tous ces conflits étaient soutenus et exploités intensivement par le Pouvoir sioniste des Achkénazim internationaux.

Par son influence permanente à la Maison-Blanche (trois conseillers principaux), le Pouvoir sioniste mobilise en sa faveur le Pentagone et la C.I.A. Il est aux commandes de l'aviation de bombardement stratégique, fait partie de la commission des Finances et de l'état-major de l'Armée... A ce titre et par son influence prépondérante auprès de 32 % des membres du Congrès, ce Pouvoir personnifie la guerre en Indochine, l'engagement des États-Unis en Proche-Orient et l'activisme en Europe occidentale (19).

Dans sa diversité éclectique, le Pouvoir sioniste est affairiste. Il truste les matières premières, le pétrole surtout. Il s'associe aux banques d'affaires, stimule les Bourses à son profit, spécule sur le matériel de guerre, provoque le gaspillage spatial. Protégeant le

---

18). L'influence sioniste sur le Congrès, qui sévit lors du boycott de la réception du Président Pompidou, marqua 32 % alors que, sur les 204 millions d'Américains, moins de 3 % seulement sont Israélites achkénazim d'origine russe. Mais cette minorité politique homogène est majoritaire devant la fragmentation intentionnelle des Églises protestantes américaines. Poussière inefficace de la communauté chrétienne dispersée.

19). L'ambassadeur américain à Londres, le milliardaire Walter H. Anneberg, Sioniste virulent, fut nommé au début de la concertation des quatre grandes puissances. Il avait versé un million de dollars à Israël en juin 1967 et fait remettre 12.000 dollars à la veuve du policier Tippet, tué lors de l'assassinat du Président John Kennedy. Ce furent ses rapports avec la Mafia et le *Chicago Al Capone* qui gênèrent le Foreign Office (*Nouvel Observateur* dixit).

gangstérisme, il exploite les jeux, produit les spectacles, truste le luxe, les bijoux, l'or, préside à la dilapidation contre les besoins prioritaires, tout en se prétendant moralisateur dans l'Armée du Salut qu'il dirige (20).

Ce fomentateur de la Révolution russe de mars 1917 est le provocateur des troubles qui risquent de ravager à nouveau l'Amérique et de provoquer la destruction d'Israël.

EMPRISE DU POUVOIR SIONISTE

En résumé, l'observation des graves circonstances des guerres et des événements récents souligne la culpabilité du très-puissant Pouvoir sioniste euro-américain pour avoir été à l'origine de l'implantation d'Israël en Palestine au détriment de la Chrétienté et de l'Islam, en polarisant secrètement l'Europe, l'Angleterre et l'Amérique vers les objectifs secrets de la Première Guerre mondiale. Les deux guerres mondiales eussent pu être évitées si des avertissements préventifs, attendus d'ailleurs des États-Unis et de l'Angleterre, avaient été signifiés opportunément à l'Allemagne, qui d'ailleurs les souhaitait.

Ipso facto, l'activisme manifeste du Pouvoir sioniste, dans la politique mondiale actuelle de l'Amérique, trahit sa responsabilité dans les guerres menées depuis 1950, au sud-est de l'Asie et dans la tension entretenue contre l'U.R.S.S., la Chine et les pays arabes. Il indique l'origine de la subordination de l'O.N.U., de l'O.T.A.N., de certains pays méditerranéens et africains et de l'Amérique.

Ce dirigeant principal de la politique américaine et de l'Europe anglo-saxonne, est également responsable de leurs désordres moraux et de leur marasme socio-économique.

L'impudence des exigences du Pouvoir sioniste euro-américain, en faveur exclusivement des Israéliens et des Sionistes d'U.R.S.S. ou des Pays arabes, souligne sa négligence intentionnelle envers le reste de l'humanité, et envers les populations civiles italienne, française, allemande, japonaise, coréenne, indochinoise, qui furent « inutilement » écrasées dans leurs villes par les destructions des bombardements « stratégiques ». L'influent Sionisme maçonnique avoue être l'instigateur de l'oppression anticatholique dans l'Ulster, au Canada, en Amérique latine, au Vietnam-Sud, où il soutient les gouvernants « *démocrates* » ou fascistes. (En octobre 1970,

---

20). L'Armée du Salut est une organisation sioniste maçonnique. Le drapeau de son corps d'officiers porte l'Étoile de David.

dans l'empire du Pouvoir sioniste couvrant le «*Monde Libre*», la démocratie canadienne accorde le droit de vote aux électeurs non propriétaires de leur logement. Cette libéralité révolutionnaire gênera le parlement démocratique anglais qui la refuse aux Irlandais catholiques dans l'Ulster, fief des Loges maçonniques d'Orange.)

M. W. Rogers, chef du Département d'État, annonçait au Gouvernement libanais, le 4 mai 1971, qu'il fallait quatre mois supplémentaires pour obtenir un accord israélien probable pour la libération du Sinaï, en vue de faire rouvrir le canal de Suez — totalisant 52 mois de paralysie européenne.

Il démontrait l'incapacité complice de l'O.T.A.N., du Cartel des pétroles, de l'O.N.U. même... devant les exigences forcenées du Sionisme imposé en Amérique contre les libertés des peuples d'Arabie, d'Asie, d'Europe, d'Afrique. Course aux conflits qui invite à comparer les effets produits par les deux guerres mondiales ayant créé Israël.

« Les guerres et les révolutions sont les moissons du peuple (sioniste) », a dit Disraeli, Premier ministre anglais.

LES GUERRES EN MILLIONS DE MORTS

Occident	Angleterre	France	Italie	Grèce	Allemagne	Autriche Hongrie	Pologne	Russie U.R.S.S.	U.S.A.	Total
1914 à 1918	0,78	1,40	0,50	0,15	1,95	1,00	—	1,70	0,12	7,60
1939 à 1945	0,40	0,54	0,45	0,60	6,00	0,43	6,00	20,00	0,40	34,82
Totaux	1,18	1,94	0,95	0,75	9,380		6,00	21,70	0,52	42,42

ANGLAIS = 1,18 — EUROPÉENS = 40 MILLIONS, 720 — U.S.A. = 0,52

« TU NE TUERAS PAS. »

En France, de 1914 à 1918, Abrahim dit Abrami, sujet turc du ghetto de Stamboul, fut Sous-secrétaire d'État aux effectifs (militaires), secondé par Rheims[21], colonel-directeur du recrutement de la Seine. La Justice militaire, si implacable envers le simple soldat, était

---

21). Un de ses parents, prétendu gaulliste, déroba à Londres le manuscrit du général de Gaulle, texte de l'appel aux Français, du 18 juin 1940, qu'il vendit chèrement à New-York, après la mort du Général. Racheté par Alain Delon, ce manuscrit fut noblement offert au musée de l'Ordre de la Libération.

aux ordres de Isaac Israël, avec Mandel Joroboam Rothschild, comme dictateur effectif auprès du pantin Georges Clemenceau (ancien directeur de *L'Aurore* des Francs-Maçons antichrétiens). Le général Mordacq dirigeait le Grand-Quartier... (Céline.)

— Connaissez-vous la réponse intégrale de Guillaume II, pendant la guerre, à la Supérieure de l'Abbaye de Mendret (Belgique) : « Non, Madame, je n'ai pas voulu la guerre, le responsable n'est pas moi. La guerre m'a été imposée par les Juifs (Sionistes) et la Franc-Maçonnerie. » (Céline.)

Les symptômes qui annoncèrent aux Européens les deux guerres mondiales se répètent. À Fort-Knox, le stock d'or, fin septembre 1971, est inférieur à 9,8 milliards de dollars, son niveau le plus bas depuis mai 1936, tandis que l'inflation aux États-Unis s'élève à un milliard 600 millions par mois et que les dettes extérieures dépassaient 49 milliards de dollars, en mai, avant que n'éclatât la crise monétaire provoquée par la faillite du dollar.

G. Steiner, Achkénaze anglais, professeur à Cambridge, examine les chances qu'a notre culture (sous la domination du Parti politique achkénaze) non pas de s'épanouir ou de se transformer, mais de survivre : « *les modes de terreur qui ont pour résultat la guerre, la famine, les tueries délibérées de quelque soixante-dix millions d'êtres humains en Europe et en Russie (?) entre le début de la Première Guerre mondiale et la fin de la Seconde...* » Il se demande comment on peut oser élaborer une théorie de la culture contemporaine sans tenir compte de cet échec total de nos traditions humanistes (qui ne sont pas achkénazim). « *Pourquoi furent-elles des barrières si fragiles contre la bestialité politique ?... N'est-il pas plus réaliste de dire que la culture humaniste* (depuis 1789) *a engendré la bestialité et la cruauté ?* »

L'Institut international de recherche sur la paix, fondé à Stockholm et financé par le Parlement suédois depuis cinq ans, a publié, le 23 nov. 1971, après 4 ans d'études de 5 chercheurs internationaux, un rapport constatant que les quatre grandes puissances font presque, à elles seules, les 90 % du commerce des armes avec le Tiers-Monde.

Les États-Unis fournissent la moitié du commerce ; depuis 1950, plus du tiers de toutes les armes acquises par le Tiers-Monde en proviennent, pour une valeur globale annuelle, en 1970, de 1,5 milliard de dollars. Somme sextuplée en 20 ans et représentant un taux moyen d'augmentation annuelle de 9%.

L'U.R.S.S., entrée tard dans ce négoce, livrait des armes à 6 pays vers 1960 et à 20 autres vers 1970. Elle est le second fournisseur actuel.

La France était le quatrième exportateur en 1969 avec des ventes s'élevant à 90 millions de dollars, soit 495 millions de francs (120 millions de $ en 1968). Elle est devenue le troisième en 1970 avec 7.210 millions de francs, ou 1.370 millions de dollars, par une progression de 16% par an, depuis 1960. Les résultats de 1971 équivaudront à ceux de 1970.

L'Angleterre est le quatrième fournisseur d'armes. Parmi les autres, l'Institut cite la Chine (2,2% du total seulement), l'Italie, le Canada, le Japon, l'Allemagne Fédérale, la Suède, la Suisse,

Les armes ont été livrées dans les Pays d'Extrême-Orient, dont le Vietnam, dans une proportion de 30 suivie de 25% pour les Pays du Proche-Orient, de 15% pour l'Inde et 8% pour les Pays africains.

(Le commerce des armes dans le *Monde Libre* étant un monopole presque exclusivement achkénaze et sioniste, la condition principale du désarmement nécessiterait la publication au Journal Officiel des noms et adresses des usines et commerces de matériel de guerre exporté.)

Planche 11

Ankara, 1915.

La population arménienne, séparée des hommes et déportée avec femmes, enfants, vieillards, est massacrée sur le chemin menant à Alep.

(Photo prise par un officier allemand)

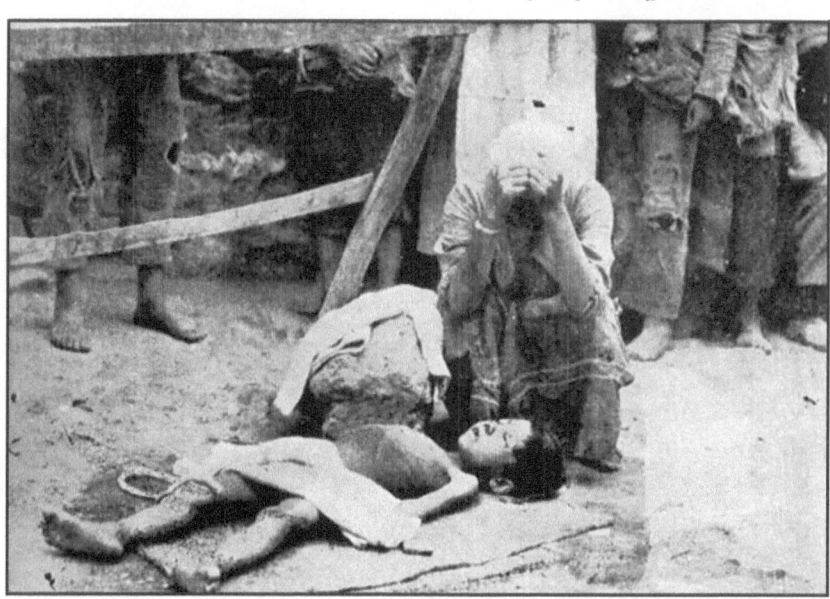

Planche 12

Mater Dolorosa arménienne et Saints-Innocents

sacrifiés par la Franc-Maçonnerie. Photo d'un officier allemand compatissant, face au génocide des chrétiens, hommes, femmes, enfants, par les Turcs, francs-maçons, appuyés des gouvernements anglo-saxons.

Planche 13

Alep, 1915.

Les Ottomans pendent des Arméniens
innocents des accusations portées contre eux avec l'assentiment
de l'État-major allemand et des Loges sionistes.

CHAPITRE II

LA COLONISATION DE L'AMÉRIQUE ET DE L'EUROPE OCCIDENTALE

La soumission au Pouvoir sioniste imposée à l'Administration Nixon, dans le conflit du Proche-Orient en 1970, fait paraître le leader du « Monde Libre » comme placé sous la dépendance des Organisations sionistes maçonniques internationales ; celles-ci veulent maintenir les États-Unis clans un rôle de « gendarme du monde » au service du cartel politico-économique nommé *impérialisme*.

Cette soumission aberrante du représentant des 204 millions d'Américains — masse volontairement fragmentée en poussières de communautés et dominée par la proportion de la minorité israélite, inférieure à 3 %, et le Congrès sionisé à plus de 32 % — s'effacera grâce aux réactions nationales, soucieuses de défendre les intérêts humains. Ces intérêts et le prestige de l'État ne pourront être indéfiniment assujettis, au regard de l'O.N.U. et des nations méditerranéennes alertées, à seule fin de promouvoir l'expansionnisme israélien et l'industrie d'armement du Sionisme américanisé.

Les événements survenus depuis juin 1967 confirment que le Sionisme occidental, le plus actif, vient de New-York et du Congrès américain, en liaison avec les principales villes du « Monde Libre ». Ce terme sioniste, moins usité, désigne en premier lieu les pays anglo-saxons, dominants et associés : États-Unis, Grande-Bretagne et Hollande, trois des quatre principales puissances qui distribuent le pétrole mondial pour le compte du Cartel, tout en déployant une intense activité politique dans le monde entier.

Il se confirme que le Sionisme influa sur la politique des États-Unis, exploitant à son propre avantage les élections et, partant, les activités des différents présidents américains, en particulier : W. Wilson, Roosevelt, Truman, L.-B. Johnson. Ce Pouvoir combattit en 1956 les décisions du Président Eisenhower touchant Suez et Budapest ; et il fut inquiet de la vigilance du catholique John Kennedy et de la prépondérance de sa dynastie. Le Sionisme régna, en général, sur les centres d'affaires et politiques, durant les périodes des deux guerres mondiales, sur la S.D.N. et sur l'O.N.U. durant les guerres de Chine, de Corée, d'Indochine, du Proche-Orient, du Biafra, etc. Devant cette emprise sioniste généralisée en Occident, le monde s'interroge : Depuis quand et comment son ascendant sur la politique américaine s'est-il développé après avoir été le guide de l'Angleterre ?

Aussi loin que l'on remonte dans l'histoire de l'indépendance des États-Unis, l'influence du judaïsme sur le protestantisme politique apparait dès le XVIe siècle. Elle accompagne, sur l'Île de Manhattan *achetée* aux Indiens pour quelques piécettes et quelques couteaux, les Hollandais qui y bâtirent la Nouvelle-Amsterdam, en 1626, et y installèrent quelques Juifs, expulsés de l'Espagne catholique, libérée vers la fin du XVe siècle, à l'époque de *la* découverte de l'Amérique par Christophe Colomb. Cette ville portuaire, colonisée par les Anglais, est New-York, métropole tentaculaire de l'État américain, siège de l'impérialisme sioniste aux États-Unis s'étendant à l'Univers.

L'indépendance des États-Unis fut proclamée à Versailles en 1783. Elle est due à l'aide décisive que le roi Louis XVI de France leur fit apporter par l'armée royale de Rochambeau, par l'escadre de l'amiral d'Estaing (12 vaisseaux, 2 frégates) et celle de l'amiral de Grasse (28 vaisseaux), transportant 8.500 hommes munis d'équipements complets, prélevés sur les plus valeureux régiments de France, outre les forces et approvisionnements de la Louisiane. Cette armée, rejoignant le petit groupe des volontaires venus avec La Fayette, apportait des fonds considérables dont les derniers (6 millions de francs-or : 300.000 louis) qui revigorèrent l'armée des insurgés en haillons, commandés par le félon

George Washington, ex-major anglais, laquelle était sur le point de se débander faute d'argent, d'armes et de renforts.

Louis XVI était conscient des impératifs de la politique française en Amérique qui remontait alors à plus de 250 ans : au Canada depuis 1534, contrée annexée par les Anglais en 1783, dans la Louisiane, organisée depuis 1699, dans l'Ohio en 1750, région annexée par les Anglais en 1759 après une lutte de sept ans. Le roi de France, en effet, avait réagi aux convoitises expansionnistes anglaises et à l'oppression qu'Albion infligeait aux Canadiens français catholiques, en répondant favorablement à la demande d'assistance que lui avait présentée Benjamin Franklin en 1777, au nom de la jeune république américaine proclamée contre l'Angleterre.

Après l'envoi des volontaires français commandés par La Fayette, franc-maçon, trop souvent et curieusement seul cité, le roi Louis de France reconnut, le premier, l'indépendance des États-Unis et, pour les aider officiellement, déclara la guerre à l'Angleterre. Cela décida l'Espagne et la Hollande à se joindre à l'alliance française pour aider les insurgés. L'assistance royale française fut déterminante pour l'indépendance des États-Unis qui, sans elle, seraient demeurés anglais, comme serait restée française la Louisiane, et mexicains le Texas et la Californie, annexés par la suite.

Hélas ! Les gouvernants américains d'alors et leurs successeurs félons ne gardèrent aucune reconnaissance à la France et à l'Espagne royales. Six ans après, éclata la Révolution de 1789, à laquelle ils étaient liés par la franc-maçonnerie anglo-protestante et le Grand-Orient de France (fondé à Paris en 1772). Cette Révolution devait d'abord exterminer la famille royale de France, et donner le statut de citoyens aux Juifs pour la première fois en Europe.

La démystification de l'Histoire souligne, en effet, que les gouvernants américains excipèrent de la Révolution française de 1789 pour annexer la Louisiane par le truchement d'une quadruple trahison dont le Sionisme actuel, avec ses machinations permanentes, nous livre les secrets.

Lorsqu'en 1917, 134 ans après le Traité de Versailles, le général américain Pershing, venu tard à la tête d'un corps d'armée au secours des Anglais sur le territoire français, lança son « La Fayette, nous voici ! », il oublia Louis XVI décapité et Louis XVII mort en prison à l'âge de 10 ans, que l'Ambassade américaine à Paris avait abandonné aux geôliers de la Convention, dont Simon, du Club des Girondins, auxquels cette Ambassade était liée par la Franc-Maçonnerie. Le sinistre cordonnier juif ; guillotiné, emporta son secret dans la tombe, à l'instar d'Oswald et de « Ruby » Rubinstein, touchant la mort du Président Kennedy.

En 1789, il y avait en France vingt-cinq millions d'habitants, et en Russie dix-huit seulement, qui sont devenus, respectivement, en 1970 : 55 et 240 millions. La France, le pays le plus peuplé et le plus évolué d'Europe, fut presque stérilisée, de 1789 à 1958, en 169 ans de révolutions, de guerres napoléoniennes, coloniales et mondiales, par les gouvernants des Ire, IIe, IIIe et IVe Républiques maçonniques d'obédience anglo-saxonne : elle a sacrifié sur les champs de bataille et dans les colonies la fleur des citoyens, victimes d'une conscription, inappliquée sous la Royauté.

(En 1970, les 47 millions d'habitants des Provinces sont encore abusivement soumis aux privilèges politico-économiques de Paris (8 millions, dont 300.000 Juifs), capitale désignée par Israël pour être le 4e centre sioniste mondial après les U.S.A., l'U.R.S.S. et Israël, avant l'Angleterre, 450.000 juifs.

Le dévoilement progressif de l'histoire moderne démontre que cette révolution fut une vengeance maçonnique anglicane du protestantisme politique contre le catholicisme français, qui avait fait perdre à l'Angleterre ses colonies d'Amérique, convoitées elles-mêmes par les Achkénazim, avides de faire de l'Amérique leur Grand-Occident.

La malheureuse révocation de l'Édit de Nantes, survenue un siècle plus tôt en 1685, fut exploitée en Angleterre, en Hollande, en Allemagne et en Suisse, où les 300.000 Protestants français avaient été incités à se replier pour conspirer.

À Paris, la capitale, brusquement troublée par des remous maçonniques, une racaille à la solde de la Franc-Maçonnerie était chargée de saccager les églises, piller et brûler les châteaux, violer les tombes royales et de la noblesse, tuer les nobles devant les bourgeois apeurés et les députés F∴-M∴ complices (22). Le bon Roi humanitaire et catholique, emprisonné avec sa famille, en 1791, était guillotiné avec la Reine Marie-Antoinette et la Noblesse captive. En 1794, l'enfant royal, martyr, mourait en prison, sous une garde de barbares. Mais, le 28 septembre 1791, lorsque *la* Terreur remplaçait l'ordre, les activistes de la communauté juive de Paris obtenant le statut de

---

22). En 1787, Mirabeau publia un opuscule : Sur *Aloses Mendelssohn et sur la reforme politique des Juifs*, ainsi favorisés par le protagoniste du *Jeu de Paume*. Janvier 1790. La Constituante décrète : Tous les Juifs connus en France sous de Juifs portugais, espagnols et avignonnais sont citoyens actifs éligibles. (Ils sont au nombre de 40.000 environ avec 32.000 Achkénazim alsaciens.)

citoyens prennent en main la République ; laquelle guillotinait les savants dont elle n'avait pas besoin lorsqu'ils refusaient de se réfugier en Angleterre ou en Hollande, refuges des protestants, en y apportant les techniques industrielles et navales françaises.

Dans les provinces, la Terreur fut étendue par « le Comité de Salut Public » aux contrées opposées à la conscription et défendant la foi catholique. Les généraux de la Convention : Kléber, Marceau, Hoche (héros maçonniques des grandes avenues convergeant vers la Place de l'Étoile « de David »), furent envoyés, en 1793, en Vendée, avec 18.000 « Mayençais » (23), avec le général alsacien Westermann (accusé de lâcheté et guillotiné en I 794). Ces généraux écrasèrent l'armée des paysans catholiques dispersés, exterminés avec vieillards, femmes et enfants : ce génocide, achevé le 17 juillet 1796, donna des cauchemars à Kléber (24)

---

23). Mayençais, nom donné aux 18.000 volontaires pillards, commandés par Kléber et Aubert Dubayet, assistés par Rewbel et Merlin, qui, assiégés durant quatre mois dans Mayence (1793) cernée par 45.000 Prussiens de l'armée de Brunswick, sortirent saufs avec armes et bagages, sous condition d'un accord maçonnique franco-prussien (le 4e après le retrait sans combat de l'armée prussienne du champ de Valmy et des places fortes de Longwy et de Verdun), de ne pas servir durant un an contre la Coalition. Cette troupe de criminels fut chargée par la Convention de massacrer les résistants vendéens et lyonnais. Les premiers furent décimés et Lyon faillit être totalement détruite.

24). Kléber, né à Strasbourg en 1753, jaloux de la préférence donnée à Hoche, démissionna, mais fut réengagé par Loges pour la campagne sioniste dite « d'Égypte », où il obtint le commandement d'une division qui fut sacrifiée au Sionisme en Palestine. Ayant pris Gaza et Jaffa et remporté sur les Palestiniens la victoire du Mont-Thabor, Kléber reçut le commandement de l'armée, après l'échec du siège de Saint-Jean-d'Acre, et devint alors un héros maçonnique d'envergure exceptionnelle.

L'aventurier François Vidocq (1775-1857) a relaté dans ses Mémoires les méfaits effroyables des « Chauffeurs du Nord », sinistres bandes sévissant dans le Nord et en Belgique. Vidocq en connaissait tous les chefs. Parmi eux, le Juif cruel et sadique Salembien ou Salembier, dont la troupe comptait jusqu'à 900 affidés, dont trois cents Juifs, qui brûlaient les pieds des villageois pour les forcer à dévoiler leurs cachettes d'argent. Ces bandes, achkénazim en majorité, recrutées pour la Terreur, sévirent aussi à Lyon et en Vendée puis se fixèrent à Paris, dans le quartier noble du Marais livré à leur saccage, et que la Ve République fit réparer.

Les « zéros » de Valmy.

Également la prétendue bataille de Valmy, remportée par l'année en « pagaille » des sans-culottes de Dumouriez, sur la forte armée prussienne, bien organisée et commandée par le duck de Brunswick(25), impose la révision de la qualité historique de *ses* héros, figurant dans l'encyclopédie Larousse, édition 1900, non totalement expurgée. De cette bataille, commencée le 19 septembre 1792, à 7 heures, par quelques échanges de coups de canon et terminée à 4 heures du soir par le retrait des Prussiens devant les cris de « Vive la Nation ! » de Dumouriez et de son armée, portant les chapeaux au bout des piques, l'examen des principaux acteurs de cette mystification donne des résultats étonnants.

Côté Révolution française, parmi les 4 généraux : Dumouriez(26),

---

25). Charles-Guillaume, duc de Brunswick, général prussien protestant, issu d'une Maison princière allemande divisée par la Réforme, fut nommé généralissime des armées alliées, pour combattre les insurgés français régicides. S'étant emparé de Longwy et de Verdun, il n'engagea pas, à Valmy, son importante armée contre celle, désorganisée, de Dumouriez, et, sans autre raison qu'une importante rançon qui lui aurait été versée par des financiers maçons, il battit en retraite te évacua la France sans livrer bataille. Son neveu, Charles-Frédérick, chassé de son pays révolté contre lui, se réfugia à Paris et à Londres, en 1830, y mena une vie scandaleuse et signa avec Louis-Bonaparte, neveu de Napoléon 1er et futur Napoléon III, un traité par lequel les deux parties s'engageaient à s'entraider, l'un pour reprendre le trône de Brunswick, l'autre pour occuper celui de France. Très riche, ce Brunswick légua toute sa fortune (65 millions de francs-or) à la ville protestante de Genève, entretenue par la Franc-Maçonnerie sioniste.

26). Dumouriez, né en 1739, suivit son père, commissaire à l'armée royale, et s'engagea dans un régiment de cavalerie. Breveté officier en 1758, pour acte de bravoure, il est réformé en 1763. Dénué de tout sens moral, Dumouriez (recruté par la Loge du Grand-Orient) courut l'aventure en Italie, en Espagne, en Corse, et revint à Paris en 1770. Enfermé à la Bastille pour intrigues, à l'avènement de Louis XVI, il est rétabli dans son grade de colonel (pat l'intervention de Luckner). Au début de la Révolution, il obtint le commandement de l'armée du Nord (dont Vidocq faisait partie). Après Valmy, il voulut s'imposer dictateur en Belgique et en Hollande. Battu à Nerwindem, Dumouriez fut relevé de son commandement par la Convention. Il traita avec les Autrichiens et voulut marcher sur Paris ; abandonné par ses soldats, il passa aux Coalisés et se mit à la solde de l'Angleterre ; agent des Loges anglicanes, ce franc-maçon traître français mourut à Londres en 1823.

commandant en chef (nominé par Luckner(27) maréchal de la Convention), Kellermann(28) et Valence(29) ; Il y a deux traîtres et

---

27). Luckner, né à Cham en Bavière, hussard dans les armées protestantes bavaroises et hollandaises, passa en 1763 au service du Royaume de France avec le grade de lieutenant-général. Initié par le Grand-Orient, il reçut, Tort de la Révolution, en 1791, le béton de maréchal et commanda l'armée du Rhin. Rouget de Lisle, strasbourgeois, lui dédia son chant maçonnique de guerre devenu « La Marseillaise ». (Ses premières strophes ont été peintes en 1792, sur les murs du luxueux salon du bourgmestre d'Amsterdam. Les Marseillais francs-maçons et séphardim l'adoptèrent, pour servir la Terreur, en particulier la répression des Vendéens révoltés par la mobilisation de 300.000 hommes le 24 février 1793. La « Marseillaise » n'est devenue l'hymne national qu'en 1879 sous la IIIe République maçonnique.) A la tête de l'armée du Nord (en remplacement de J.-B. Rochambeau, héros de l'Indépendance des États-Unis, nommé maréchal par la Convention en 1791, qui, démissionnaire, fut arrêté par la Terre), Luckner, vieux maréchal, reçut l'ordre d'envahir la Belgique. N'osant poursuivre ses succès, il battit en retraite, se repliant sur Lille. Renvoyé sur le Rhin, rendu suspect, il fut condamné à mort par le Tribunal révolutionnaire et guillotiné en 1794, comme les autres têtes hésitantes.

28). Kellermann, né à Strasbourg en 1735, nommé, en 1788, maréchal de camp de l'armée royale (initié par le Grand-Orient), passa à la Révolution en 1789. Il fut chargé par la Terreur de réprimer l'insurrection lyonnaise, en 1792. Arrêté en 1793, il reprit du service dans l'armée d'Italie. Sous l'Empire, Napoléon lui décerna le titre de maréchal de France, duc de Valmy (quoique arrivé là de justesse), avec don du magnifique domaine de Johannesberg (offert par les Prussiens). En 1814, il se rallia aux Bourbons, avec son fils, devenu général (ayant également opéré au Portugal, en 1807, et en Espagne en 1809). Il rejoignit Napoléon durant les Cent Jours. Tenu à l'écart par la seconde Restauration, il fut réengagé par le Grand-Maître Louis-Philippe Égalité en 1830, traître à la royauté.

29). Valence, colonel du régiment royal de Bretagne en 1784 (Franc-Maçon orléaniste), passé dam le camp de la Convention en 1789, nommé député puis maréchal de camp en 1790, participa à la « bataille » de Valmy, avec le grade de lieutenant-général. Désapprouvant la politique de la Révolution, il donna sa démission et se retira à Londres puis à Hambourg auprès des Loges maçonniques étrangères. Rentre après le 18-Brumaire (coup d'État conduit le 9 novembre 1799 par Bonaparte, instrument du groupe maçonnique de Sieyès). Nommé sénateur en 1805, le général Valence prit part à la guerre d'Espagne et à la campagne de Russie ; il signa la déchéance de Napoléon en 1811 et siégea à la Chambre des Pairs sous Louis XVIII. Disgracié par la seconde Restauration, il fut réintégré à la Chambre des Pairs en 1819 et mourut à Paris, en 1822, avec les honneurs maçonniques.

trois félons, outre le mystérieux Stengel, d'origine juive.

(Le terrorisme, moyen sioniste moderne, fut utilisé à Budapest, en 1919, avec Belakum ; en Franc ; en 1944, à la Libération qui massacra plus de 10.000 personnes du Centre et du Sud-Ouest ; en Palestine, en 1948, (Deir-Yassine), pour chasser les Palestiniens ; à Paris, en 1968, par des commandos étudiants-soldats-saboteurs, envoyés de Tel-Aviv, qui furent reçus à la Knesset, au retour de leurs exploits.)

Les sociétés secrètes anglicanes (de tendance sioniste) réalisèrent l'essentiel, en inspirant les activités des Clubs (néologisme anglais désignant, en Franc ; les cercles politiques) et les Loges de Paris, de la Provence, de la Gironde qui avaient essaimé, depuis 1783, autour des communautés israélites. De là venaient les révolutionnaires marquants qui agitèrent la violente Convention, puis s'effacèrent l'un après l'autre. Le régime royal, refusant de faire réprimer le peuple fut débordé par l'émeute que la vigilance des bourgeois ne retenait plus. La devise sioniste renaissait : « Un œil sur les révolutions, l'autre sur les guerres », qui devait, depuis lors, faire fortune... jusqu'à Jérusalem, en 1967.

(En mai 1968, les organisations sionistes, voulant abattre la République, faillirent reconduire la Révolution ; elle fut limitée par le refus du Parti Communiste et des syndicats ouvriers, et l'inquiétude cupide des *Rothschild*.)

À propos de l'impact de l'histoire sioniste sur la politique américaine, il est indispensable d'observer que les époques révolutionnaires et napoléoniennes consécutives, de 1789 1870, totalisent 80 années de tueries effroyables de Chrétiens en Europe (sauf en Angleterre), au sujet desquelles l'Impératrice Eugénie de Montijo (1826-1920), épouse de Napoléon 1II, bien informée des secrets d'État, déclara : « Cette partie de l'histoire française n'est faite que de légendes ! »

Parmi ces légendes, celle de Napoléon Ier (1769-1821), fut la plus extraordinaire par ses tenants et ses aboutissants, qui favorisèrent l'expansion sioniste achkénaze en Europe et en Amérique, et détruisirent, en 15 ans, le Royaume de France que 15 siècles avaient édifié.

BONAPARTE, GÉNÉRAL SIONISTE.

Bien que ce semblant d'Hitler ait laissé la France plus petite qu'il ne l'avait reçue, en la vidant de ses hommes, en y détruisant de très nombreux monuments et en ravageant l'Europe, son histoire demeure un culte scolaire maçonnique.

Bonaparte, capitaine d'artillerie à Toulon en 1793, général de brigade en Italie en 1794 dans une armée pillarde, fut remarqué, en 1795, par Barras, « grand-Maître franc-maçon », qui lui fit écraser, à coups de canon, une de ces « manifestations populaires » rivales. (Louis XVI avait péri pour avoir refusé de faire tirer le moindre coup de fusil !) Devenant, à 28 ans, chef de l'armée d'Italie, il représentait, en 1797, la Convention au congrès de Rastatt, qui fit massacrer les autres plénipotentiaires français. Barras chargeait alors Bonaparte d'une stupéfiante expédition en Égypte (17981799), pour des mobiles cachés par l'histoire maçonnique.

Alors que les côtes de France étaient partout menacées, que les Anglais étaient à Gibraltar et non en Égypte (le piège d'Aboukir était tendu aux treize vaisseaux français), l'Armée de Bonaparte (35.000 hommes commandés par Desaix et Kléber) y débarquait pour défaire les gardiens mamelouks. Toute la flotte étant détruite, il fit traverser le Sinaï par son armée, à pied, pour la conduire en Palestine, avec l'intention cachée d'y créer un État juif, à la demande des Loges parisiennes, affidées du Sionisme anglo-saxon.

Le 4 avril 1799, s'adressant aux Sionistes de Jaffa, de Haifa et de Jérusalem, qui l'attendaient avec d'autres Juifs venus de Roumanie, Bonaparte proclama :

« ... *Héritiers Légitimes de la Palestine... La grande Nation... fait ici appel à vous... pour reprendre ce qui a été conquis... Hâtez-vous ! Le moment est venu... de revendiquer la restauration de vos droits civiques..., de réclamer qu'on vous rende votre existence politique de nation..., sans doute pour toujours* » (30).

En fait, ils furent pendus peu après la fuite de Bonaparte. Le pacha de Damas, considérant alors les Juifs comme de redoutables ennemis, fit exécuter les traîtres et isoler les communautés suspectes.

Mis en échec à Saint-Jean-d'Acre par la résistance palestinienne, Bonaparte, de retour à Jaffa, fit empoisonner ses blessés intransportables, pour retraverser le Sinaï à pied et regagner Alexandrie. (Le peintre Gros, propagandiste des « Pestiférés de Jaffa », fut fait baron.) En Égypte, l'Armée française se débanda. Kléber fut assassiné en 1800. Le médecin qui avait obéi à l'ordre d'empoisonner les blessés, déserta avec des groupes de rescapés qui, contraints

---

30). Citations tirées de *A qui la Palestine ?* de J.-P. Migeon et J. .Tolly, édit. J. Lanzmann, Paris, 1970, et de *L'Arche*, mars 1971.

de se fixer au Caire, furent à l'origine d'une influence française considérable. *(Cette influence devait être progressivement détruite à l'instigation des Francs-Maçons, à partir de 1955.)*

Quant à Bonaparte, monstre inhumain protégé des Loges, ayant perdu la flotte et abandonné son armée mais servi Israël, il pouvait rentrer mystérieusement à Paris pour y perpétrer le coup d'État consulaire, à la pointe des baïonnettes (1799), premier pas vers l'Empire de 1804. Coup d'État maçonnique qui fut obtenu avec la complicité du faux abbé Sieyès(31) *(nom d'origine juive identique à Sykès, nom du Sioniste cosignataire de l'accord Sykès-Picot de 1917, relatif au partage du Proche-Orient entre des Anglais sionistes et des Français complices).*

Bonaparte, dictateur, favorable à la Franc-Maçonnerie et à ses inspirateurs, fut le protecteur des Juifs. Il leur fit octroyer des noms de famille. Groupant les Achkénazim, il organisa leur culte dans l'ensemble des départements représentés par un consistoire central siégeant à Paris, centre administratif de la France. Il y convoqua le Grand Sanhédrin — le premier depuis la Diaspora — au scandale des Églises de Russie qui se souvenaient *des* ravages causés, aux Chrétiens d'Orient, par les hordes khazares prosélytes, et de l'aide juive donnée aux Seldjouks et aux Ottomans.

Dès 1800, Bonaparte repart en guerre contre l'Autriche visée également par la Franc-Maçonnerie. L'année suivante, il obtient le Concordat avec le Catholicisme, devenant religion d'État français, pour nouer des relations avec le Vatican et rétablir l'ordre en France que la Révolution avait détruit. En 1803, il se fait nommer dictateur

---

31). Rappelons que Sieyès Emmanuel-Joseph, né à Fréjus en 1748, entra dans les ordres et devint vicaire général de l'évêché de Chartres en 1780. Ce Maître de la Loge du « Grand-Orient », nommé aux États Généraux de 1789, rédigea le Serment du Jeu de Paume. Fondateur du Club Breton, qui devint le Club des jacobins (celui de Simon, tortionnaire de Louis XVII, enfant), Sieyès fit rédiger un projet de loi contre les délits qui peuvent se commettre par la publication des écrits et gravures. Et à la Convention (1892), il vota la mort du roi, puis se tint à l'écart durant la Terreur (qu'il avait fait organiser). Envoyé en Hollande avec Rewbell ou Renbell (de famille d'origine juive), également adversaire acharné des Royalistes et des Catholiques, Sieyès fut député aux Cinq-Cents et prépara le coup d'État de Bonaparte, au retour de la mission sioniste en Palestine. Devenu Sénateur, comte de l'Empire, grand-croix de la Légion d'honneur, Sieyès, proscrit comme régicide, se réfugia à Londres et ne rentra à Paris qu'après la Révolution de Juillet du Grand-Maître Louis-Philippe Égalité.

à vie et un an après, à l'âge de 35 ans, ânonnant un français métissé d'italien, il promulgue le Code de Justice, fruit d'une longue expérience de juristes et linguistes du Royaume de France âgé de 1313 ans. En décembre 1804, le Sénat, maçonnique (comme en 1971), lui décerne la dignité impériale héréditaire sous le nom de Napoléon Ier.

Les guerres napoléoniennes, à la suite de la Révolution de 1789, entreprenaient en Europe la vaste tuerie et les dévastations qui furent commises sans comparaison avec toutes les guerres royales précédentes. Les boulets et balles, atteignant de plein fouet les masses d'hommes mobilisés en rangs serrés, décimaient la fleur de la jeunesse. (Technique utilisée jusqu'en 1915 par le généralissime Joffre, franc-maçon de haut rang, qui fit attaquer à la baïonnette, au coude à coude les nids de mitrailleuses allemandes.) Les blessés périssaient sans rémission, exsangues ou d'infection. Les masses d'hommes déracinés et assemblés mouraient d'eux-mêmes d'épidémies par les négligences des concentrations infectes et les déplacements épuisants. Tandis que les contrées étaient ravagées par les armées droguées d'alcool et de sauvagerie.

Le nombre des victimes des *Croisades contre les Cathares* et les *Albigeois*; des *dragonnades* dans les Cévennes contestataires; de la Saint-Barthélemy..., que les presses sionistes rappellent régulièrement au monde, en propagande antichrétienne, fut mille fois dépassé par celui des victimes de la Terreur, des massacres des Vendéens, des Lyonnais, des Espagnols. (De même on a massacré les catholiques par centaines de mille en Irlande, au Canada, au Mexique, ... également des Indiens, des Nègres, avant d'atteindre les Communards, les Algériens, les Chrétiens d'Orient... sans aucun frein judéo-protestant.) Les glorieuses batailles de l'Empire de Napoléon, protecteur des Juifs, sont de plus en plus meurtrières. De Marengo à Waterloo on est effaré des bilans journaliers.

Ces bilans sanglants assurèrent à l'Angleterre, représentée par les troupes écossaises, son hégémonie sur l'Europe affaiblie. Et en 15 ans de gloire napoléonienne, les Rothschild achkénazim devinrent des plus riches, par le trafic d'équipements militaires et de valeurs européennes mobilières et foncières enlevées aux familles ruinées par la guerre.

En 1808 Napoléon, au faite de sa gloire, promulgua un décret infâme, disent encore les Juifs, que Louis XVIII ne prorogea pas. Réprimant les abus, il fit saisir des créances juives excessives, interdire aux Juifs de se grouper en Alsace, s'ils n'y résidaient déjà et, comble d'horreur, retirer la faculté accordée aux Juifs exclusivement de se faire remplacer s'ils étaient astreints au service militaire. La judaïcité se dressa alors secrètement contre Napoléon, en butte désormais aux traquenards politiques.

LES BATAILLES PRINCIPALES — LES MORTS

				Ennemis	Français
1800	14 juin	Marengo	Autrichiens	8.000	7.000
1805	2 décembre	Austerlitz	Russes	15.000	7.000
1806	14 octobre	Iéna	Allemands	12.000	8.000
1807	8 février	Eylau	Russes	30.000	10.000
1807		Friedland	Russes	20.000	8.000
1809		Eckmuhl	Autrichiens	5.000	5.000
1809	6 juillet	Wagram	Autrichiens	20.000	20.000
1812	7 septembre	Moscova	Russes	60.000	30.000
1812	Novembre	Bérézina			(150.000)
1814		France			(40.000)
1815					(30.000)
1815	18 juin	Waterloo			60.000

L'épopée militaire, prodigue du sang des Chrétiens, surtout Français, aboutit à la retraite de Russie. Certains « conseillers » avaient incité Napoléon à envahir la Russie, qui devait devenir le tombeau de la Grande Armée. Après Waterloo, l'épopée se termina à Sainte-Hélène où l'« Empereur » mourut en 1821, et non aux États-Unis qui le refusèrent, ni à Londres où il croyait pouvoir se retirer, comme tous les Francs-Maçons en danger. Ce fut son neveu, Charles-Louis, qui y fut accueilli, en 1846, vingt-cinq ans après la mort de son oncle, pour devenir Président Napoléon-Bonaparte, avant de se faire plébisciter sous le nom de Napoléon III.

L'histoire suivante se rattache également au Sionisme. Dans les désaccords maçonniques anglo-napoléoniens qui auraient amusé — et amusent encore — tant de prétendus Anglais, plus initiés que les vrais, il s'est produit un événement, capital pour les États-Unis. Survenu entre la paix d'Amiens, signée en 1802, à l'issue de la seconde Coalition et les fallacieux préparatifs du Camp de Boulogne (18 mars 1805), avant la destruction de la flotte française à Trafalgar (octobre 1805), cet événement, négocié de mars à mai 1803, par James Monroe et Livingstone, ambassadeurs U.S. à Paris, marqua le début du colonialisme américain au détriment des Catholiques français et espagnols. Pour 50 millions de francs-or (quinze millions de dollars), Bonaparte, Premier Consul, cédant aux demandes maçonniques de l'Ambassade américaine à Paris, vendit aux États-Unis l'immense Louisiane (3 fois la superficie de la France actuelle, et qui constitua par la suite treize des États américains, non comprise la Floride). Le roi Louis XV de France avait, en 1763, confié au roi d'Espagne la Louisiane, et son successeur Louis XVI l'avait reprise avec les Florides ; cette double transaction a eu lieu selon les accords secrets passés entre les deux monarques catholiques en vue d'une protection réciproque, contre Albion, de leurs territoires respectifs.

Ce territoire, qui s'étendait du Canada au golfe du Mexique, était bordé par le Mississippi (frontière naturelle devenue un égout industriel en 1960) avec débouché sur le Pacifique. La Louisiane, comprenant le vaste bassin du Missouri, était habitée par plus de 240.000 Français, alliés quelque 500.000 Peaux-Rouges, et entretenait une armée des plus aguerries ; elle limitait les États-Unis à l'est et le Mexique espagnol au sud.

Jamais Louis XVI n'aurait songé à priver la France de cette terre bourbonnaise, organisée par la France depuis 125 ans, à laquelle il était attaché par des alliances avec les Maisons royales catholiques d'Espagne et d'Autriche.

N'étaient la Révolution française et l'extermination de cette branche de la Famille royale, cette vaste région appartiendrait encore à la France, comme la Martinique depuis 1635. Sans l'action du Sionisme maçonnique contre le territoire de Charlemagne, les trois dynasties catholiques régneraient encore.

Bonaparte, à 34 ans, recevant l'offre d'achat de l'Ambassade américaine, sachant la géographie et sachant compter, n'a pu être trompé. Ses conseillers non plus, qui demandèrent à l'Ambassadeur « s'il avait l'argent », ni Monroe et Livingstone, représentants des États-Unis, qui détenaient effectivement les fonds pour signer sans temporiser. Tous étaient complices pour trahir cette terre de France où s'étaient relayées huit générations de Français. Le prétexte avancé par Bonaparte fut que ce pays, voisin des États-Unis alliés de la France, était difficile à défendre contre les convoitises anglaises. L'autre argument prétendait que la Patrie avait besoin de numéraire. Mensonge ! La Louisiane, forte, et la France, riche, étaient convoitées par le Protestantisme anglo-saxon pour monopoliser le *Grand-Occident*.

De leur côté, les gouvernants américains, complices de cette félonie déshonorante, prétendirent que le voisinage de Bonaparte les inquiétait. C'était aussi mentir, car la Louisiane était royaliste et Bonaparte n'était connu que pour sa soumission à la Franc-Maçonnerie du Grand-Orient. Cette incroyable trahison envers l'honneur et la reconnaissance est demeurée cachée aux écoliers français pour entretenir le culte de l'amitié américano-sioniste.

Le génie militaire de Napoléon, avide de suprématie et politicien sans scrupules, fut un désastre national. La France, patiemment édifiée par 40 générations de rois, depuis Clovis, conditionnait l'équilibre continental, jalousé par les gouvernants anglicans. Avant la Révolution, la France était le pays le plus peuplé d'Europe. Après les attaques de la Révolution maçonnique et les guerres napoléoniennes entretenues par l'Angleterre, le pays, vidé de sa substance et ruiné, fut victime de l'invasion achkénaze sioniste.

Les institutions françaises existaient avant la Révolution, comme le prouvent les résultats de l'expédition scientifique de la campagne d'Égypte de 1798-1799. Expédition destinée à camoufler la première des opérations sionistes par des démonstrations scientifiques.

Les gloires napoléoniennes, gravées sur l'Arc de Triomphe de l'Étoile, érigé par le Franc-Maçon Louis-Philippe *Égalité* à la mémoire de tant de vies chrétiennes fauchées, se terminèrent, en 1815, par un dernier coup de fortune des Rothschild, fils d'un petit marchand de Francfort-sur Main, devenu changeur. Les Rothschild de Londres et de Paris, renseignés par les pigeons voyageurs de leurs informateurs, firent répandre *la* rumeur d'une victoire de Napoléon, pour acheter les valeurs anglaises et vendre les françaises bon compte : pratique boursière qui s'est améliorée depuis Waterloo, mainmise des Anglo-Saxons sur l'Europe entière.

La guerre napoléonienne en Espagne commença en 1808, suscitée par la vengeance sioniste, et se termina en 1813 par la retraite des troupes bloquées durant la campagne de Russie. Ce fut une victoire de la guérilla de la paysannerie de l'Espagne qui en souffrit doublement, car la Franc-Maçonnerie introduite, ainsi qu'au Portugal, par les Anglais et leurs guides juifs d'origine, devait miner les royaumes chrétiens et leurs colonies d'Amérique.

À la Restauration, après l'achat forcé de la Floride par les États-Unis, en 1819, le trône de Ferdinand VII se trouva menacé. Le monarque catholique fut sauvé en 1823 avec le soutien du roi de France Charles X qui, reprenant l'entraide catholique, lui dépêcha l'armée du duc d'Angoulême. L'action royale, réparant les ravages causés par Napoléon en Espagne, joua contre le roi de France. Charles X fut renversé par la Révolution de Juillet 1830 ;

les Loges parisiennes l'avaient fomentée pour remplacer Charles X par Louis-Philippe, franc-maçon, allié de l'Angleterre, financé par le même banquier parisien James Rothschild, achkénaze.

Quant aux colonies espagnoles d'Amérique, en révolte de 1810 à 1824, ainsi que le Brésil portugais en 1822, ils passèrent entre les mains des petits Maîtres francs-maçons, affiliés au Sionisme américain, comme ils le demeurent en 1971, sauf Cuba et le Chili, constamment attaqués.

Le processus de la Fédération des États maçonniques d'Amérique débuta en défaisant l'œuvre d'un gêneur du genre Eisenhower de 1823, pour amener les États-Unis, *Grand-Occident, à* poursuivre le colonialisme à travers le monde.

La doctrine neutraliste de Monroe.

Le Président James Monroe (1758-1831), connaissant la perfidie du Sionisme maçonnique pour avoir assisté à Paris, en 1802, à l'escroquerie de *l'achat* de la Louisiane, et observé ses subversions en Espagne et au Mexique, redoutait l'action sioniste aux États-Unis. Il fit adopter sa doctrine dans un long message au Congrès, déconseillant la guerre et contenant ces lignes :

« *Les puissances alliées (anglo-sionistes) ont cru de leur devoir d'intervenir dans les affaires intérieures de l'Espagne... (En révolution en 1823). Il est impossible que les puissances alliées étendent leur système à aucune portion des deux continents américains sans mettre en danger notre paix et notre bonheur... (Mexique). De même que notre politique consiste à ne pas intervenir dans les affaires intérieures d'aucune puissance européenne, de même nous ne saurions admettre de semblables interventions auprès de nos frères du Sud.* »

Cette doctrine des États-Unis, négligée depuis 1890, suscite un intérêt nouveau de l'opinion américaine qui tend à y revenir malgré les efforts des presses sionistes voulant la persuader du contraire. « La *paix, c'est la mort d'Israël* », titrait un journal israélien du 18 janvier 1971.

Le mandat du Président Monroe se termina en 1825. Sa doctrine fut violée, en 1821, par l'invasion criminelle du Mexique, soi-disant « libéré » en 1921 de l'Espagne royaliste. Celle-ci avait soutenu l'indépendance des États-Unis ! L'armée fédérale occupa Mexico, annexa le Texas, puis *acheta* le Nouveau-Mexique et la Californie, plus grands que la Louisiane, pour le prix de quinze millions de dollars.

L'Orégon, sur le Pacifique, fut acheté à l'Angleterre ; il ne lui en avait coûté que de le prendre aux Indiens et de les repousser vers l'intérieur, où leur génocide commençait.

Ces Peaux-Rouges, premiers habitants de l'Amérique et fiers nomades de l'âge de pierre, vivaient, dans les vastes prairies de l'immense territoire herbeux et fertile, de troupeaux de bisons que l'on évalua à treize millions de têtes.

Après ces annexions de 1845, complétant les États-Unis, il y aurait eu moins de vingt millions d'habitants et trois millions d'esclaves noirs, sur l'ensemble du territoire où l'on ne comptait pas les tribus indiennes.

En 1903, il restait 35 bisons seulement. Les Peaux-Rouges disparurent totalement de certaines régions, les immigrants blancs les ayant abattus, avec femmes et enfants, en un effroyable génocide sportif. Repoussés dans des réserves, déportés ailleurs, au gré des accapareurs de terres, privés des bisons, leurs chefs ayant été pendus ou massacrés, ils faillirent être anéantis, lorsque les ethnologues s'en inquiétèrent. En 1924, quelques groupes ayant été secourus, ils comptaient 300.000 individus déracinés qui n'avaient pas le statut de citoyens américains, au regard du Congrès sous contrôle sioniste, du *Grand-Occident* d'une avidité insatiable.

La propagande sioniste a déjà ébauché, en 1970, une comparaison de la situation des Palestiniens avec celle des Indiens américains et, d'autre part, a exposé l'exiguïté des nouveaux territoires hébreux par rapport à l'étendue du Texas mexicain. Elle marquerait, sur ce point, une intention de chantage destinée à renforcer l'appui des congressistes texans, Sionistes possédant d'immenses fortunes, produits de leurs rapines menacées par d'autres rapaces achkénazim.

LA GUERRE DE SÉCESSION (1861-1865)
ET L'EXPÉDITION MAÇONNIQUE DU MEXIQUE (1862-1867).

Dix-sept ans après l'annexion des territoires mexicains, cette guerre civile, déclenchée par Abraham Lincoln, aboutissait à l'accaparement du pouvoir au Congrès par les affairistes ; ils se le retransmettent pour le garder et s'enrichir, par des manœuvres « démocratiques » à l'endroit de la Constitution, pliée à cet usage.

La guerre civile, qu'Abraham Lincoln (Cohn) espérait courte et facile, dévasta le territoire et ruina la nation. Elle dura quatre ans, coûta 500.000 morts et 400.000 invalides. Elle opposa l'armée organisée des 23 États industriels de l'Union du Nord, groupant

22 millions d'habitants, que dominait New-York, à 11 États sudistes, sans armée préparée, comptant 5 millions et demi d'agriculteurs dispersés et leurs trois millions et demi d'esclaves noirs. L'armée nordiste, financée par les industriels achkénazim, sous le prétexte d'abolir l'esclavage, mobilisa Noirs et Blancs, pour les envoyer à la mort, comme cela se pratique en Indochine en 1971. L'émancipation des esclaves n'eut lieu qu'en juillet 1862, l'issue d'une révolte ; mais la guerre se poursuivit jusqu'à l'épuisement du Sud, dévasté et pillé par le Nord.

Au cours de cette tuerie, entre Chrétiens, des meilleurs éléments américains, la politique maçonnique anglo-saxonne, anticatholique d'obédience anglaise, conditionnait l'esprit de l'opinion. Le nombre des tués fut supérieur au quart de celui des hommes adultes de la population stimulante de 1861 (proportion maximum des guerres modernes, sauf cas arménien et polonais). Les oppositions politiques disparurent avec la presque totalité des Français de la Louisiane.

(Les psychologues estiment que les « caractères » d'une population occidentale quelconque ne dépasseraient pas les 10 pour cent de l'ensemble, le reste étant composé d'esprits soumis, inattentifs, apolitiques, voire amorphes ou pleutres. Cette fraction augmenta par suite du développement de l'enseignement au second degré, favorisant et éclairant l'esprit critique de la jeunesse. En France, durant les IIIe et IVe Républiques, l'attention de l'enseignement se portait surtout sur le secteur primaire. Par la suite, elle s'est largement étendue au secondaire et au supérieur.)

Les trois présidents d'origine achkénaze : Buchanan, Lincoln et Johnson, se succédèrent à la Présidence des États-Unis de 1857 à 1869. Malgré l'immigration massive favorisée au XIXe siècle qui apporta, de 1820 à 1900 vingt millions d'individus originaires d'Europe centrale, des Îles britanniques, d'Italie, parmi lesquels de nombreux Achkénazim, la crise économique régna sur le pays, en raison de la disparition de son élite, jusqu'à la Première Guerre mondiale.

Ce nivellement politique plaça l'ensemble du pays sous la domination des Organisations politiques affairistes de New-York ; l'influence de leurs presses (sionistes) se développa dans les grandes villes, pour exciter la relance de l'expansionnisme américain. Pendant l'afflux des immigrants, dont de nombreux Juifs russes achkénazim, qui fit passer la population en 1910 à 100 millions (10 millions de Noirs y compris), les malheureux Indiens n'entrent pas en ligne de compte, soit qu'ils ne fussent pas considérés comme des êtres humains à part entière, soit que la réduction de leur nombre dût être dissimulée.

À titre de comparaison, la population était de 131 millions en 1939 et de 204 millions fin 1970, dont 24 millions de Noirs, soit une augmentation de 73 millions en 31 ans, avec une immigration très limitée.

Le culte d'Abraham Lincoln (dérivé de Lin... Cohn) éduque la jeunesse américaine ; de même font ceux de Napoléon et de Clemenceau en France et en Israël. Lincoln, fils d'un fermier quaker (secte refusant de porter les armes), député de l'Illinois en 1834, fut chef du parti Wing (défense des intérêts populaires). Avocat d'affaires en 1837, enrichi par une nombreuse clientèle, il fut élu au Congrès fédéral en 1846. Il se dit remarquer par son opposition à la guerre du Mexique et en réclamant l'abolition de l'esclavage dès 1849 ; il est intégré parmi les politiciens affairistes, qui organisaient l'armée fédérale, et est élu Président en 1860. Six semaines après, les Sudistes contestèrent son élection, et ce fut la guerre civile. Lincoln en fut le principal artisan. Il ne fit abolir l'esclavage, dans le Nord, qu'en 1862, sous la contrainte de la révolte des Noirs, dont bon nombre furent, de ce fait, lynchés.

Durant la guerre civile américaine, au Mexique, voisin et encore bouleversé par la perte de ses trois riches provinces du Nord : Texas, Nouveau-Mexique et Californie, annexées par les U.S.A., une guerre maçonnique de diversion étrangère s'engageait avec la complicité tacite des gouvernants américains et anglais, et les Loges des *Grand-Orient* et *Grand-Occident*.

La Légion étrangère, porteuse des insignes maçonniques aux ordres du « Grand-Maître » Bazaine, non formé dans les écoles militaires et devenu maréchal grâce à cette aventure, allait sacrifier Maximilien d'Autriche, prince catholique. L'« Expédition », ordonnée par Napoléon III, protégé anglais, voulait manifestement prendre à revers les Sudistes, et avec eux les Français de la Louisiane, qui résistaient vaillamment aux Nordistes. L'opération subversive fut déjouée par les Mexicains qui fusillèrent Maximilien, trahi par Bazaine. (Ce dernier devait trahir à nouveau son armée à Sedan, en 1870, trois ans après, tout en demeurant protégé par les Loges du « Grand-Orient ».)

Rappelons que Louis-Bonaparte, neveu de Napoléon, était réfugié à Londres. Il revint en France pour être élu Président en 1848, puis sacré Empereur en 1851, avec l'appui de Rothschild. Napoléon III remplaçait Louis-Philippe, Franc-Maçon devenu rétif, qui avait accédé au pouvoir, en juillet 1830, grâce au même soutien joint au *Grand-Orient*.

Il faut dire que Louis-Philippe n'avait été épaulé que pour détrôner le roi Charles X, coupable d'avoir aidé le roi d'Espagne à neutraliser une autre révolution maçonnique de « libération » du Mexique avant l'invasion américaine. (Voir *Déclaration Monroe de 1823*.)

Les Loges maçonniques, influencées par les Organisations sionistes internationales, ont été les agents de liaison entre les puissances colonisatrices pour le partage du monde. Les États-Unis étendirent leur emprise sur l'ensemble de l'Amérique et sur le Pacifique Nord. En 1824, la Compagnie des Indes avait étendu son occupation à la Birmanie. Et en 1842, les Européens, associés à Louis-Philippe *Égalité*, avaient participé à la « guerre de l'Opium », entreprise en Chine au bénéfice des trafiquants « anglais ». En 1854, ces mêmes « Anglais » avaient mis sur pied de nouveau une alliance groupant : Français, Anglais, Turcs et Piémontais, pour conduire une opération contre les Russes, en Bessarabie et en Crimée. Durant la guerre du Mexique, Napoléon III, en 1863, pouvait faire occuper le Cambodge, avec l'assentiment des Britanniques et à l'instigation du *Grand-Orient*.

En Afrique, de 1848 à 1877, les Anglo-Hollandais avaient étendu leur occupation colonialiste et participé à la traite des Nègres. (Rappelons, à ce propos, que l'abolition de l'esclavage dans les pays protestants fut décrétée en Suède en 1846, au Danemark en 1848, en Hollande et aux États-Unis en 1860, en tous autres lieux en 1865 seulement.) A cette époque, en Europe continentale, les Loges maçonniques anglo-saxonnes, en liaison avec celles de Paris, préparaient la guerre de 1870-1871 qui eut les liens sionistes (cités plus loin), pour épuiser à nouveau les Français et occuper les États pontificaux.

LE GOUVERNEMENT MAÇONNIQUE D'OCCIDENT.

En Europe, comme en Amérique, de 1789 à 1969, les subversions maçonniques agirent secrètement et par intermittence, et favorisèrent le Sionisme achkénaze.

La Franc-Maçonnerie avait été inventée par Hiram, roi phénicien, architecte du Temple de Jérusalem, pour initier ses artisans en apprentis, compagnons et Maîtres, et préserver ainsi les secrets professionnels de la Phénicie, aux regards du pays de Salomon. Éventée par les Hébreux, cette règle, adoptée dans leurs transactions et leurs subversions politico-commerciales, serait devenue une organisation secrète.

On observe la renaissance de la Franc-Maçonnerie politique avec l'installation en Hollande, en Angleterre, en Allemagne et en Suisse, des Juifs espagnols et portugais, refoulés par la Reconquête catholique à la fin du XVe siècle. Ils avaient essaimé en Espagne, du IIe au VIIIe siècle, puis avaient guidé les Maures musulmans.

L'expansion maçonnique coïncide, en effet, avec le mouvement de la Réforme qui s'est étendue en Allemagne, en Suisse, en Angleterre, en Hollande et en France au XVIe siècle. La Réforme fut politisée en France et en Angleterre par des désordres internes et des rivalités aboutissant l'Édit de Nantes, révoqué par la suite pour des raisons d'État.

La Franc-Maçonnerie professionnelle, durant les XVe et XVIe siècles, se pratiqua dans la tradition catholique. Mais des éléments étrangers (achkénazim) s'étant introduits dans les corporations secrètes, la dernière assemblée des maçons de métier allemands eut lieu à Strasbourg en 1564. Vers la Fin du XVIe siècle, la fantaisie poussa des clercs et des gentilshommes à créer des Loges (Frondeuses) et à s'initier aux règles et signes bizarres de reconnaissance. Le nombre requis d'initiés pour constituer une Loge étant sep elles se multiplièrent dans les divers milieux (32). En 1717 la Grande Loge anglaise fut formée et délivra patente Dunkerque, 4 ans plus tard (1738). Desaguliers, fils de pasteur émigré de la Rochelle (en 1685, révocation de l'Édit de Nantes), physicien, mathématicien, chapelain du prince de Galles, initié en 1719, collaborateur de Newton, forma en France la Loge d'Aubigny avec le duc d'Autin. — 1743-1771, le grand-Maître de cette loge, Louis de Bourbon-Condé, comte de Clermont, choisit pour substitut le roturier Lacorne qui, récusé par la noblesse, créa sa propre Grande Loge. — 1773 (naissance du *Grand-Orient*), Louis-Philippe d'Orléans (futur Philippe Égalité), duc de Chartres, fut confirmé grand-Maître, 400 loges l'approuvèrent. Parmi les députés : l'abbé Jossot, de Carcassonne ; l'abbé Raymond, de

---

32). Un Anglais, Elias Ashmole (1617-1692), nom sépharade, illustrera la Loge des rosicruciens qui, après la décapitation de Charles Ier (1619) et la capitulation de Jacques II (1689), se réfugia à Saint-Germain-en-Laye avec la garde écossaise, laquelle institua le rite écossais (anglican), maintenu en France. Dans la Grande Loge d'Angleterre, l'invocation des Landmarks devint une arme de guerre, contre les maçonneries latines (catholiques), entre les mains des Britanniques. Cette loge, coiffée par les Achkénazim et les Juifs espagnols et portugais, est affiliée à celles de Belgique, du Luxembourg, de Hollande, d'Allemagne, d'Italie, de France même pour diriger le Marché Commun à l'avantage sioniste.

Valence ; le chanoine Pingré, de Sainte-Geneviève... Les Principaux officiers étaient les ducs de Chartres, de Montmorency-Luxembourg, de Lauzun, de la Trémoille... Dans la Chambre de Paris, l'orateur Joseph Guillotin était le futur inventeur de *leur guillotine*. À la même loge se trouveront plus tard trois maçons dont Danton, Lebrun qui, avec leur adversaire, le Prince de Brunswick, F∴-M∴, négocieront la bataille de Valmy. — 1784, le *Grand-Orient* pénétra la province. Marseille sur 215 membres de la Loge écossaise, 128 étaient des marchands et 11 nobles. — A Toulon, en 1785, 6 loges existaient déjà.

Le complot révolutionnaire était en place et recensait, parmi les 22 F∴-M∴, des aristocrates du *Grand-Orient* : les ducs de Luxembourg, de Luynes, de Richelieu, l'*évêque d'*Autun, Talleyrand-Périgord, le marquis de Condorcet, ce dernier de la même loge que Sieyès, Brissot, Camille Desmoulins, Danton, Florian, Marat (33).

La tâche du faux prêtre Barruel, d'origine sépharade, s'en trouva facilitée par ses *amis-frères* Robespierre, Marat et Mirabeau. Aux *États généraux*, sur 605 députés, 477 étaient *maçons*. À la fin de l'Empire, le *Grand-Orient*, plus puissant que jamais, comptera 905 loges. 65 loges militaires auront avantagé *l'élite* de la *Grande-Année*, dont Joseph Bonaparte fut *le grand-maître*, où Louis présidera les premiers pas de la *Grande Loge écossaise*. Chez le maréchal Kellermann (Alsacien achkénaze), le *Grand-Orient* reprit sa juridiction en 1805. Parmi les hauts grades de la hiérarchie écossaise, notons ceux qui se relient ouvertement au Sionisme : *Chevalier d'Orient et d'Occident* ; *prince de Jérusalem* ; *noachite ou chevalier prussien* ; *commandeur du Temple de Jérusalem* ; *chevalier Kadosch* (saint en hébreu). Le mot sacré est *Nekam*, vengeance en hébreu. La devise *Liberté, Égalité, Fraternité*, est du *Grand-Orient*, c'est-à-dire sioniste. Les deux couleurs également : le bleu est israélien, le rouge, révolutionnaire ; le blanc royal les sépare. La Jeunesse ne saurait se tromper, il est facile de reconnaître les drapeaux maçonniques, en particulier ceux postérieurs à 1789, sauf rares exceptions.

En résumé, la déchéance de la Nation française par l'écrasement de la royauté et du Catholicisme fut provoquée au sein des sociétés secrètes, *Clubs* et *Loges*, créés pour attirer les félons et les pervertis

---

33). Marat, ou Mara, origine juive de Sardaigne, fut converti au Catholicisme puis au Protestantisme à Bondy (Suisse). Le sinistre bourreau de la France mourut sous le poignard de l'héroïque Charlotte Corday, en 1793, qui, elle-même, périt sur l'échafaud (instrument maçonnique), à la fin de la Terreur.

de la Noblesse, du Clergé, des Clercs, des Bourgeois, de l'Année royale... Ceux-là liés par leurs serments maçonniques trahissant leur devoir national de Français, étaient réduits à la merci des subvenions anglo-saxonnes fomentées par le Sionisme. Dans la même voie déshonorante maçonnique s'engagèrent plus tard les Disraeli-Eden, anglais ; les Bismarch-Stresemann, allemands ; Mac-Mahon-Mollet, français ; Les *Kérensky-Litvinov,* russes ; les Sonnino, italiens ; Les Talaat, turcs ; les Farouk, albano-égyptiens ; les Trygve Lye, onusiens, ... interminable et lamentable liste d'hommes déchus par leurs engagements maçonniques ; associés aux plaisantes réunions rotariennes comme aux grotesques cérémonies du *Grand-Orient,* qui aident encore l'Organisation sioniste du Cartel des présidents impérialistes à conduire le *Monde libre* à l'impasse de la conjoncture actuelle. Les Jeunes peuvent démasquer et pourfendre les coupables de cette mascarade indigne du nom d'homme libre *et* de la politique.

La Loge du « Grand-Orient », synonyme de « Grand-Israël », dit « de France », se développa avec « le rite écossais » (dissident), en 1801, et s'étendit à l'ensemble des territoires français, belge, hollandais, allemand, italien, pour gagner l'Amérique latine, isolée.

En Orient, la Franc-Maçonnerie renoua avec les communautés juives (converties à l'Islam) de Salonique par des contacts avec la Loge *« Jeune Prusse »* qui fonda celle des *« Jeunes Turcs »,* laquelle s'étendit sur l'Empire ottoman, par des nombreux Clubs créés à Stamboul, Smyrne, Adana, Alep, Damas, Homs, Jérusalem, Le Caire, Alexandrie et d'autres villes de moindre importance.

Au Caire, les rois Fouad et Farouk, affidés des Anglais, étaient des Grands-Maîtres, ainsi que quelques-uns de leurs Pachas, qui soutinrent le colonialisme. Lors de la Révolution égyptienne (1953-1954), les Loges arabes firent circuler la consigne de s'opposer à Nasser. Ces ordres correspondaient aux décisions prises en Israël, *à* Paris et à Londres où les Guy Mollet et A. Éden, successeurs de Daladier et de Churchill, Maîtres des Loges du « Grand-Orient », recevaient les instructions mises au point à New-York et à Tel-Aviv.

Les premières nations affectées par ces subversions furent les dynasties catholiques et orthodoxes, héritières des pouvoirs divins gréco-latins que la haine hébraïque poursuit envers ces lointains descendants des destructeurs du Temple de Jérusalem, toujours menacés par le Sionisme.

On reconnaît dans les Loges maçonniques, où la plus grande solidarité, recommandée envers les membres, est utilisée à des fins politiques, qu'elles ont été subjuguées par les Organisations sionistes avec l'assentiment tacite du Protestantisme politique, activé lui-même par l'anticléricalisme. D'autre part, ces principes d'entraide et de fraternité, auxquels s'ajoute la défense des « Droits de l'Homme et du Citoyen », ne concernent pas tous les hommes et tous les citoyens, mais les privilégiés, en particulier les Achkénazim. Ces derniers disposent d'une liaison spéciale, à l'intérieur (les réseaux maçonniques protestants qu'ils dirigent.

Ainsi, les Loges politiques s'acharnèrent, elles, sur les dynasties françaises, espagnole, portugaise, dans les événements liés à la Révolution française ; les luttes se sont poursuivies en Russie, en Autriche-Hongrie, en Bulgarie et même en Allemagne (Guillaume II refusa d'aider le Sionisme), par suite des circonstances de la Première Guerre mondiale, qui fit démembrer l'Empire ottoman et ouvrir la Palestine au Sionisme. De même, les royaumes de Roumanie et de Grèce étaient atteints par la Seconde Guerre mondiale, qui faillit détrôner la dynastie royale en Belgique, seule dynastie catholique subsistante, alors que tous les régimes royaux protestants maçonniques sont préservés en Angleterre, en Hollande, en Suède, au Danemark et en Norvège.

(Cela explique aussi pourquoi, à Paris, en 1946, les Loges ordonnaient au Gouvernement Provisoire de s'opposer au général de Gaulle, qui exigeait l'indépendance française dans une Europe réfractaire à l'influence prépondérante anglo-américaine. Aussi, la Ve République gaulliste est-elle attaquée, de l'extérieur et de l'intérieur, par les partisans anglais et américains, qui prônent la fédération sioniste européenne occidentale, pour la gouverner.)

La guerre de Crimée (1853-1856 — Napoléon III) qui a, à son origine, un litige touchant la garde des Lieux saints de Jérusalem, se développa pour la protection générale des Chrétiens orthodoxes de l'Empire ottoman, demandée par le Tsar russe. Elle confirme, si besoin en est, la frustration des Francs-Maçons de Londres et de Paris. (50.000 soldats français et 25.000 Écossais furent débarqués à Gallipoli, puis reportés à Varna, sur la mer Noire, pour participer à l'oppression des Bulgares orthodoxes de Silistrie sur le Danube. Décimée par le typhus, cette armée fut redébarquée, en Crimée, au siège du fleuve « Alma » et de Sébastopol, ville russe du XVIIIe siècle.) Les noms de ces expéditions ont été donnés par la Franc-Maçonnerie à un pont et à une station de métro de Paris. Il y avait, en Crimée, la communauté achkénaze descendant des Khazars, Mongols convertis au judaïsme et dispersés par les Tsars.

Cette guerre est à rapprocher des massacres de Libanais chrétiens en 1860 et de l'intervention de Napoléon III qui s'en est ensuivie. Mars 1878. Les Ottomans, ayant capitulé devant les Russes et traité à San Stephano, les Anglais, en la personne de Benjamin Disraëli, interviennent pour soutenir à nouveau les Turcs et convoquent le Congrès de Berlin pour rallier les Allemands, vainqueurs des Français en 1870.

Napoléon III et l'Italie maçonnique.
La guerre de 1870-71, la IIIe République et le sionisme.

Le soutien qu'apporta tardivement Napoléon III à la défense des États pontificaux est à l'origine de la guerre de 1870-1871. Rappelons qu'elle fut déclarée par le gouvernement de Napoléon III, protégé anglais, à la suite d'une démarche insolente, à Ems, de son ambassadeur Benedetti (contraction probable de Ben Attih ou Ben Itti) auprès du souverain prussien Guillaume Ier, qui avait proposé un prince allemand pour la succession du trône d'Espagne, puis avait retiré son offre devant les protestations françaises, suscitées par les presses patriotes et maçonniques.

Sous l'aspect maçonnique (anticatholique), le cas était grave. Car entre les trônes d'Allemagne, catholique en partie, et d'Espagne, qui l'est totalement, ce projet d'alliance menaçait de renforcer le catholicisme des monarchies européennes. Quoique réduite, en France, par l'éviction de Charles X en 1830, la cause royale catholique pouvait se renforcer avec le resserrement germano-autrichien-espagnol.

L'ambassadeur ayant demandé à Guillaume Ier des excuses et de s'engager, envers Napoléon III (franc-maçon notoire) à renoncer définitivement à cette succession, le roi de Prusse refusa de se discréditer à la face du monde. Alors, sur une dépêche tronquée, à Ems, par le « Grand-Maître » nationaliste Bismarck, et une campagne de presse à Paris, la guerre fut déclarée par la Chambre française et commença dans les habituels désordres indescriptibles, avec 400 fusils se chargeant par la culasse, ce qui donne une haute idée des qualités techniques des Napoléons.

La défaite française fut consommée par la trahison du général Bazaine (34) qui se rendit avec son armée et partit pour Londres. Le pays

---

34). Engagé comme soldat sous Louis-Philippe, en 1831, lieutenant légionnaire quatre ans après, capitaine en Algérie, colonel en 1851, général en Crimée, gouverneur de Sébastopol, divisionnaire en Italie, commandant en chef puis maréchal, au Mexique, d'une autorité sans contrôle avant comme après la venue de Maximilien, et rejetant sur lui l'odieux de ces exactions,

fut dévasté de nouveau. L'Allemagne, unifiée par Bismarck à Versailles, fut industrialisée avec la rançon française de cinq milliards de francs-or (250 millions de louis), soit cent fois les cinquante millions de francs versés par les États-Unis à Bonaparte pour l'achat de la Louisiane.

Mais les bourgeois et politiciens des Loges du « Grand-Orient » renforçaient leur pouvoir à Paris, dès 1870, en formant la IIIe République, qui noya la Commune dans le sang. Napoléon III, détrôné le 4 septembre par un vote en mars 1871, regagna l'Angleterre où il mourut en 1873. Son fils unique Louis, incorporé dans l'armée coloniale anglaise, fut tué au Natal, en 1879, dans une embuscade montée avec les Zoulous, qui mirent fin à la *dynastie impériale*.

Les motifs secrets de cette guerre, manifestement maçonnique, qui bouleversa et ruina profondément la Nation française, se relient à la conspiration des Carbonari du grand-Maître Mazzini, génois de souche sépharade, qui, avec Bianca, Santi et l'achkénaze Danien Stern, à la suite de réunions tenues en Angleterre et en Suisse, fondèrent à Marseille, en 1831, la Loge *Jeune Italie*. Garibaldi Giuseppe (ou Yousef), né à Nice en 1807, initié à Marseille, devint un grand-Maître, célèbre en Suisse, en Angleterre, en Franc ; en Allemagne et aux États-Unis dans les milieux sionistes.

Garibaldi servit la Franc-Maçonnerie en une longue carrière commencée en Tunisie dans la marine, puis à Rio de Janeiro en 1836. Peu après, il prit part à l'insurrection républicaine du Rio Grande contre le gouvernement brésilien, alors régent de l'empereur portugais Pedro II, âgé de 10 ans. (La république fut proclamée au Brésil en 1889, par un maréchal qui institua le mariage civil, la prétendue liberté de la presse et la séparation de l'Église et de l'État, règles maçonniques.) En 1841, Garibaldi se rendit à Montevideo, auprès du colonel Duchâteau, pour défendre la ville contre les troupes argentines. Promu général, il revint à Milan former une légion mercenaire pour attaquer les Autrichiens dans le Tyrol et se réfugier en Suisse. En 1849, il accourut à Rome pour y attaquer les troupes françaises. Il retourna en Amérique. À New-York et en Californie il fut fêté par *l'International libéral*, d'obédience sioniste, constitué en 1830. Il alla au Pérou, puis en Chine (1852). Revenu en Italie en 1854, il

---

dénoncé à Napoléon III mais commandant suprême de l'Armée du Rhin, en 1870, en contact avec Bismarck et Londres, condamné à mort en 1873, gracié par le Grand-Maître Président-général Mac-Mahon et emprisonné en 1874. Évadé aussitôt, il était à Gênes le lendemain, puis en Suisse, grâce aux filières judéo-maçonniques. Bazaine est le type du mercenaire traître international franc-maçon.

ne rejoignit pas la légion des Piémontais, de l'alliance anglo-française et turque engagée dans la guerre maçonnique de Crimée (1854-1856) menée contre les Russes ; mais Garibaldi participa, en 1859, à la guerre engagée contre l'Autriche, ennemie jurée de la Franc-Maçonnerie et qui, commandée par le Maître Mac-Mahon, général de Napoléon III à Solférino, fit tuer 17.000 Français et 22.000 Autrichiens. (Ce même général, franc-maçon, battu par les Prussiens de Bismarck, en 1870, sera libéré pour écraser la Commune de Paris en fusillant 20.000 hommes et femmes, à la demande de Thiers qu'il remplaça à la Présidence de la République. Aussi le nom de ce dignitaire maçon été donné à une branche de l'Étoile *de David*, devenue en 1970 Place Charles de Gaulle.)

Après avoir protesté contre l'annexion, par la France en 1860, de la Savoie et de Nice, Garibaldi part pour la Sicile et y devient dictateur. Deux ans après, il tente avec 1.000 légionnaires d'enlever Rome, mais il est grièvement blessé. Après un repos à Londres, en 1864, acclamé par 500.000 *antipapistes*, il repart en guerre, en allié de Bismarck, contre les Autrichiens, mais il est battu. Au cours d'un autre essai de s'emparer des États romains, il est arrêté, s'échappe pour rejoindre ses 5.000 légionnaires qui sont battus par les 22.000 volontaires catholiques du général Failly. Ceux-ci, à la demande de Napoléon III et sur instance de l'Impératrice Eugénie, défendent effectivement les États romains pontificaux (patrimoine temporel de St. Pierre, confirmé par le sacre du roi de France Pépin le Bref en 754).

Garibaldi est déporté à La Spézia en 1868. Les Loges anticatholiques le libèrent et, jugeant que Napoléon III a trahi la Franc-Maçonnerie, décident d'abattre son régime.

Après la défaite française à Sedan consommée par la trahison du Maître-général Bazaine, les États pontificaux furent occupés en 1870 par les *Victor Emmanuel*. (Cette dynastie, d'accord avec l'Angleterre, occupa en 1890 l'Érythrée et la Somalie, et attaqua en 1896 l'Éthiopie — prise en 1936 avec l'assentiment de la Société Des Nations (S.D.N.) —, envahit la Libye et le Dodécanèse, en 1912, avec le consentement de la Loge de Salonique ; Trieste et le Tyrol autrichiens, en 1919, avec la complicité maçonnique de l'Angleterre, des États-Unis et de Clemenceau-Mandel. S'étant emparé du pouvoir en 1922, Mussolini gouverna l'Italie avec la même protection maçonnique, puis fut mis à mort ignominieusement en 1945.)

Garibaldi alla rejoindre à Tours, en octobre 1870, les Maîtres juifs Gambetta et Crémieux Isaac-Moïse, dit Adolphe, qui le chargèrent d'une armée de 20.000 francs-tireurs polonais, lyonnais, algériens et italiens, opérant dans les Vosges presque sans armes. (Son fils forma une légion maçonnique garibaldienne, qui fut engagée, en 1914, en Argonne sous les ordres du général Gouraud. Celui-ci fut chargé d'envahir la Syrie en 1921, pour protéger le Sionisme en Palestine, pendant que les Loges italiennes trahissaient les Grecs et les Arméniens, en Asie Mineure, de 1918 à 1922.)

Le 24 octobre 1870, le décret Crémieux donnait la citoyenneté française aux Juifs d'Algérie, citoyenneté que la IVe République des Guy Mollet-Mitterrand, des Loges du « Grand-Orient de France », refusait encore en 1957 aux Musulmans, frères d'armes des guerres sionistes (1870-1871, 1914-1918, 1939-1945), des occupations coloniales d'Afrique, de Syrie et d'Indochine, en prétendant maintenir l'Algérie française. (Le 24 octobre 1970, le centenaire du décret Crémieux fut célébré en Israël et par les Loges du « Grand-Orient » à Paris.) Le décret fut promulgué d'urgence par Crémieux Isaac-Moïse, ministre de la Défense et de la Justice. Ce Sépharade, avocat à Nîmes, député en 1842 et 1846, conseiller gauchiste de Louis-Philippe, contribua à sa chute en 1848 et à l'élection de Louis-Bonaparte (tous trois étaient francs-maçons). Élu député d'extrême-gauche à Paris en 1869, il fut activiste au gouvernement pour la déclaration de guerre, mais était à Tours durant le siège de Paris. Après le décret, il devint député d'Alger, le 20 octobre 1871, et sénateur inamovible en 1875. Pour stimuler le paiement des cinq milliards de francs-or de l'indemnité exigée par Bismarck et garantie par la Banque d'Alfonse Rothschild à Paris, il offrit 50.000 louis, somme énorme à l'époque pour un avocat député. Il faut dire qu'à la suite de la première rébellion algérienne du 22 mai 1871, les Algériens « dissidents » furent dépossédés (après l'arrivée de Crémieux en octobre) de 446.406 hectares de terres, dont 301.516 hectares de terres de culture, et d'une rançon de 64.739.075 francs-or, représentant 70 % du capital de l'Algérie.

(Rappelons également que, parmi les Juifs français immigrants en Israël, 80 pour cent sont originaires d'Algérie, où un Français sur six était juif. Ces Séphardims dictaient la politique française maçonnique en liaison avec leurs coreligionnaires parisiens. A l'époque de l'indépendance (1962 - 1963), l'exode en panique des Français d'Algérie fut provoqué par les services subversifs israéliens pour attirer les Juifs en Israël et tenter de briser les contacts entre Paris et Alger. De même la crise pétrolière, suscitée entre les deux gouvernements en 1970 par les conseillers juridiques juifs (de tendance sioniste) des sociétés françaises et les Sionistes parisiens, fut utilisée en 1971, par Tel-Aviv, après sa piraterie de Cherbourg, pour dissuader Paris d'intervenir dans le conflit palestinien, et afin de saper l'influence française dans les pays arabes.)

Durant et après la guerre de 1870-1871, les gouvernants anglais, généralement francophobes et germanophiles, parurent indifférents, sinon satisfaits. Londres accueillit l'Impératrice Eugénie et l'Empereur déchu, et donna son agrément à la visite du traître Bazaine. Poursuivant la colonisation des Indes, les Anglais ne s'inquiétèrent pas de la constitution de l'Empire allemand à Versailles. Leur attention se porta sur l'action des secours russes apportés aux Bulgares orthodoxes, que les Ottomans opprimaient depuis le XVIe siècle.

Ces insulaires de la mer du Nord convoquèrent alors — plus exactement Benjamin Disraeli, Premier ministre anglais, convoqua à un Congrès à Berlin en 1878 — les puissances continentales pour faire écarter, de la Méditerranée, la Russie, tsariste et nullement communiste, qui, libérant les Bulgares et les Grecs orthodoxes, avait fait capituler les Ottomans dans les Balkans.

On sait que la décision du Congrès de Berlin, prise l'instigation de Disraeli, isola les Chrétiens orientaux et les laissa en butte aux effroyables génocides conduits par les *«Jeunes Turcs»* de la Loge de Salonique : 1.900.000 Chrétiens des populations civiles bulgare, grecque, arménienne, libanaise, nestorienne et chaldéenne, furent massacrés, de 1909 à 1922, dans les Balkans, en Asie Mineure et au Proche-Orient, pour ouvrir la porte au Sionisme en Palestine.

Ces génocides demeurés impunis, et cachés par la presse occidentale — dont *Le Temps*, appartenant à Bégin — firent des gouvernants ottomans (Juifs convertis) des criminels de guerre et des Loges occidentales, complices d'abominables hypocrites aussi criminels en Allemagne, Angleterre, U.S.A., Hollande, Suisse, Italie, France. Tous ces pays entretenaient des organisations sionistes qui utilisèrent ces génocides pour faire démembrer l'Empire ottoman par la S.D.N., officialisant la prééminence du Sionisme dans les pays arabes par l'occupation coloniale mandataire franco-anglaise.

Benjamin Disraeli ou d'Israeli (comte de Beaconsfield en 1876) siégea durant 44 ans à la Chambre des Communes, de 1837 à 1881, dans le parti Tory (conservateur après avoir été radical). Chancelier de l'Échiquier du ministère Derby en 1849, puis de 1852 à 1858, il obtint, en 1853, l'admission des Juifs au Parlement, qui les refusait auparavant, sauf en cas de conversion à l'anglicanisme. Premier ministre, remplaçant Lord Derby en 1868, puis de 1874 à 1880, il donna l'impulsion impériale au colonialisme anglais, à partir du Congrès de Berlin en 1878. Ayant racheté la part du vice-roi d'Égypte dans les actions du canal de Suez en 1874, il s'en servit pour faire occuper Le Caire en 1882.

Ce descendant d'une famille juive chassée d'Espagne au XVIe siècle par la Reconquête catholique, converti au protestantisme à l'âge de 12 ans (lié à Louis-Bonaparte durant le refuge de ce dernier à Londres, avant le coup d'État de Paris en 1848), serait le premier gouvernant anglais sioniste (1878) à donner l'impulsion à la création d'Israël (1948), accomplissant la volonté ancestrale sioniste, vieille de 1808 ans.

Le sionisme impérial et anglican de Disraeli coordonna la participation coloniale anglo-française — politique appliquée de 1878 à 1945 et se terminant à Suez en 1956 — ainsi que la collaboration italienne de 1885-1912 (achevée à Tripoli en janvier 1943 et à Rome le 8 septembre 1943, reprise en 1949 par l'OTAN et avec la République italienne en 1955).

En effet, Gibraltar fut occupé par les Anglais en 1704, durant la guerre de Succession d'Espagne, pour tenir cette place forte de la lutte protestante anticatholique. L'Île de Malte, conquise par Napoléon Bonaparte en 1798, mais reperdue en 1800, ne pouvait plus être défendue par l'Ordre des Chevaliers de Saint-Jean, qui en avait été chargé par Charles-Quint en 1530. Des raisons militaires semblables et des intrigues sionistes au Congrès de Vienne de 1815 avaient livré l'Île de Malte à l'Angleterre par l'inattention autrichienne. Mais en ce qui concerne l'appropriation anglaise de Plie de Chypre, dans le combat mené contre les Russes et les Grecs orthodoxes, aucun doute n'est plus permis quant à une action sioniste. Cette entente franco-anglaise, tactique sioniste évidente, se confirmait dans l'occupation anglaise du canal de Suez que les Français avaient creusé en 1869.

Pour investir la Palestine et contraindre les Arabes à leur asservissement, les Organisations sionistes requérirent la participation des Loges de France, d'Angleterre, d'Italie, des États-Unis d'Amérique, d'Allemagne et de Turquie.

L'émiettement de l'Empire ottoman s'était poursuivi en Algérie qu'occupèrent les Français, chargés de sa « pacification » par Louis-Philippe et son successeur républicain Louis-Bonaparte, devenu par la suite Napoléon III, puis par la IIIe République. Celle-ci installa en Afrique du Nord les Alsaciens-Lorrains fuyant l'occupation allemande, alors que le territoire français, vidé par les guerres napoléoniennes, pouvait les accueillir. La duplicité d'Albion à Gibraltar amena la conquête de l'Afrique du Nord par les Français, l'Algérie en 1834, la Tunisie de 1869 à 1881, le Maroc de 1904 *à* 1926 ; tous trois furent décolonisés, sous la contrainte révolutionnaire, la Tunisie et le Maroc en 1956, l'Algérie en 1962.

L'Italie fut également poussée sur un « Empire colonial romain » destiné à protéger et à neutraliser les abords ouest de l'Égypte et du Sud de la Péninsule arabique, chasse gardée du *Grand-Israël*. Après l'ouverture du canal de Suez en 1869, l'Italie occupa aussi la Somalie en 1885, l'Érythrée en 1890, la Libye de Tripolitaine en 1912. Les gisements de pétrole y étaient certainement inconnus des Anglais...

Dans son empressement à dépecer l'Empire ottoman, le Grand-Vizir Talaat, Juif converti à l'Islam, de la Loge de Salonique, donna également à l'Italie le Dodécanèse et l'Île de Rhodes, habités par les Grecs. C'est de là que les Loges italiennes trahirent les malheureuses populations grecque et arménienne d'Asie Mineure, massacrées ou chassées de 1915 à 1922. (Ces îles revinrent à la Grèce en 1947, mais les forces anglaises et américaines occupèrent la Libye, après son indépendance qui suivit, en 1951, la découverte du pétrole.)

Rappelons qu'à l'origine de la collaboration maçonnique italienne (1796-1797), en Lombardie, les régions alors autrichiennes, alliées à l'Espagne, furent occupées par l'armée d'un général inconnu alors, Buonaparte, obéissant aux ordres des « Maîtres » Carnot et Barras. Cette campagne hâtive, menée, par la Convention, hors du territoire français, prétendait fixer les troupes autrichiennes. Mais il y fut créé une République italienne, qui devint un royaume pour un des frères de Napoléon (1807). Restituée à l'Autriche en 1815 par le Congrès de Vienne, la Lombardie fut de nouveau secouée par des révoltes et des campagnes maçonniques (1859-1870) des armées de Napoléon III, prodigues du sang des Français, selon la politique des gouvernants anglais, afin de repousser l'Autriche catholique de ce secteur de la Méditerranée.

De 1789 à 1919, l'Autriche et sa dynastie catholique n'ont cessé d'être attaquées par les Loges maçonniques, jusqu'au démembrement de l'Empire austro-hongrois.

(On s'explique pourquoi en 1935-1939 les transports italiens des armées fascistes, attaquant l'Éthiopie-Abyssinie, pouvaient passer par le canal de Suez, sous garde anglaise, les administrateurs du Canal, les gouvernants anglais français et italiens, obéissant alors aux consignes maçonniques, appliquées également à la S.D.N. sous l'influence sioniste.)

Durant 30 ans, la politique italienne fut dominée par l'activité du Baron Sidney Sonnino, né à Florence, mort Rome (1847-1922), qui fut ministre des Finances en 1893, Président du Conseil de 1906 à 1909 et ministre des Affaires étrangères de 1914 à 1919. Ce haut dignitaire de la Cour, porteur du collier de l'Annonciation, la plus haute distinction du royaume, réservée exclusivement aux grands Catholiques, qui lui conférait le titre de cousin du Roi et l'insigne faveur de le tutoyer, fut à la base de la dénonciation déshonorante, en 1915 (en pleine guerre), de l'Alliance Triplice, constituée par l'adhésion de l'Italie, en 1882, à une alliance austro-germanique de 1879, renouvelée avec l'Italie en 1887. S'étant abstenu d'entrer en guerre en 1914, puis ayant repoussé les offres austro-hongroises de cession de territoires (les mêmes acquis par l'Italie au Traité de Paix en 1919), pour demeurer neutre, Sonnino dirigea les négociations avec l'Angleterre au Traité de Londres (26 avril 1915) pour l'entrée de l'Italie dans la guerre contre ses alliés. Ce déshonneur coûta aux Italiens 4 ans de guerre, 500.000 morts et 800.000 invalides. Représentant l'Italie à la Conférence de la Paix en 1919, le *baron* Sonnino fut l'artisan du démembrement de l'Autriche.

Les funérailles nationales qui lui furent faites dans la chapelle privée du Roi se terminèrent curieusement. Les hauts personnages chamarrés et emplumés s'éclipsèrent discrètement. Le cortège réduit prit les allées étroites conduisant au cimetière juif qui reçut cet important catholique demeuré Juif. La presse passa sous silence le grotesque de la chose.

Pendant ce temps, en Angleterre, les Organisations sionistes se renforçaient au sein du Parlement anglais grâce à Benjamin Disraeli, Premier ministre sioniste de l'Impératrice des Indes. Au pays de la démocratie maçonnique anglicane, se poursuivait, depuis le XVIe siècle, l'atroce génocide des Catholiques, sous les coups des lordslands des Loges d'Orange et leurs fanatiques, anéantissant par milliers les familles irlandaises, fidèles à leur foi que les gouvernants latins maçons abandonnèrent à leur sort. (Les Irlandais, sacrifiés sous uniforme anglais dans les Flandres, de 1914 à 1917, obtinrent leur indépendance en 1921, sauf en Ulster.)

Simultanément, l'oppression des Canadiens français et la déportation des Acadiens français, dépossédés en Acadie, devenue Nouvelle-Écosse, se commettaient selon les ordres de ce Parlement « anglais » sous l'obédience du *Grand-Orient*.

Le « Grand Occident » Américain.

L'État juif, fétiche sioniste anglican de l'Empire britannique, était en formation progressive pour constituer le *Grand-Orient* territorial promis aux Juifs de la Franc-Maçonnerie. Les loges européennes et orientales, en 180 ans de politique maçonnique servile, avaient sapé les bases des États chrétiens, orthodoxes et catholiques, et miné les communautés musulmanes, gardiens solidaires des Lieux-Saints de Palestine.

La même Organisation sioniste, tendant au *Gouvernement mondial* par la *République Universelle*, du parti ashkénaze, ordonnait, aux Loges américaines, anglo-saxonnes, scandinaves et à leurs affidées latines, de constituer le *Grand-Occident* étendu sur l'Amérique, l'Atlantique, le Pacifique...

Par ce dessein, imposé à la conscience humaine, l'Organisation sioniste internationale, aidée du Protestantisme politique, avait poursuivi le partage du monde, au gré des gouvernants anglais. Le Tonkin devenait français en 1833 et Madagascar en 1895, puis l'Afrique occidentale et équatoriale. Aux États-Unis, l'expansion coloniale était relancée de 1897 à 1903 sur l'Atlantique et le Pacifique.

L'immensité des territoires des États-Unis n'était pas encore conquise sur la nature et sur les Indiens, pourchassés avec leurs bisons et tués pour le plaisir. L'énorme Louisiane n'était pas encore réellement explorée par ceux qui se la partageaient par centaines de kilomètres carrés, après l'avoir volée aux Français et à leurs alliés les Peaux-Rouges.

L'exploration du Texas, du Nouveau-Mexique et de la Californie, territoires pris aux Mexicains (aussi maltraités que les Indiens), n'était pas accomplie, quand sur l'ordre du Congrès, dominé par le Pouvoir sioniste anticatholique, l'Armée fédérale alla conquérir des territoires outre-mer, Porto-Rico, les Philippines, Guam et Hawaï, territoires catholiques espagnols pacifiques convoités par les Américains.

La presse de New-York affectait de mépriser l'impérialisme européen et relatait, en les soulignant, les soulèvements fomentés à Cuba par des planteurs américains. La dernière révolution était réprimée par un général nommé Weyler (d'origine achkénaze), qui anéantissait par milliers les femmes et les enfants (selon les versions des journaux new-yorkais). Aussi, l'autonomie de Cuba fut-elle réclamée par le président U.S. pour protéger ses nationaux. Le Congrès expédia

La Havane le cuirassé « Maine » qui sauta dans la rade. La guerre fut, de ce fait, déclarée à l'Espagne.

Ce fut « une merveilleuse petite guerre », déclara le Secrétaire d'État. Elle détruisit « l'escadre espagnole » au mouillage, coulant tous les bateaux sans défense, de transport et de pêche. À Porto-Rico, la guerre fut un pique-nique. Profitant des hostilités, d'autres vaisseaux américains se présentèrent devant Manille et, « en visiteurs », sans perdre un seul bateau ni un seul homme, ils envoyèrent par le fond tout ce qui flottait, sous les regards envieux d'un amiral allemand et d'un autre ami anglais, qui les accompagnaient en experts.

C'est encore à Paris que le traité fut signé, en 1898, entre l'Espagne pacifiste mais catholique, écrasée par les États-Unis, qui, pour 20 millions de dollars, « achetèrent » l'immense ensemble des Îles espagnoles. L'année suivante, le dernier archipel espagnol des 500 îles des Carolines, découvert au XVIe siècle, devenait allemand (puis japonais en 1919 et américain en 1945, en vertu d'une décision de l'O.N.U.).

Par cette merveilleuse petite guerre, naissait la réputation des « Marines » américains, ainsi que l'expansionnisme extérieur des États-Unis en Extrême-Orient, qui donnent tant d'ennuis aux Américains, obligés, par surcroît, de prendre la relève de la politique de Disraeli en Méditerranée.

Affaire Dreyfus pour l'Amérique.

Dans la chronologie des agissements sionistes ayant influé sur les États-Unis, l'« Affaire Dreyfus » (1897-1899) est considérable, car si elle divisa profondément le patriotisme français, ravivant la francophobie dans les pays anglo-saxons, pour y avantager les Juifs, en particulier aux U.S.A., surtout dans l'État de New-York, elle servit à lancer la campagne sioniste de Théodore Herzl, convoquant les représentants des communautés juives américaines aux Congrès annuels sionistes de Bâle en 1897 et en 1898, puis à Londres.

Cette affaire réactionnaire, relative à la condamnation d'un Juif parisien protégé, parmi des millions de Français sensibilisés par la grave crise de conscience qui sévissait en France après 1871, ne fut aussi fortement politisée en France que pour appuyer la campagne sioniste de Herzl, journaliste hongrois, auteur de *L'État Juif* (1895) qui proposa : « un *gouvernement autonome juif en Palestine, sous forme d'une monarchie constitutionnelle ou démocratie aristocratique* », créée par une « *Société des Juifs* » ; une « *Compagnie juive* », devant faciliter la liquidation des établissements que les Israélites avaient dans le monde des affaires (des petits concurrents juifs).

Convoqués à Bâle, les représentants des Juifs américains s'unirent aux nombreux délégués européens, pour fonder « *la Banque Juive* » et « *le Fonds National Juif* » (1901), ainsi que le mouvement propagandiste sioniste, lancé à travers le monde en 1899, qui groupa plus de 100.000 adhérents actifs.

La tendance religieuse ou nationaliste du retour des Juifs en Palestine, soit pour se lamenter sur les ruines du Temple détruit en l'an 70, soit pour y vivre, remonte à leurs lointains et incertains ancêtres(35) expulsés de Jérusalem, au IIe siècle, par ordre de l'Empereur Hadrien. La Diaspora des Juifs par tout l'Empire romain, les dispersa vers le Nord et vers l'Ouest et le Sud, sur les côtes africaines et dans les régions dissidentes de Rome, d'où, au VIIIe siècle, leur descendance berbérisée, mais de confession juive, guida l'invasion arabe en Espagne et contre les Byzantins.

Essaimant dans les contrées arabes et autres ethnies méditerranéennes, un petit nombre de ces Juifs regagnèrent la Palestine, devenue arabe par la conquête islamique. La majorité participa à la vie européenne ou africaine ; de là certains gagnèrent l'Amérique.

Les Organisations, ayant échoué dans leurs tentatives d'acheter la Terre Sainte au Sultan Abdul-Hamid, résolurent de la prendre, par n'importe quel moyen, en l'arrachant l'Empire ottoman. Cet Empire, mosaïque de races et de religions, dominées par les Turcs, Ottomans musulmans, comprenait des communautés chrétiennes, orthodoxes et catholiques, arméniennes et grecques, en Anatolie, en Syrie-Palestine, maronite principalement au Liban, qui avaient gardé intacte leur foi chrétienne durant 1.260 années de vicissitudes héroïques ; elles étaient respectivement protégées par les puissances européennes : la Russie, l'Autriche-Hongrie et la France, gardiennes des Lieux saints chrétiens.

Pour obliger le gouvernement ottoman à livrer aux Juifs la Palestine — Lieux saints musulmans —, une révolution s'imposait. Mais pour forcer les puissances européennes chrétiennes à se dessaisir de la garde des Lieux saints chrétiens, fallait-il déclencher une guerre mondiale et massacrer les Chrétiens orientaux ?

Au Caire, sur « la route des Indes » et à Londres, les gouvernants anglais furent réticents devant leurs responsabilités politiques

---

35). Les ethnologues précisent que les Européens et Américains d'aujourd'hui, descendants des rares ancêtres du XIIe siècle, sont tous cousins par les mélanges raciaux.

arabo-musulmanes. La demande sioniste s'ajourna avec diplomatie anglaise devant les risques encourus.

Le projet d'État juif sous forme de petites colonies sionistes, présenté alors à l'empereur d'Allemagne Guillaume II afin d'obtenir son appui auprès du Sultan (en 1898), fut considéré comme contraire aux plans pangermaniques et ottomans en Orient, auxquels s'associait l'Autriche-Hongrie.

La responsabilité des sionistes achkénazim germanisés et américanisés dans la première guerre mondiale.

Il fut décidé du sort de l'Europe lors des congrès sionistes tenus au cours des années 1899 à 1913. De nombreux délégués, venus des cinq continents, fixèrent progressivement la tactique sioniste achkénaze des organisations maçonniques.

Les délégués russes, les plus exaltés, affirmèrent pouvoir neutraliser les tsaristes par une révolution à engager (1917) au cours d'un large affrontement russo-allemand (1914).

Les délégués allemands et austro-hongrois assurèrent tenir les leviers du gouvernement et de l'armée, et être capables d'endiguer l'action militariste, puis de la saper, par des révolutions susceptibles de renverser les trois dynasties impériales chrétiennes, allemandes, autrichiennes et russes (1918).

Les représentants sionistes anglais confirmèrent que la *Royal Navy* dominerait les mers et que le *Colonial Office* ferait occuper la Palestine par l'armée musulmane des Indes, partir des bases de Chypre et de Suez. Mais que, pour s'assurer une participation française dans la neutralisation des populations arabes syriennes, une «Entente Cordiale» rapprocherait les Loges de France de celles d'Angleterre (1904).

Les délégués de New-York déplorèrent la lenteur de la résorption des séquelles ruineuses de la guerre de Sécession et, par ailleurs, l'obligation d'occuper les nouveaux territoires du Pacifique, enlevés aux Espagnols. Ils déclarèrent néanmoins pouvoir engager les États-Unis sur le tard (1917), être présents aux négociations de paix, après s'être grassement enrichis par le commerce des matériels de guerre.

Les délégués de Paris amusèrent leurs homologues en disant que l'armée-cible, en pantalons rouges garance de la Gironde, possédait tous ses boutons de guêtres. Et que, pour libérer l'Alsace-Lorraine, ils comptaient bien conduire les Français à Berlin, à condition que les Allemands fussent stoppés sur la Marne, loin des Rothschild parisiens.

Planche 14

Smyrne, 1922.

Cette ville grecque est incendiée, les Chrétiens grecs et arméniens sont massacrés, en dépit du Traité de Versailles et des 14 Points du Président Wilson. La Grèce d'Asie-Mineure, vieille de 3.000 ans, meurt sous le Pavillon étoilé des États-Unis, protecteur du Sionisme.

Planche 15

Front oriental 1916.

En se retirant devant l'avance russe les Ottomans massacrèrent la population arménienne, femmes, vieillards, enfants.

(Photo publiée par un journal russe en 1916.)

Planche 16

Anatolie, 1915.

Les têtes d'intellectuels arméniens décapités devant un officier allemand qui fit poser les bourreaux pour la photo souvenir.

Planche 17

Anatolie, 1915.

Génocide des Arméniens, 1.5000.000 victimes. Enfants morts assoiffés, massacrés avec les mères ou jetés dans les ravins ; femmes et jeunes filles violées, mutilées, égorgées. L'horreur de la mort s'est figée sur les jeunes visages épouvantés. Au centre, le geste pudique d'une malheureuse pour mourir. Ces forfaits ont été commis par Taalat et Envers Pachas, Juifs islamisés, de la Loge de Salonique, alliés aux Ben-Gourion à Stamboul.

P*hoto publiée dans un livre danois disparu avec la documentation, recueillie par une mission scandinave et soustraite aux archives de l'Université d'Uppsala.*

Les Organisations sionistes de l'État italien, jeune de trente ans, qu'elles gouvernaient avec le baron Sonnino, apparenté à la Couronne, acquiescèrent en demandant un supplément : la Libye, obtenue en 1912, plus le Dodécanèse.

Les Sionistes ottomans de la Loge de Salonique (fondée en 1886 par la Loge de Prusse *« Jeune Europe »*), reçurent de Berlin, Londres et Paris, des instructions, des fonds et le soutien politique nécessaires à *l'Homme Malade* que régentait le Sultan Abdul-Hamid (en 1908) et firent nommer un Grand-Vizir sûr, Talaat Pacha, Juif converti à l'Islam. Il fut convenu que les ambassadeurs allemands et américains, à Stamboul, seraient juifs autant que possible, pour étouffer ce qui devait s'y passer. Le génocide des Arméniens commença en 1909 à Adana par 20.000 victimes. Cette provocation contre les protégés de la Russie s'est produite sans que les gouvernants de Chypre et de Londres s'en fussent souciés ; encore moins ceux des États-Unis, de Paris et de Berlin.

Le crime de l'Achkénaze Princip à Sarajevo déclencha la Première Guerre mondiale (août 1914), qu'attendaient les initiés pour s'enrichir. Les gouvernements américains et anglais, prévenus, ne firent rien pour l'enrayer. Si la Belgique, protégée anglaise, n'avait pas été envahie par les Allemands, l'Angleterre ne serait pas entrée en guerre en 1914. On sait, en outre, que la campagne sioniste, dans la presse américaine et auprès du Congrès, pour l'entrée en guerre des États-Unis aux côtés des Alliés, ne commença qu'à la fin de 1916 avec le prosioniste W. Wilson. Si la loi de « Prêt et Bail », promulguée dans l'intérêt des Alliés, fut votée à Washington, c'est parce que la France, totalement ruinée, ne pouvait plus payer comptant, tout son or ayant été drainé vers New-York.

En réalité, les États-Unis n'entrèrent en guerre que contre la promesse de la *Déclaration Balfour*, prétendue anglaise, mais plus sûrement américaine par son origine et son aboutissement de 1917 à 1947 (partage de la Palestine imposé par les gouvernants américains *protecteurs du Sionisme)*.

Pourquoi le Congrès U.S. a-t-il attendu 134 ans pour monnayer sa prétendue reconnaissance envers le seul pays dont les États-Unis tenaient leur indépendance ?

Était-il encore temps, ou trop tard, pour aider les Français épuisés à gagner une guerre ? Les observateurs pensaient qu'elle était à recommencer, vingt ans après, par suite de la division et du désordre européens, provoqués par les gouvernants américains. Était-ce le but de leur intervention, quittes à se retirer ensuite de la S.D.N. après s'être dévoués au Sionisme en Palestine et à l'État tchèque maçonnique ?

D'autre part, sur le rôle des ambassades américaines, liées aux organisations sionistes, qui étaient les plus fortes en Angleterre, France, Allemagne, Hollande, Suisse, Autriche, Turquie et Russie, de très graves questions se posent dans le contexte actuel de l'emprise achkénaze en Amérique.

Pourquoi n'ont-elles pas proposé leurs bons offices pour éviter la guerre ou, du moins, l'écourter ? Pour quelles raisons politiques n'ont-elles pas sauvé la vie des Arméniens et des Libanais, par des démarches énergiques auprès de Stamboul ? Pourquoi les offres de paix séparée, qui furent faites par l'Autriche aux Alliés, en 1916, ont-elles été repoussées par les Loges maçonniques anglo-américaines et françaises, dirigées en fait par les Organisations sionistes ? M. Morgenthau, ambassadeur américain à Stamboul, se fit une bonne conscience en écrivant, en 1919, un livre, pour condamner *a posteriori* le massacre des Arméniens de Turquie. Il rééditait, en cela, ce que fit l'ambassadeur Monroe, en 1823, lorsqu'il publia sa Doctrine, après avoir participé à l'escroquerie maçonnique criminelle perpétrée en France en 1802, à l'issue du massacre de la famille royale.

Prétextant un bombardement français sur Nuremberg et une attaque belge sur la frontière allemande, l'Allemagne déclara la guerre à la France, le 3 août 1914, et à la Belgique dont l'Angleterre garantissait la neutralité, l'attaque allemande à travers le territoire belge s'arrêtait sur la Marne, du 6 au 13 septembre, puis battait en retraite. Pendant ce temps, les Russes, alliés des Français, progressaient respectivement en Autriche et en Allemagne, sur 200 et 100 kilomètres. Les Empires Centraux furent ainsi affaiblis et la Turquie isolée entre l'Angleterre, à Chypre, et la Russie, sur un large front du Nord. Ce fut cependant ce moment même que choisirent les gouvernants ottomans, Talaat et Enver, pour engager une guerre-suicide contre les Alliés en position redoutable.

L'armée anglaise des Indes eut tôt fait de débarquer dans le golfe Arabo-Persique pour marcher très lentement vers Mossoul qui ne fut atteint qu'en 1918, après une défaite à Kut el-Amara en 1916. De même, sur le front égyptien et sur les côtes, non défendues par les Ottomans, de Palestine, du Liban, de Syrie, d'Asie Mineure, ce fut une inaction presque totale pendant que les Chrétiens périssaient par centaines de milliers dans l'indifférence américaine.

Un débarquement aux environs du golfe d'Alexandrette eût permis de rejoindre le front russe avancé en territoire ottoman et de sauver un million sept cent mille vies chrétiennes, orthodoxes et maronites, d'Anatolie et du Liban. Seul, un bateau français, basé à Chypre, s'approcha, sans essuyer un coup de fusil, pour recueillir le petit groupe d'Arméniens résistants du Djebel Moussa. Il avait été averti par le Consulat américain d'Alexandrette, informé depuis longtemps de la situation critique de ces Arméniens.

Par contre, le partage du Proche-Orient et l'isolement de la Palestine, ordonnés par le Sionisme avec l'assentiment des Américains, firent l'objet de trois conventions contradictoires : celle anglo-arabe hachémite de 1915, dite convention Mac-Mahon - Hussein, celle anglo-française (accord Sykes/Picot de 1916), puis une autre maçonnique secrète, entre la paire Lloyd George - Clemenceau et le chef de cabinet Georges Mandel Joroboam Rothschild (1919, Paris).

Dès décembre 1914, le gouvernement de Londres, en liaison avec celui de Washington, étudia toutes les solutions propres à annexer la Palestine, présentées par les groupes sionistes anglo-américains et allemands :

- *a)* son occupation par la France fut écartée, de crainte de détériorer les bons rapports existant entre les Loges depuis L'« Entente Cordiale » ;
- *b)* son maintien aux mains des Turcomans sous le contrôle de la Franc-Maçonnerie n'a pas été retenu, pour les raisons passées sous silence qui verront le jour après les génocides des Chrétiens, Arméniens et Libanais ;
- *c)* l'internationalisation fut refusée par tous les Sionistes, par crainte de prétendues visées allemandes ;
- *d)* la création de l'État juif indépendant, considérée comme prématurée et dangereuse face à 600.000 Palestiniens musulmans et chrétiens, n'a pas été adoptée ;
- *e)* le protectorat anglais, reconnu comme acceptable par les Sionistes du monde entier pour protéger un centre sioniste à développer jusqu'à sa maturité sous forme d'un foyer juif, ne reçut pas l'accord immédiat des gouvernants anglais qui se dérobaient depuis 1902. Ils ne l'acceptèrent qu'en avril 1917, contraints par la situation critique de la guerre et la ruine imminente, contre l'engagement pris par les États-Unis de participer à la guerre aux côtés des Alliés. Les Anglais exigèrent alors que fut modifiée la première version sioniste de la *Déclaration Balfour*.

Ces indications et reconstitutions, supposées incomplètes, découlent de l'évolution invraisemblable — mais pourtant réelle — des faits de la Première Guerre mondiale, outre les décisions de la Société des Nations, de l'an 1920 à l'an 1939, auxquels s'ajoutèrent celles de l'O.N.U., en 1947, pour partager la Palestine, en sacrifiant les Palestiniens. Également la propagande délirante du Sionisme international de 1967 exposa, en désordre et par bribes, des détails vantards du Pouvoir sioniste qui a pu disposer l'ordonnance des préparatifs du premier massacre généralisé, réitéré en 1939.

Les débats publics des congrès sionistes étaient suivis de ceux des commissions secrètes. Au dernier congrès (1903), Londres, dont la moitié des délégués venaient d'Europe centrale et orientale, d'Allemagne, de Russie et de Turquie, l'offre coloniale anglo-sioniste du territoire de l'Ouganda (36) au titre de première colonie de la métropole juive à, créer, plus tard, en Palestine fut contestée furieusement. Un Sioniste russe tira trois balles sur le Sioniste parisien Nordau, en hurlant : « Nordau l'Africain !» De 1904 à 1919, les congrès sionistes furent tenus secrets. En 1917, l'Agence télégraphique juive fut fondée à Paris, par Meïr Grosman et Robert Landau.

LE CAPITALISME SIONISTE NATIONAL-SOCIALISTE AMÉRICAIN.

Les groupes d'affaires des organisations sionistes new-yorkaises, en liaison avec ceux des nations belligérantes et neutres de l'Europe, monopolisèrent le commerce et la fabrication des matériels de guerre des États-Unis industrialisés. Les ressources monétaires or, ainsi que les procédés industriels de l'Europe, avec ses cerveaux, furent ainsi échangés contre des engins militaires et des produits de consommation, par New-York, métropole du Sionisme, devenu le commissionnaire du commerce mondial, supplantant l'Angleterre.

La prospérité de l'Europe et ses investissements en Amérique furent réduits au bénéfice des organisations sionistes qui développèrent ainsi leur pouvoir politique à la mesure de leur immense fortune accumulée en Bourse de New-York.

Pendant que les nations de l'Europe s'entretuaient, le capitalisme américain, passé sous la férule sioniste, devenait une puissance internationale protégée par l'armée américaine.

En même temps, en Europe centrale et en Russie, les organisations sionistes guidaient des mouvements révolutionnaires auxiliaires qui devaient maîtriser le tzarisme et les structures allemandes et autrichiennes affaiblies par la guerre.

---

36). Ouganda : Protectorat anglais, 1894 à 1962 ; 243.410 km² ; 7,5 millions d'habitants en 1969. Fut accepté puis refusé par les Congres sionistes de 1903 à 1905 en raison des rares colons anglais pouvant s'opposer aux Juifs sur un territoire exigu. Ce projet de colonie sioniste a pour comparaison celui de la Palestine : plan de partage de l'ONU : 14.300 km². Territoires occupés en 1967 : 102.400 km². Projet du Grand-Israël : 800.000 km².

En Russie, les Loges et le parti bund renversèrent le Tsar en mars 1917. Alexandre Kérensky, Sioniste, au pouvoir en juillet, voulut faire poursuivre les hostilités contre l'armée allemande et annihiler Lénine, demandeur de la paix immédiate, que les services allemands, avertis du plan sioniste, avaient fait conduire, de Suisse, en wagon plombé. La révolution léniniste d'octobre lui arracha le pouvoir, mais c'est un groupe de Lettons, aux ordres d'un certain Iourovsky, qui massacra la famille impériale, le 16 juillet 1918.

Aux États-Unis, où le candidat des Organisations sionistes, Woodrow Wilson, président de 1912 à 1921, poursuivait ses pourparlers avec Londres au sujet de la *Déclaration Balfour*, l'entrée en guerre de l'Amérique, le 6 avril 1917, fut hâtée par la Révolution russe. Elle fut votée, à une écrasante majorité au Congrès sous l'expression « *Pour le Droit et la Liberté* », à la suite d'une provocation, feinte ou réelle, invraisemblable, du ministre allemand des Affaires étrangères Zimmermann, qui aurait incité le Mexique à « attaquer les U.S.A. pour reprendre le Texas, le Nouveau-Mexique et la Californie », provocation que les Sionistes du Congrès considéraient comme très dangereuse et intolérable.

Pendant que, sur le front palestinien, l'offensive vers Jérusalem se préparait selon la coordination sioniste des services anglais, en France, le ministère Clemenceau, avec son chef de Cabinet Georges Mandel, s'instaura (novembre 1917). Il devait satisfaire les desiderata du Sionisme, réclamés par Wilson et Lloyd George sur exigence maçonnique.

Mais les forces allemandes, revenues du front russe et dirigées sur les fronts français et anglais, déclenchèrent une vaste offensive au printemps 1918 sur la ligne des tranchées stabilisées depuis 1915, tandis que les divisions américaines, de volontaires en formation, étaient engagées sur le petit saillant de Saint-Mihiel, au sud de Verdun, cimenté par le sang français, algérien, marocain et sénégalais.

Le front fut enfoncé sur 200 kilomètres de longueur. Parvenus sur la Marne à 50 kilomètres de Paris, après avoir fait de nombreux prisonniers et pris un très important matériel, les Allemands paraissaient poursuivre leur avance, lorsque se produisit un nouveau miracle français : les renforts allemands et les munitions ne parvinrent plus au front et des troubles, fomentés à Kiel et à Berlin, forcèrent l'armée à battre en retraite jusqu'à la Meuse par un recul de 100 km. Les Tchèques, les Hongrois et les Yougoslaves exigèrent leur indépendance en octobre 1918. Le 9 novembre,

Guillaume II abdiquait et se retirait en Hollande. L'Autriche se proclamait république et se déclarait rattachée à l'Allemagne, devenue républicaine. L'armistice s'ensuivit. Les Texans, tenant bon, avaient gagné la guerre ! Mais les Allemands devaient lutter contre une révolution communiste, ainsi que les Hongrois contre les groupes sanguinaires du Sioniste Bela-Kum. Ce dernier disparut et Kérensky se cacha à Berlin puis à Paris et à Londres avant de se retirer aux États-Unis, protégé par les Organisations sionistes. En Russie, la famine était provoquée par les spéculateurs sur les produits alimentaires.

Au bilan de cette Première Guerre mondiale : 7.480.000 Européens et 120.000 Américains furent tués et d'autres, trois fois plus nombreux, étaient gravement handicapés par des blessures. La disparition de ces sacrifiés, parmi les plus généreux esprits des nations, mit à nouveau celles-ci sous l'emprise du pouvoir politique des Organisations sionistes.

Dans la tourmente, 1.800.000 Chrétiens orientaux avaient disparu également, massacrés ou morts de faim, dans des circonstances qui furent étrangement gardées cachées par les presses sionistes. On doit revoir attentivement l'histoire de la fin de l'Empire ottoman, à laquelle la contribution des gouvernements des États-Unis au service d'Israël tut décisive.

L'OCCUPATION DE LA PALESTINE (1914-1918).

Sous le régime ottoman d'avant 1914, dans les pays arabes, y compris l'Égypte khédiviale que les forces « disraéliennes » occupaient depuis 1881, la politique se confinait dans les clubs unionistes(37) de l'empire des Talaat et Enver, où tout progrès était paralysé par la Franc-Maçonnerie.

Par ailleurs, les consulats étrangers s'activaient auprès des diverses communautés. Bizarrement, les gouvernants français anticléricaux faisaient aider les Églises romaines : arménienne et syrienne catholique, maronite, melkite, chaldéenne. Les Anglais assistaient des Druzes. Les Américains recrutaient des Protestants. Les Russes s'intéressaient normalement aux Orthodoxes. Les Allemands multipliaient également de remarquables missions culturelles et humanitaires catholiques et protestantes, dans leurs contacts orientaux.

---

37). Clubs « Union et Progrès » filiaux de la Loge de Salonique *Jeune Turquie* fondée, en 1896, par la Loge de Prusse *Jeune Europe*.

Les communautés religieuses orientales, qui vivaient jusque-là en symbiose, s'opposèrent brusquement les unes aux autres, en 1860, en suscitant les interventions étrangères. « Avant ces troubles profonds, les féodaux chrétiens et musulmans unissaient indifféremment dans leurs troupes des Druzes, des Chrétiens et des Musulmans », remarque l'historien Fouad Ephrem Boustany, recteur de l'Université Libanaise, qui met les sanglants événements de 1860 sur le compte des étrangers.

La permanence de ces menaces intestines et du marasme économique imposé par les Loges ottomanes incitait les esprits les plus actifs à émigrer, vers l'Afrique et l'Amérique principalement, où leur activité bénéfique procurait de nouvelles ressources familiales, mais privait le pays de modernisation.

Sur les lieux de la prospérité byzantine, née de la romanité orientale, où avaient fleuri les plus belles périodes de la culture arabe islamo-chrétienne, l'esprit malin du Sionisme dirigeait la destruction pour en profiter.

L'armée germano-ottomane abandonnait la Syrie-Palestine fin septembre 1918. Le vaste et riche pays, épuisé par l'inaction forcée et par la guerre, était devenu indigent affamé. Hors des oasis de Hama, Homs, Damas, Baalbeck, Chtaura... les nomades bédouins étendaient le désert. Il n'y avait plus d'arbres d'Alep à Deir-ez-Zor, dans la riche vallée de l'Euphrate, bédouins et Turcs les avaient coupés.

La Palestine était à prendre. Ses seules tâches vertes, dans un paysage lunaire, étaient la trentaine de colonies sionistes que la Loge de Salonique avait autorisées et préservées malgré l'interdit du Sultan. 30.000 à 58.000 Juifs (8,3 %), en majeure partie orientaux, allergiques au Sionisme, vivaient paisiblement avec les Musulmans et les Chrétiens palestiniens :

642.000 (91,7 %). (Baedeker 1912, Vilayet de Jérusalem : 251.332 Musulmans, 44.389 Chrétiens, 39.866 Juif.)

Héroïsme et mandat pour Israël.

L'Armée française, encadrant la Légion arménienne, atteignait le Liban, le 7 octobre 1918, où 180.000 Chrétiens étaient morts de faim par l'action de la même Loge de Salonique. Ces héros de la bataille d'Haoura, qui libéra Jérusalem et décida de la victoire de l'armée Allenby, venaient secourir les Libanais, avant de se rendre en Cilicie pour délivrer leurs compatriotes survivants et y rapatrier 100.000 autres, déportés en Syrie. Après l'armistice, ils s'embarquèrent pour

Alexandrette-Mersine-Adana vers Aïntab, Marache, Ourfa, Hadjine, Mardine, où les attendaient les Chrétiens, affamés et prisonniers, crevant de faim.

Les Alliés avaient convenu, en 1916, que la Cilicie passerait sous administration française pour promouvoir l'indépendance des Arméniens qui leur avait été solennellement promise. Les effectifs militaires devenaient brusquement insuffisants alors que des corps expéditionnaires inopinés partaient pour Constantinople, la Bulgarie, la Russie par ordre de Clemenceau-Lloyd George. Ceux-ci et le Sioniste Sykes, député des Communes, signaient secrètement, en présence de Georges Mandel, le 15 septembre 1919, le protocole par lequel la France renonçait à la Cilicie et à Mossoul. L'armée anglaise abandonnait alors les Français (trois bataillons et deux escadrons), emmenant, pour la Mésopotamie et la Palestine, toutes ses troupes (39 bataillons, 15 régiments de cavalerie, 13 batteries), que le Sionisme appelait.

Heureusement, la division Duffieux débarquait le 1er novembre pour se répartir aussitôt sur tous les points critiques d'un vaste territoire dévasté par la guerre. Le général Duffieux, ignorant le protocole secret, s'engagea en Cilicie ; sa division allait y être abandonnée, avec les malheureuses populations arméniennes, par le gouvernement de Clemenceau et le Haut-commissaire à Beyrouth, alors que des agents dressaient les Arabes et les Turcs contre les Français isolés.

Le 1er janvier 1920, une armée considérable reconstituée, avec artillerie allemande et munitions italiennes, les attaquait. Marache devait être abandonnée le 12 février, 4.000 Chrétiens y furent massacrés aussitôt. Durant la retraite, nombre de malheureux Arméniens et soldats sénégalais moururent de froid. À Ourfa, à l'issue d'un effroyable siège qui dura 102 jours, les héroïques survivants du commandant Hauger acceptèrent « l'offre honorable » de 6.000 ennemis de quitter la place en emportant leurs blessés; ils étaient réattaqués dans un défilé montagneux et périssaient presque tous, émasculés. Les Arméniens et Syriens chrétiens furent crucifiés, comme durant le génocide de 1915. Les têtes des officiers français furent attachées sur des chiens pour être exposées dans les rues.

Une guerre barbare était menée par un nationalisme abject, soutenu par le groupe maçon de Franklin-Bouillon, dans la diplomatie et au Parlement français, précédant le traité de paix du 11 mai 1920. Le journal *Le Temps*, du 15 février 1920, déniait à la France tout droit à la Cilicie, alors que son armée s'y faisait tuer pour sauver l'honneur des engagements français, soutenu par Algériens et Sénégalais.

À Hadjine, 8.000 héros arméniens tinrent seuls jusqu'au 12 octobre 1920, lorsqu'ils périrent écrasés par 200 obus de 105. Beaucoup d'entre eux avaient participé à la libération de Jérusalem, en 1918, pendant qu'un de leurs bourreaux, le renégat Ahmed Rustom bey, né Bilinsky, ex-ambassadeur ottoman accrédité à Washington, était sioniste dans le camp des Empires Centraux, noyautés par les Achkénazim.

Le 24 juillet 1920, le général Gouraud, demeuré sourd aux appels désespérés des Chrétiens et de la division abandonnés en Cilicie, faisait occuper la Syrie en zone d'influence seulement. Jusqu'en 1945, l'armée française de la IIIe République devait être l'inconsciente protectrice du Sionisme par le truchement de la S.D.N. et sous l'obédience du *Grand-Orient* de France présent dans les deux camps.

Tandis que l'Émir Fayçal, installé par les Anglais à Jérusalem, puis à Damas, à la tête des troupes arabes, était reconduit à Bagdad pour y être intronisé roi, l'immigration sioniste s'intensifiait jusqu'à menacer la politique pétrolière anglaise en Arabie, sapant les fondements de l'Empire.

La Cilicie fut abandonnée le 4 janvier 1922, suivant l'accord d'Ankara, signé en date du 20 novembre 1921, et après les menaces du « Maître » Franklin-Bouillon, adressées aux Chrétiens qui refusaient de se soumettre.

Cependant que de braves Français poursuivaient le combat, le Haut-Commandement abandonnait les secteurs d'Aïntab, Ourfa et Biredjik. Le sandjak d'Alexandrette, port de la Syrie Nord et refuge des Chrétiens de Cilicie, fut évacué à la demande des Anglais, exécutant leurs engagements envers les Turcs, au détriment de la Syrie en 1938.

Rares sont les Français et les Anglo-Saxons qui connaissent le tragique destin des Arméniens et de l'armée française en Cilicie. Plus rares sont ceux qui savent que 1.950.000 Chrétiens orientaux ont été massacrés en Proche-Orient de 1913 à 1924, avec la complicité des Loges maçonniques d'Europe et d'Amérique dirigées par les Achkénazim.

La duplicité du *Grand-Orient* pour détruire les chrétiens d'Asie Mineure fut certaine, en septembre 1922, à Smyrne, lorsqu'en violation du Traité de Sèvres, du 10 août 1920, fixant l'indépendance des Grecs d'Asie, l'armée régulière de Noureddine pacha (de la loge de Salonique), entrée dans la ville chrétienne, l'incendia aux 3/4, en présence de 15 unités de la Flotte alliée (américaine, anglaise, française et italienne). La population chrétienne afflua affolée sur les quais du port, à la vue des marins et consuls alliés, où elle fut massacrée, tandis que, des bateaux de guerre, des jets d'eau repoussaient les barques surchargées de fugitifs qui se noyèrent dans la rade. Les rares Chrétiens étrangers protégés par les Capitulations (de François Ier et Soliman le Magnifique) furent secourus, mais plusieurs centaines de mille d'autres, Grecs et Arméniens, ex-sujets ottomans, rendus indépendants selon les 14 Points du Président Wilson, périrent durant ces massacres de septembre 1922, en Asie Mineure grecque, berceau de la Chrétienté.

Un Franc-Maçon notoire, Vayssié, journaliste français témoin, directeur de *la Syrie*, écrivait que *les massacres auraient pu être évités par le tir de semonce de quelques coups de canon*. Néanmoins par ordre maçonnique et des Affaires Étrangères, la presse occidentale étouffa cet autre génocide chrétien, étendu à celui des Assyro-Chaldéens en Irak, durant lequel les Juifs, jamais molestés en Orient, n'intervinrent pas pour l'empêcher ou secourir les victimes.

De rares voix s'élevèrent pour sauver les Grecs et les Arméniens. Le Cardinal Mercier, Primat de Belgique, organisa le secours catholique. L'action protestante française fut tenue par un seul homme : René Puaux, frère de Gabriel Puaux, qui fut Haut-commissaire des États sous mandat français. Cet éditorialiste du *Temps* publia seul ce que les journaux taisaient par ordre. En 1932, il répondit à M. Léonidas Farkouh, ami libanais, qui lui demandait ses livres :

« ... *Votre admirable lettre m'a beaucoup touché, car elle évoque les émouvantes heures d'une lutte où j'étais presque seul à faire face à une meute d'ignorants et de fous. Comme vous le dites si bien la vérité porte en elle sa force et sa récompense, mais il n'en est pas moins vrai que des siècles de culture ont été anéantis parce que de bas intérêt ont étranglé la justice. Les brochures que vous me demandez ont été éditées par mes soins et la librairie était... mon cabinet de travail. Il en est une :* « La mort de Smyrne » *qui est épuisée et introuvable. Je ne puis vous envoyer que* « Les derniers jours de Smyrne » *qui lui faisait suite et dont il ne me reste d'ailleurs que deux exemplaires...* (3 janvier 1933) ... *Ce n'est pas sans mélancolie que j'ai récemment relu, avant de vous les envoyer, mes brochures. J'avais raison et on ne m'a pas écouté, on s'est embrouillé dans une politique tortueuse qui a abouti à des désastres, à la ruine de civilisations millénaires, d'influences centenaires et j'ai assisté à cela la rage dans le cœur et les larmes dans les yeux...* »

Ces principaux ouvrages sont : *La malheureuse Epire*, 1914 ; *L'Egéide*, 1919 ; *Constantinople et la Question d'orient*, 1920 ; *Pour les Chrétiens d'Orient*, 1920 ; *La mort de Smyrne*, 1922 ; *Les derniers jours de Smyrne*, 1922 ; *La grande pitié des Chrétiens d'Orient*, 1922 ; *Ainsi partit Venizelos*, 1925 ; *L'affaire gréco-italienne*, 1925 ; *Le philhellénisme français*, 1925 ; *La Grèce, visions d'autrefois et d'aujourd'hui*, 1928 ; *Corfou*, 1929 ; *Revenons en Grèce*, 1932.

Il est nécessaire de rééditer ces ouvrages révélateurs, que le monopolisme parisien achkénaze a refusé de distribuer, ainsi que d'autres ouvrages. Nous appelons l'attention française pour faire éclater la vérité.

Ces événements épouvantables sont relatés dans le livre *La passion de la Cilicie* de Paul du Véou, édité à Paris par P. Geuthner. Des douze éditions, une grande partie aurait été interceptée et détruite. Le journalisme du « *Monde Libre* » élude les rapprochements historiques de la période 1918-1925, des génocides des Chrétiens durant l'implantation du Sionisme en Palestine. Lorsque les revues *Historia* évoquent évasivement cette période colonialiste de l'armée française opposée aux Syriens et Druzes, et les accusations formulées contre le Sultan Rouge, les pages révélatrices ne sont pas écrites.

Quant à la région pétrolière de Mossoul, indiquée d'abord en zone sous influence française, niais devenant zone d'occupation anglaise selon le protocole sioniste, une importante communauté nestorienne et chaldéenne y vivait en accord avec la population musulmane. Brusquement, des « insurgés inconnus et incontrôlables » survenaient, massacrant 150.000 Chrétiens, de 1920 à 1924, et faisant fuir un grand nombre du reste. Plus tard, les pétroles, qui avaient longtemps été ignorés, furent partagés entre les Anglo-Saxons, réduisant la part française à 23,75 %. En 1936, les services « anglais » achevaient l'élimination des Chrétiens gênants.

Entre-temps, Lloyd George s'était retiré de la scène politique, ayant achevé son rôle sioniste en Palestine et pétrolier en Iran et en Irak. Il aurait voulu prendre les pétroles de Bakou avec la participation de la Flotte française en mer Noire, durant la terrible révolution en Russie.

(La vie politique prosioniste de cet antipapiste, bourreau des Irlandais catholiques, ennemi des Français et des Russes, allait avoir les pires répercussions sur l'avenir de l'Empire britannique, dans les pays arabés et en Méditerranée.)

Après le retrait de l'armée vaincue, la Légion juive débarqua à Haïfa. Son premier bataillon avait défilé le 2 février 1918 dans la Cité de Londres entre des dizaines de milliers d'Israélites, pavoisant de bleu et blanc et pleurant de joie. Elle venait constituer les cadres du mandat anglais sur la Palestine que dirigea, durant 5 ans, le Sioniste Herbert Samuel, haut-commissaire, qui fit remettre rapidement aux réserves sionistes les grandes étendues de terrains domaniaux. Le Fonds National Juif achetait précipitamment, à vil prix, les terres et villages, propriétés de pachas déchus, descendants des guerriers qui asservirent les survivants des communautés franques du Moyen Age, ancêtres des Palestiniens actuels.

Ceux-là, expulsés de leurs villages et des terres par les forces mandataires, repoussés des kibboutzim et chantiers sionistes qui n'engageaient que la main-d'œuvre israélite (d'un coût triple), furent les premiers « réfugiés » palestiniens. Mais l'engagement des bédouins mercenaires dans les forces mandataires, le semblant de prospérité apportée par l'électrification et la construction des routes et des ports, des édifices publics et privés, couvraient les voix malheureuses.

Débuts du sionisme américain en Orient.

En 1917 — comme en 1971 — le Président des États-Unis est entouré de Juifs achkénazim d'origine mongole. Woodrow Wilson, créature de la Franc-Maçonnerie, a pour conseillers : Louis Brandeis, juge, un des chefs du Sionisme américain ; Baruch, directeur du Comité des industries de guerre ; Henry Morgenthau, ancien ambassadeur américain à Constantinople ; R. Hearst, ou Herzt, propriétaire des grands journaux ; Paul Warburg, administrateur de la Banque Kuhn, ou Cohn, Loeb et Cie et grand trésorier des États-Unis ; Don Lewis, chef du mouvement prolétarien. Ils faisaient tous partie de l'Organisation sioniste. L'ambassadeur de Londres était Lord Reading, ex-Isaac Rufus, de Pologne ; devenu député en 1904, chevalier en 1910, il avait été anobli en 1914 et fait vicomte of Reading en 1917 pour être envoyé à Washington (38) représenter le

---

38). Il deviendra vice-roi des Indes en 1921, marquis en 1926, *gardien et protecteur des Cinq ports*, en 1934, la plus grande dignité de l'Empire, et fera prêter serment au roi pendant l'acte de couronnement. À son arrivée à Paris, W. Wilson, accompagné de 117 (juifs, est reçu par la délégation du Parti socialiste conduite par Louis Lévy. En 1919, les 14 Points de la Paix, œuvre de Lippmann, sont annoncés comme un nouveau credo. Le parti achkénaze international travaillait pour l'Allemagne *démocratique*. Jacob Shiff, ennemi de l'impérialisme russe, financier du Parti Bund et de Kérinsky, était germanophile ; sur sa dépêche, Wilson à la Conférence de la Paix, en 1919, impose à la France des concessions qui furent fatales à l'Europe : statut de Dantzig ; régime des réparations ; questions de la Sarre

Sionisme anglais.

Le mandat américain demandé sur l'Arménie est déconseillé par l'envoyé du Président Wilson à Stamboul, le colonel Haskell, franc-maçon achkénaze favorable à la Turquie et qui fit repousser ce mandat par le Congrès (39).

Concernant la *Déclaration Balfour*, obtenue par les États-Unis, et son rapport avec les Pays arabes, le Président Wilson chargea la Commission King-Crane d'une enquête auprès des Pays arabes, séparés de l'Empire ottoman déchu. Le rapport de la Commission scrupuleuse répondit qu'un État juif transgresserait gravement les droits civiques et religieux des collectivités non juives en Palestine. Déconseillant le projet de l'État juif et le contrôle des Pays arabes par les Français et les Anglais, la Commission souligna que si, sur la Palestine, province syrienne, un contrôle était nécessaire, les Arabes préféreraient que ce contrôle fût exercé par les Américains.

La S.D.N. donnait, cependant, le 5 avril 1920, le mandat sur la Palestine à la Grande-Bretagne qui avait déjà désigné M. H. Samuel haut-commissaire, un militant sioniste, et avait assisté aux premiers troubles sanglants entre Sionistes immigrants et Palestiniens résistants. Le mandat officiel, en vigueur en septembre 1922, reconnut la *Déclaration Balfour* et l'Organisation sioniste, sans consulter les Palestiniens, bien qu'en présence des vives protestations, la Chambre des Lords ait tenté de faire rapporter cette Déclaration que Balfour confirma en disant que «le Sionisme était plus important que *les préjugés* de 700.000 Palestiniens arabes».

W. Wilson, promoteur de la S.D.N., à laquelle les U.S.A., contraints par le Congrès, n'adhérèrent pas, abandonna alors *les* Arméniens et les Palestiniens à leur sort, les mettant à la merci du Sionisme impérialiste international.

Les heurts en Palestine, entre Arabes colonisés et Sionistes

---

et de Plume, de la Tchécoslovaquie...

39). Le parti achkénaze a joué constamment son rôle extraordinaire dans la diplomatie américaine à Constantinople. De 1889 à 1892, le diplomate américain est Salomon Hirsh, remplacé par Oscar Salomon Strauss, de 1897 à 1900 et de 1909 à 1911. Ce dernier devint entre-temps Secrétaire d'État. De 1913 à 1916, c'est Henry Morgenthau, avocat et banquier qui tient la place. (Son fils devint Secrétaire d'État en 1933 grâce à Roosevelt.) Le rabbin Abraham Elkus lui succéda de 1916 à 1919, puis Lewis Einstein, ancien Secrétaire d'État à Paris, Londres, Constantinople et Sofia, suivi du rabbin J. Saül Kornfeld et de l'avocat Lawrence A. Steinherdt...

protégés, se multiplièrent en 1929, envenimés par l'arrivée continuelle d'immigrants étrangers juifs (totalisant 60.000 en 1935, soit 4,7 % de la population). Des milliers de Juifs, transformés en policiers auxiliaires de l'Autorité du Mandat, attaquèrent les Arabes. La résistance palestinienne paraissait anéantie en 1938-1939 : 3.112 Arabes tués et 1.775 blessés graves, 5.679 Arabes jetés en prison et 110 autres pendus. Les Juifs n'eurent que 329 tués et 857 blessés, les Anglais 135 tués et 386 blessés. En réalité, la Résistance arabe ne faisait que commencer. Elle s'étendrait à tous les Pays arabes et atteindrait son efficience en 1972, inchallah ...

Les 14 Points du Président Wilson avaient déchiqueté les Pays arabes pour les soumettre à la volonté des Organisations sionistes. Il en avait été de même en Europe, par les pressions qu'elles avaient exercées sur le sinistre Lloyd George pour démembrer l'Autriche-Hongrie catholique et la priver de son accès à l'Adriatique. L'union des Tchèques et Slovaques aux Sudètes allemands ; la fragmentation des États baltes ; l'isolement polonais par le Couloir de Dantzig ; l'annexion par la Roumanie de la Bessarabie orthodoxe — libérée par les Russes en 1812 sur les Ottomans — et de la Transylvanie hongroise (pétroles) ; l'occupation militaire de la Rhénanie — parmi les causes de la Seconde Guerre mondiale — ont été voulues manifestement par l'intelligentzia sioniste qui, dès 1919, mit virtuellement sous sa coupe toutes les nations de l'Europe, à l'exception de la Pologne catholique, soumise aux attaques communistes allemandes et russes.

Les États-Unis avaient été enrichis par la guerre, ayant drainé vers Fort-Knox l'encaisse or des belligérants européens. Ceux-ci furent privés du pouvoir économique de leur reconstruction et du paiement de leurs dettes. À New-York, la prospérité euphorique et la spéculation effrénée allaient susciter la crise boursière, de 1929 à 1934. Les Organisations sionistes, qui avaient conduit la politique américaine et la guerre européenne pour s'enrichir sous l'égide du Sionisme international, furent gravement ruinées au moment de l'immigration sioniste en Palestine. Une même politique devait être recommencée de A à Z par Roosevelt (dérivé de Roosenfeld), durant l'évolution du nazisme allemand de 1933 à 1939.

Entre-temps, le marasme économique européen, voulu par l'inaction maçonnique, amena le Front Populaire en France, avec Blum, et suscita les dictatures de Mussolini en Italie et de Franco en Espagne. En Allemagne, les Organisations sionistes laissèrent croître le mouvement hitlérien pour la revanche et forcer l'émigration des Juifs vers la Palestine. Ce fut l'Anschluss, puis Munich, deux événements qui eurent pour conséquences de réunifier les Allemands et de refermer le piège nazi sur les Juifs de ces régions en effervescence.

Néanmoins, le même Roosevelt, prosioniste, s'abstint en Europe de tout acte de réconciliation ou d'avertissement salutaire. Il fit convoquer la Conférence d'Évian, en juin 1938, qui groupa 31 pays, pour étudier l'accueil à réserver aux Juifs européens persécutés. Roosevelt fit restreindre la quote-part annuelle américaine à 30.000 Juifs seulement, dévoilant par là sa complicité, tendant à les forcer à émigrer vers la Palestine (restriction adoptée par Truman en 1945).

C'est alors que le gouvernement britannique travailliste de Mac Donald, rendu conscient du danger européen, qui avait débordé les Organisations sionistes, et de la révolte arabe en Palestine, en Syrie et en Égypte, fit publier le Livre Blanc de mai 1939. Cette décision, désapprouvée par Roosevelt et le Sionisme international, aurait été la cause directe du déclenchement de la Seconde Guerre mondiale qu'attendait le Congrès des U.S.A. pour relancer la prospérité américaine par l'industrie d'armements.

LE LIVRE BLANC OU MÉMORANDUM MAC DONALD (MAI 1939).

Le gouvernement britannique considérait avoir rempli suffisamment les clauses de la *Déclaration Balfour* et voulait mettre un terme à l'expansion de l'État juif par l'admission en cinq ans d'un dernier contingent de 75.000 immigrants, afin de ne point léser plus gravement les droits des Arabes, portant préjudice aux intérêts de l'Angleterre dans les Pays arabes. Le Livre Blanc provoqua le parti achkénaze.

Jusqu'alors la lente immigration sioniste, illimitée officieusement, aidée et protégée coûteusement par l'Angleterre, sans crédits américains importants, avait déçu ses promoteurs par son insuffisance. La majorité juive des pays ouverts à l'émigration en Europe centrale et occidentale, de l'U.R.S.S. même, des Pays arabes, préférait y demeurer, malgré la tension, ou partir vers l'Amérique et l'Afrique du Sud, plutôt que d'aller se fixer en Palestine. Or cet arrêt officiel du Sionisme était ressenti comme une trahison de l'Angleterre, par rapport à ses engagements fondamentaux envers l'État juif ; bien que l'immigration clandestine pût se poursuivre.

Les Organisations sionistes internationales se retournèrent contre les Anglais. Elles contactèrent les services allemands pour engager une action concertée avec le nazisme dont elles escomptaient inverser l'antisémitisme. Elles n'avaient opposé à Hitler et à Mussolini aucune action importante de leurs moyens politiques et financiers considérables, ni assuré l'évacuation des Juifs menacés. Rapidement, la tension internationale s'éleva dans l'inaction intentionnelle de l'administration de Roosevelt et de la S.D.N., également prosionistes.

Le Pacte germano-russe (août 1939) fut signé par Moscou, cherchant à éviter l'assaut hitlérien que les Loges occidentales lui destinaient de toute évidence.

La Pologne catholique fut la première victime en septembre. La Scandinavie suivit en avril 1940, les Pays-Bas et la France en mai, la Grèce en avril 1941, l'U.R.S.S. en juin. Cependant les Organisations sionistes, toutes-puissantes

New-York et à Washington — fait corroboré de nos jours — faisaient simplement modifier le « *Neutrality Act* » en clause de « *Cash and Carry* » (payer et emporter), qui devait, l'issue de la guerre européenne, relancer l'industrie américaine encore paralysée par les séquelles de sa crise de 19 fév. 1936, ayant retardé l'occupation de la Palestine.

La guerre mondiale reprit son cours dévastateur, sur la culture gréco-latine, tuant à nouveau 34.420.000 Européens et 400.000 Américains, tandis qu'un nombre important d'Israélites d'Europe centrale, qui n'avaient pas fui ni combattu les Nazis jusqu'en 1942 (Stalingrad et Al-Alamain), se trouvèrent pris au piège à la fermeture des frontières.

LA RÉSISTANCE SIONISTE À HITLER.

La résistance sioniste, organisée coutre l'Axe Berlin-Rome-Tokyo, commença après Pearl Harbour (7 décembre 1941), qui semble avoir été motivé par l'administration Roosevelt prosioniste. Cette administration, nourrissant le militarisme nippon en Chine depuis 1933, en connaissait les intentions par le code secret japonais. En le coupant de ses approvisionnements pétroliers néerlandais-indonésiens, elle l'aurait attiré sur les colonies américaines — enlevées à l'Espagne en 1898 — Philippines et Guam, par des dispositifs négligents proches d'une trahison provoquée.

L'action américaine contre le nazisme commença, en 1942, par des bombardements génocides et incendiaires sur les villes occupées d'Europe et d'Asie, atteignant sans discrimination les populations civiles de France, d'Italie, d'Allemagne et des Philippines. Ces méthodes, réprouvées par la Royal Air Force, mais poursuivies jusqu'à la Libération, devaient ravager le patrimoine historique de l'Europe et le détruire plus que ne l'avaient fait les Nazis. Méthodes de destructions massives développées au Japon, rééditées en Indochine ; et également en Égypte par les Israéliens.

Entre mille exemples : la ville historique normande de Saint-Lô fut détruite totalement en 1944 par des tapis de bombes U.S., ensevelissant une grande partie de ses habitants, alors qu'il n'y avait pas d'Allemands. Le célèbre monastère du Mont-Cassin, vide d'Allemands, fut rasé par les bombardiers U.S. pour les actualités filmées américaines. Armentières, en 1944, où il n'y avait aucun Allemand, subit les bombardements U.S. diurnes à haute altitude, tuant les civils français par centaines. Il en fut de même des zones éloignées du front, notamment en Alsace. L'espionnage américain et les services de l'aviation U.S. étaient — et sont encore — dirigés par des Sionistes internationaux, représentés par Helms en 1971.

En fait, s'il n'y eut pas de résistance sioniste antinazie organisée avant 1942, par contre, en Pologne, de 1939 à 1941, des ordres sionistes firent passer de nombreux Juifs de la zone russe en zone allemande, avant l'opération Barberousse de juin 1941. Puis il y eut des cas de collaboration collective : l'ingénieur russe Kaminsky, rallié aux Nazis, organisa, avec des Ukrainiens, l'extermination de villages polonais. La police juive, armée par les Nazis, était féroce avant l'insurrection du ghetto de Varsovie. En Allemagne, les nombreux Juifs allemands, ayant collaboré dans les services et usines de guerre, furent préservés avec leurs Familles, ainsi que les « *Capos* » juifs gardes-chiourme des camps de concentration.

De la Résistance, en France occupée, les Allemands déportèrent 100.000 Résistants français non juifs et 100.000 sujet étrangers, gitans et juifs (non-Résistants). Les Juifs français, et les prisonniers, furent heureusement préservés par Laval (que la Libération fit fusiller), et qui n'avait pas pu protéger les Résistants français et les Juifs étrangers. L'Organisation sioniste surgit, après la Libération, au sein du Gouvernement Provisoire, en la personne de Jules Moch, achkénaze, pour diriger l'obstruction maçonnique contre le général de Gaulle. Le Général, intransigeant à l'endroit de l'indépendance franco-européenne, fut contraint de se retirer du Gouvernement Provisoire, en 1946, avant le partage de la Palestine (1947), pour lequel l'adhésion française était nécessaire. Cette obstruction, amorcée à Londres et à New-York en 1940, reprit à son retour au pouvoir, de 1959 à 1969, et se poursuivit par des torrents d'offensives sionistes des presses de New-York, Londres, Tel-Aviv, Paris, Pays-Bas et Scandinavie à la dévotion du seul État juif.

(A la mort de ce grand tenant de l'Honneur français, l'annonce de sa disparition, radiodiffusée en Israël, fut, comme conséquence, assortie d'une demande d'une prochaine détente entre les rapports français et israéliens. Le lendemain, la propagande sioniste joignait, à l'hommage rendu par l'Univers à la mémoire du grand Disparu, des regrets affectés touchant celui qu'elle avait insulté naguère, considéré comme l'ennemi, chrétien, d'Israël. Il faut dire que l'insurrection de mai 1968, fomentée à Paris par le Sionisme, avait touché mortellement l'homme qui avait décrété l'embargo sur les armes destinées à Israël pour freiner son expansion.)

Parmi d'autres exemples des exploits de cette résistance sioniste de la douzième heure, plus marquante en France et en Italie, il faut citer l'empoisonnement collectif de prisonniers allemands SS, dans un camp sous garde américaine. Près de Nuremberg, en avril 1946, 4.300 Allemands sont morts et 5.500 environ demeurèrent paralysés, pour avoir consommé du pain américain imprégné de strychnine, forfait commis par trois vengeurs « Nakam ». Ces trois Sionistes, demeurés impunis, passèrent, masqués, sur une chaine de télévision périphérique française, en 1968, sans être autrement inquiétés par Bonn ou par Washington.

LE SIONISME AMÉRICAIN PREND LA RELÈVE (1945).

On sait qu'après mai 1939, le Sionisme international, maudissant l'Angleterre et se tournant vers l'Allemagne nazie et les États-Unis, se mit en devoir de ruiner l'Empire britannique. En Palestine, les extrémistes machiavéliques pillèrent les arsenaux anglais : les kibboutz furent constitués en dépôts de munitions. De nombreux soldats et officiers anglais furent assassinés. Des immeubles administratifs et militaires furent dynamités avec leurs occupants. À la déclaration de guerre en septembre 1939, les Sionistes se scindèrent en deux groupes complices, l'un pour combattre, l'autre pour collaborer afin d'entraîner et armer 30.000 hommes sous l'uniforme britannique. D'autres noyautèrent l'armée anglo-australienne et indienne engagée contre les « Vichystes » du mandat français en Syrie. En même temps, les affairistes constituèrent, aux frais d'Albion, des manufactures d'armes et de munitions et réalisèrent d'importants bénéfices en construisant des routes, des camps, des terrains d'aviation, des ports, etc., dans l'ensemble du Proche-Orient. Après 1945, le Terrorisme s'aggrava.

Pour concrétiser leur opposition à l'arrêt de l'immigration juive, décrété par les autorités mandataires, le grand paquebot français *Patria,* transportant 250 immigrants juifs, qui allait être détourné sur Chypre, fut coulé en rade de Haïfa, avec ses passagers, par les terroristes juifs. *L'Exodus*, épave flottante, chargée de malheureux immigrants fanatisés, fut utilisé par la propagande sioniste pour son chantage, l'effet de faire pression sur les gouvernants anglais, avec, pour ultime objectif, de faire arrêter les prêts américains au Royaume-Uni, en sacrifiant des Juifs miséreux.

De son côté, le Pouvoir sioniste américain, enrichi et réorganisé durant la Seconde Guerre mondiale, prit des proportions gigantesques. Il avait sacrifié, par son imprévoyance des réactions nazies, les communautés juives d'Europe centrale prises au piège de la politique sioniste — qui avait anéanti, dans des proportions plus grandes, de 1909 à 1922, les Chrétiens d'Orient, pour isoler la Palestine.

Ces procédés terroristes furent appliqués contre la population algérienne, en 1945, dans la région de Sétif, bombardée par des colonnes infernales, obéissant aux ordres de la Franc-Maçonnerie. De même à Deir-Yassine, en 1948, où des groupes d'intellectuels sionistes des deux sexes égorgèrent à coups de couteau 254 vieillards, femmes et enfants, durant l'absence des hommes aux champs, sans susciter les protestations des autorités américaines de ces régions.

L'activisme intermittent des Organisations sionistes américaines, tempéré par la politique anglaise en Proche-Orient, reprit en force, en 1945, avec le Président Truman. Ce Président prosioniste demanda ouvertement la libération de l'immigration juive en Palestine, et appuya sans réserve la politique sioniste internationale, revenue à l'âge d'or.

Les bouleversements mondiaux survenus par les effets secondaires de la Seconde Guerre mondiale en Europe centrale, en Indochine, en Indonésie, en Chine, éclipsèrent cette amorce de la politique des Organisations sionistes américaines en Proche et Moyen-Orient. Politique manifestée par la prépondérance de New-York, au détriment de Washington et de Londres, ainsi que du reste du monde, qui allait secrètement accaparer les pétroles du Moyen-Orient et confirmer l'Organisation sioniste internationale dans son leadership touchant le contrôle des sources de matières premières des industries européennes, afin de les maîtriser.

L'Empire britannique, quant à lui, ruiné dans ses fondements par la guerre et la perte de son influence, que le Sionisme américain accaparait à son profit, n'avait plus la force ni la possibilité de lui résister. Les gouvernants anglais travaillistes, remplaçant le ministère Churchill, conservateur prosioniste, dépités, sans ressources, attaqués sans trêve, commencèrent la décolonisation de l'Empire, disloqué aux Indes et en Orient, à partir de la Palestine livrée au Sionisme.

Pour la seconde fois, le colonialisme anglais, battu en brèche par le colonialisme américain — c'est-à-dire trahi par les Sionistes, soi-disant anglais ou anglicans — lui cédait la place. Durant trente-quatre ans (1914-1948), les gouvernants anglais avaient été conduits à la politique sioniste caractérisée, prônée par Disraeli en 1878 par l'occupation de Chypre et déclinant après mai 1939, lors du fatal *Livre Blanc*.

À son tour, le colonialisme américain sioniste allait péricliter à partir de juin 1967, par la perte de l'influence américaine clans le monde, amorcée dans les Pays arabes.

Le plan de partage de la Palestine, impossible durant le proconsulat du général de Gaulle, vigilant et soucieux d'une politique française méditerranéenne proarabe, fut confié aux gouvernants prosionistes d'Australie, du Canada, du Guatemala, des Pays-Bas, du Pérou, de la Suède, de la Tchécoslovaquie et de l'Uruguay, où les Francs-Maçons détenaient les postes clés. Ce partage fut voté le 29 novembre 1947, par 33 voix, dont celle des États-Unis, de l'U.R.S.S. et de la France (gouvernée par les Francs-Maçons après le premier retrait du Général de Gaulle en 1946). Treize pays ont voté contre, parmi lesquels la Turquie, l'Iran et la Grèce. On a compté dix abstentions, dont celle de l'Angleterre, en l'absence des pays colonisés du Tiers Monde, dont quatre Nations arabes méditerranéennes et quatorze musulmanes d'Afrique et d'Asie. L'Organisation des Nations Unies, aménagée pour les besoins du Sionisme, les avait écartées de la consultation internationale, qui retenait l'avis de Haïti et des pantins genre Trujillo, président de la République dominicaine, tenant du Sionisme américain maçonnique.

L'annexion de la Palestine commença officiellement le 15 mai 1948, avec le retrait des forces mandataires anglaises. L'armée israélienne comprenait alors 65.000 hommes, entraînés et équipés par l'Angleterre, les États-Unis, la Tchécoslovaquie, etc. Cette armée possédait des chars et des fabriques d'armement : artillerie, mitraillettes, mines, mortiers, munitions. Elle était encadrée par des officiers ayant servi dans les armées américaine et anglaise. Aidée par les 14.500 gardes des kibboutz, elle avait reçu d'Europe, par bateaux et avions militaires américains et anglais, des compléments d'armes modernes et des volontaires étrangers, qui affluaient de toutes parts, de Prague principalement.

Face à cette armée parfaitement organisée, et aidée par l'Europe et l'Amérique, les volontaires palestiniens, affaiblis par leurs graves pertes de 1936 à 1939, et ne possédant que des armes légères échappées aux fouilles anglaises, ne purent qu'opposer une résistance courageuse. Les 21.500 hommes des pays arabes voisins — récemment décolonisés — étaient peu préparés et mal équipés, à l'exception de la Légion arabe, qui comptait 4.500 hommes, placés sous les ordres de Glubb Pacha, anglais. Mais celui-ci limita leur action en abandonnant des positions stratégiques importantes. Une trêve, imposée le 11 juin par le Conseil de Sécurité, facilita l'arrivée d'un complément d'artillerie et permit d'étendre l'occupation israélienne qui dépassa de 6.500 km² les limites du partage, et repoussa, par le terrorisme, la plupart des civils palestiniens.

Le 17 septembre 1948, le comte Bernadotte et son assistant, le colonel français Sérot, tous deux médiateurs de l'O.N.U., ayant demandé la révision du partage et le rapatriement immédiat des réfugiés palestiniens, furent assassinés, à l'instigation de Moshé Dayan, le ministre actuel. Celui-ci, déjà célèbre pour avoir occis maints Anglais et Français, venus inconsciemment protéger le Sionisme contre les Arabes, fut honoré à Paris par d'importants services civils et militaires, ainsi qu'à Washington et à Londres.

L'État juif fut admis à l'O.N.U., le 11 mai 1949, sous l'égide des États-Unis, et s'y maintint malgré le viol des limites du partage, son refus d'autoriser le retour dans leur patrie des réfugiés palestiniens et ses condamnations répétées par le Conseil de Sécurité de 1949 à 1971.

L'AMÉRIQUE, COLONIE SIONISTE APRÈS 1919.

La politique sioniste, soumise aux exigences israéliennes et imposée à l'Exécutif américain, a à sa base les directives des Organisations sionistes maçonniques, réparties dans les principaux centres industriels et spéculatifs des cinq continents, reliés à la Métropole principale, New-York.

Cette Métropole, jumelée avec Londres jusqu'en 1939, assemble à Wall-Street le capital nominal des ressources occidentales : bancaires, industrielles, minérales et végétales. Ce supercentre, dont M. Nixon disait amèrement à M. Podgorny, à l'Élysée, en novembre 1970, « qu'il n'était pas toute l'Amérique », en est le gérant financier. Il a drainé l'or de l'Europe, de 1914 à 1923, puis de 1939 à 1960, et a développé la colossale industrie américaine d'armements dans un organisme particulièrement sensible aux crises de paix. Celle de 1929 à 1933 paralysa une grande partie du système capitaliste mondial.

Déclenchée à la suite des spéculations boursières effrénées, cette crise bloqua brusquement l'Amérique entière, ruina l'essor en général, gagna l'Europe ruinée par la guerre, s'étendit aux œuvres naissantes en Asie et en Afrique colonisées. D'immenses besoins de la Planète furent dès lors gelés par une crise boursière factice, à New-York ; cette crise ne se termina qu'à la préparation de la Seconde Guerre mondiale, de 1939 à 1945. Les Organisations sionistes maçonniques et l'Administration Roosevelt attendaient cette guerre pour relancer l'économie américaine et étendre leur contrôle sur le monde, en accaparant ses richesses.

La crise économique du Capitalisme, de 1966 à 1971, est également une conséquence de la spéculation boursière, reprise en 1963, lors de l'assassinat du Président John Kennedy et de son remplacement par L.-B. Johnson, prosioniste. À la même heure, un grand nombre de valeurs industrielles et spéculatives haussèrent brusquement après une baisse éclair initiale. L'intention belliqueuse de Johnson, tendant à étendre le conflit à l'Indochine, à libérer les cartels industriels, que John Kennedy avait maîtrisés sévèrement, était-elle connue ? Ou bien les Dreyfus Funds comptaient-ils sur L.-B. Johnson pour le faire déverser en Indochine du matériel de guerre afin de ranimer la spéculation boursière ? Quoi qu'il en soit, la moitié des valeurs américaines haussèrent beaucoup après la disparition du Président catholique : la guerre d'Indochine s'intensifia sans cesse ; la Guerre des Six Jours éclata avec la complicité de l'Administration américaine. Puis, parallèlement aux effets de la résistance du peuple indochinois et des protestations américaines, provoquant l'abandon politique, en 1968, du Président, leader des Organisations sionistes, les titres rechutèrent, le dollar baissa, la crise américaine entra dans une phase algue, en même temps que la situation israélienne paraissait sans issue devant le Canal de Suez.

Le Pouvoir sioniste politico-économique des États-Unis contrôle la puissance nucléaire américaine capable d'anéantir plusieurs fois l'humanité. Il est placé auprès du siège de l'Organisation des Nations Unies. Le Monde occidental prétendu libre est en fait une colonie sioniste soumise au veto des gouvernants américains. Cette puissance, développée à la mesure de l'ampleur des désastres causés par la Seconde Guerre mondiale, voulait s'étendre au monde entier, que limitèrent le Rideau de Fer des Républiques Socialistes de l'Est — étendu à l'immense Chine — et la décolonisation des pays arabes, africains et asiatiques.

Les Organisations sionistes du Congrès des U.S.A. disposent de l'Exécutif américain et des Services de la C.I.A., pour conduire la politique des États-Unis auprès des gouvernements étrangers, alliés ou neutres, déjà noyautés par les Loges maçonniques sionistes intérieures.

Des traités, unifiant la politique des groupes d'États concernés, ont été conclus sans prendre en considération les intérêts véritables des confessions des populations.

Cette emprise des Organisations sionistes homogènes sur la politique américaine est opérée par d'importants groupes financiers privilégiés, appuyés par les blocs subversifs associés dans les divers secteurs de l'activité politique, financière et professionnelle de l'Amérique.

Les objections soulevées, au nom de la morale ou de l'intérêt national, contre l'exigence sioniste, sont aussitôt annihilées par la procédure ou des contacts impératifs que permet la Constitution américaine adaptée aux desiderata des Organisations du Pouvoir de l'Argent.

Outre le C.E.N.T.O. unissant les militarismes américain, anglais, turc, iranien et pakistanais, trois importants traités continentaux militaires ont *été* conçus par les États-Unis, depuis 1945, pour livrer le *Monde Libre* aux mains du Sionisme :

l'Organisation des États américains en 1948 ;

l'Organisation du Traité de l'Atlantique-Nord en 1949 ;

l'Organisation du Traité de l'Asie du Sud-Est en 1954.

Ces traités paraissent plus favorables à l'action de la politique sioniste qu'à la politique occidentale ou à un progrès du XXe siècle, quant à l'émancipation de l'humanité.

Ainsi subordonnée aux Organisations sionistes et obéissant aux directives de l'État juif par l'intermédiaire des États-Unis, la politique, régissant 800 millions d'hommes pseudo-libres, est esclave du Sionisme, de l'imagination mystique issue des 6,5 millions d'Israélites occidentaux, ceux de l'Est étant momentanément réduits au silence.

L'Administration Truman (1945 à 1953) a élaboré ces trois traités afin de poursuivre l'œuvre sioniste du Président Roosevelt. Dès 1944, elle interdit l'entrée des U.S.A. aux Juifs survivants du Nazisme pour les forcer à émigrer en Palestine, malgré l'objection anglaise. En 1947, elle exige de l'O.N.U. le partage de la Palestine pour concrétiser Israël (1948). Elle favorise la guerre en Chine, achevée par le retrait des forces nationalistes à Formose, en 1949 et, soutenant un despote, elle engagea celle de Corée (1950-1953) que l'intervention du Président Eisenhower fit stopper, dans la défaite.

Cet honorable général, devenu Président, opposé initialement au Sionisme, ordonna également l'arrêt de la double subversion sioniste à Suez et à Budapest, en 1956, montée par Israël et par la C.I.A., avec la complicité des gouvernants maçons : l'Anglais Eden et le Français Mollet. Opération sioniste maçonnique qui sacrifia le libéralisme des Catholiques hongrois et les intérêts nationaux anglo-français en Arabie, et aggrava la révolte en Algérie, qui se refusait au Sionisme.

Le Président John Kennedy, catholique, également réfractaire au Sionisme, mais élu par surprise en 1960, poursuivait le redressement des États-Unis par une politique de détente et de progrès pacifique. Sa présence à la Maison-Blanche interdisait une autre agression israélienne, qu'il n'eût pas tolérée, ainsi qu'une guerre américaine en Indochine, d'où il préparait le retrait du groupe « d'experts » envoyés par la C.I.A. Les rumeurs journalistiques de la participation sioniste au complot de son assassinat, en 1963, se sont confirmées par les agissements et déclarations du Sioniste « Ruby » Rubinstein, « mort du cancer en prison » (?), après avoir fait taire, en tueur professionnel, le témoin Oswald, placé pour égarer les pistes. De même par l'évidence des libéralités du milliardaire sioniste Walter H. Anneberg, ambassadeur des U.S.A. à Londres, connu pour ses accointances avec la Mafia, qui fit indemniser la veuve du policier Tippet, mort au cours de l'opération de la police complice. Également par le mystère de l'enquête administrative Warren, ordonnée précisément par le Président, prosioniste, ainsi que la disparition, l'un après l'autre, des témoins, *qui avaient vu autre chose.*

Ces artifices, rendus nécessaires à l'époque de la diffusion incontrôlable des nouvelles, n'ont pas trompé les observateurs juifs amusés par la crédulité aveugle des « *Gentils* », bien incapables de discerner un rapprochement entre cet événement et la *Guerre des Six Jours* ainsi qu'avec le développement de la guerre en Indochine, du trafic d'armes et de pétrole

ORGANISATION MAÇONNIQUE DES ÉTATS AMÉRICAINS (1948).

Le Pouvoir sioniste, établi sur la presque totalité du continent américain, fut obtenu avec le Traité de l'Organisation des États américains. Il était total lorsque Cuba — éprouvée par les régimes du dictateur Batista, sergent-président préféré des États-Unis — se retira en 1959. Lors du retrait, en 1970, du Chili, qui a également souffert des immixtions maçonniques-sionistes, le *New York Times*, journal sioniste, relata en octobre « qu'un coup d'État militaire était préférable à l'arrivée au pouvoir à Santiago d'un front populaire ». D'autre part, la propagande israélienne annonça que 500 Juifs (inquiétés par les répercussions de leurs activités au Chili) quittaient le pays pour émigrer, en partie, en Israël.

L'Organisation des États américains (1948) rassemblait tous les États, quels que fussent leurs régimes militaires ou policiers, ou politico-affairistes de leurs gouvernants — dont Duvalier, ex-président à vie de Haïti, est le moindre de exemples — qui se trouvent ainsi protégés et armés, par le U.S.A., contre la démocratie souhaitable. Les dictatures sons ainsi soutenues par les Administrations américaines indifférentes aux misères des populations latino-indiennes et nègres. Catholiques, mais attentives au maintien des exploitations minières, industrielles, agricoles et commerciales menées généralement par des Organisations sionistes coupables de corrompre les dirigeants et la politique du Département d'État, sous l'emprise des Conseillers achkénazim.

Vers 1930, le consul de France à Caracas, M. Tafanelli, qui séjourna ensuite au Liban, fut convoqué par le Président Gomez pour une importante communication : « Nos pétroles de Maracaibo sont convoités par des Juifs américains, dit Gomez, je les offre aux Français. Prévenez votre gouvernement, je lui donne un mois pour se décider. » Le Quai d'Orsay, alerté aussitôt, n'a même pas répondu !

Lors de la délimitation du partage de la Palestine, en 1947, la tâche en fut confiée aux quatre États américains : Canada, Guatemala, Pérou, Uruguay, qui déléguèrent des Juifs pour les représenter. De même d'ailleurs, la Suède, les Pays-Bas, la Tchécoslovaquie et l'Australie. Seuls, les représentants de l'Inde et de l'Iran, qui n'étaient pas juifs, recommandèrent la constitution d'un État fédéral palestinien, que regretterait maintenant une partie de l'opinion israélienne.

Lors du suffrage de l'Assemblée Générale à l'O.N.U., de novembre 1970, adoptant les propositions afro-asiatiques pour le retrait d'Israël des territoires arabes occupés, tous les États américains présents votèrent *contre* ou s'abstinrent, à l'exception du Chili (libéré) qui vota *pour*.

Parmi les rares votants *contre* la juste proposition, tendant à libérer les territoires envahis et réintégrer *les* réfugiés, les pays remarqués furent, avec les États-Unis : Costa Rica, Nicaragua[40], Panama, Salvador, Bolivie, Colombie, Uruguay, pays gouvernés par la Franc-Maçonnerie sioniste.

---

40). Au Nicaragua, que les Somoza sionistes dirigent en dictateurs depuis 1935, les armoiries de l'État sont maçonniques.

Cet appui des continents américain et australien, apporté à Israël, contraste avec le vote opposé des Pays méditerranéens plus concernés, sauf l'abstention de l'Italie (41). Il précise qu'il eût été préférable, pour la paix et l'économie mondiales, de faire transférer l'État juif sur un des nombreux espaces vides en Amérique ou en Australie, où les aborigènes ont été exterminés. Les moyens immenses, si facilement utilisés pour la guerre, réaliseraient avantageusement ce transfert définitif des 2 millions et demi d'Israéliens, si les Organisations américaines et australiennes le voulaient. Le Mur des Lamentations (ouvrage perse) peut être également transporté. Dans ce cas il serait remplacé à Jérusalem par un bétonnage d'une petite partie des débris des demeures palestiniennes dynamitées par l'armée du *peuple élu*, néo-mongol khazar.

ORGANISATION DU TRAITÉ DE L'ATLANTIQUE-NORD (4 AVRIL 1949).

Cette organisation militaire, menaçant les pays de l'Est, étend son activité principale en Méditerranée. Elle réunit les deux redoutables flottes de guerre, américaine et anglaise, orientant l'activité de leurs alliés, selon les besoins de la politique israélo-maçonnique, bien qu'elles n'aient plus, en Méditerranée, colonies à prendre ou à défendre, hors les convoitises des Israéliens à l'endroit des Pays arabes.

L'Organisation provocatrice, dont la France s'est retirée en 1960, fut braquée contre « la dangereuse ennemie communiste », l'U.R.S.S., ex-alliée, choyée par les États-Unis et le Sionisme, jusqu'au partage de la Palestine et l'établissement d'Israël, en mai 1948, et l'admission de cet usurpateur à l'O.N.U., un an plus tard, en dépit de son viol des limites du partage et de ses autres intentions déclarées d'invasion.

La grande nation slave, devenue la plus vaste et la plus considérable d'Europe — après l'élimination des royaumes de Franc ; d'Autriche-Hongrie, d'Espagne, d'Allemagne et de Russie — contre lesquels le Sionisme maçonnique s'était acharné, ne s'était pas relevée de l'effort intense et décisif qu'elle avait fourni durant la guerre. L'U.R.S.S. qui a subi une hémorragie de vingt millions d'âmes,

---

41). Depuis la création de l'État italien, en 1807, les gouvernants italiens, y compris le Secrétaire du Parti communiste actuel, dépendent exclusivement des Loges maçonniques sionistes. Bien qu'ayant reconnu la Chine contre l'agrément des U.S.A., l'Italie vota en faveur de ceux-ci en novembre 1970, contre l'admission à l'O.N.U. du peuple le plus nombreux du monde : 800 millions d'âmes.

dans sa lutte contre le Nazisme que l'aberrante politique sioniste anglo-saxonne, de 1910 à 1939, avait couvé dans son sein, est la voisine la plus proche de la Méditerranée orientale.

Le Sionisme occidental du siècle de la colonisation continuait à convoiter les fabuleuses richesses des pétroles arabes. Il avait confié à sa créature, Israël, le soin de neutraliser la Résistance arabe et d'occuper les pays du Proche-Orient. Or tout avait changé en Égypte et en Syrie, ainsi qu'en Algérie et en Libye ; de nouvelles générations s'engageaient sur le chemin du progrès, désormais irréversible et dépassant le Sionisme maçonnique des temps révolus.

Ayant mis fin à 72 années de colonialisme disraélien anglais, l'Égypte, enfin libérée, contra le refus américain (sioniste) de l'aider à construire le haut-barrage d'Assouan, sur le Nil, par la nationalisation, en 1956, du canal de Suez.

Cette mesure défensive prise par l'Égypte eut, pour corollaire, une contre-attaque sioniste des deux grandes puissances, la IVe République française et le Royaume-Uni. Conduite par la C.I.A., l'agressivité sioniste s'est concrétisée, à Suez et à Budapest, et fut contrecarrée par l'intervention énergique de l'U.R.S.S. et d'Eisenhower lui-même. Par la suite, le Département d'État américain s'est désintéressé de l'Égypte, objet des convoitises stratégiques d'Israël.

L'assistance technique et financière, qui fit défaut aux Arabes en général durant le long règne maçonnique anglo-français, fut alors octroyée par l'U.R.S.S., heureuse d'obtenir des débouchés sur la mer intérieure euro-africaine.

L'O.T.A.N., organisation militariste — sioniste de toute évidence — est parvenue, en 1949, à enrôler, sous l'égide des États-Unis, des puissances à tendances politiques et commerciales des plus disparates : Belgique, Canada, Danemark, Grande-Bretagne, Islande, Italie, Luxembourg, Norvège, Pays-Bas et Portugal, placés sous la domination de leurs Loges maçonniques d'obédience sioniste. En 1952, la Grèce et son ennemie jurée la Turquie y étaient incorporées. Enfin, l'Allemagne Fédérale, réarmée par *les* États-Unis — c'est-à-dire par le Sionisme américain — s'y est trouvée intégrée en 1955 pour entretenir Israël.

Ce traité provocateur eut pour riposte le Pacte de Varsovie, signé enfin en 1955 par l'U.R.S.S. et ses satellites européens : Albanie, Bulgarie, Hongrie, Pologne, Roumanie, Tchécoslovaquie, puis, en 1956, par l'Allemagne Orientale.

Cette provocation suscita, depuis 1949, les si dangereuses manœuvres militaires aéronavales et terrestres que l'on sait, en

Méditerranée, ainsi menacée de pollution atomique et de mazout. La preuve de la complicité sioniste de cette Organisation placée sous le contrôle américain, fut apportée par son inaction totale, au profit d'Israël, durant 53 mois (nov. 1971) du blocage du canal de Suez, qui est en fait une voie maritime vitale pour l'Europe, que l'impéritie coupable des gouvernants américains au service du Sionisme fit fermer au grand dam des intérêts de l'Europe et de l'Asie.

Des informations occidentales incontrôlables, aussitôt étouffées, avaient signalé en décembre 1970 que l'O.T.A.N. (organisation sioniste) avait coûté, en 21 ans, la somme fabuleuse de 1.500 milliards de dollars (qui eût suffi aux besoins de la Planète durant 20 ans, disions-nous dans l'édition originale de ce livre). L'O.N.U., en voie de libération après l'admission de la Chine, publia le 4 novembre 1971 un rapport sur les conséquences économiques et sociales de la course aux armements et des dépenses militaires (effectuées sous l'emprise exercée par le Sionisme sur le Congrès américain) :

« *Les dépenses militaires dans le monde s'élèvent actuellement à peu prés à 200 milliards de dollars par an, ce qui représente entre 6 et 6,5 pour cent du produit national brut de la Planète. Cette somme représente à peu près deux fris et demie les crédits gouvernementaux pour la santé publique, une fois et demie les crédits consacrés à l'instruction et trente fois le total de toute l'aide économique fournie par les gouvernements des pays industrialisés aux pays en voie de développement.* »

Entre autres chiffres, le rapport évalue à près de *1.900 milliards de dollars les sommes dépensées pour la course aux armements, de 1960 à 1970. Si les dépenser annuelles continuent au rythme actuel, l'on pourrait atteindre un chiffe compris entre 300 et 350 milliards de dollars (aux prix de 1970) d'ici la fin des années 1970, et le total de cette décennie pourrait dépasser de 750 milliards le chiffre noté Pour la décennie précédente.*

Dans une introduction au rapport, le Secrétaire général de l'O.N.U. note que « *jamais une telle proportion des ressources n'a été consacrée à des usages militaires dans une période où il n'y a pas eu de véritable guerre entre les grandes puissances.* » « *La course aux armements, dit-il, a déjà eu pour effet de constituer des stocks d'une puissance destructrice suffisante pour anéantir la race humaine.* »

Une autre information reproduite dans le *Nouvel Observateur*, du 11 octobre, exposait : « *Les États-Unis, qui représentent à peine 6% de la population du Globe, consomment à eux seuls 25 % de la production mondiale d'acier et d'engrais, 40 % des pâtes à papier,*

36 % du pétrole-charbon, 20 % du coton et utilisent 10 % des terres agricoles du monde, en plus des leurs propres. La voracité du Monde Libre *augmente, de 6 % par an, la consommation des métaux dans le monde. Même réduite à 2,5 % (taux d'accroissement démographique mondial), cette croissance de consommation de métaux risquerait d'épuiser rapidement les réserves de bon nombre d'entre eux. Les réserves connues de mercure, de plomb, de platine, d'or, de zinc, d'argent et d'étain auraient disparu dans 20 ans ; celles de molybdène, de nickel, d'aluminium, de cobalt et de manganèse, dans 70 ans ; celles du fer suffiraient pour 100 ans environ* (42). »

Selon cet avertissement, les prochaines générations seront privées de ces matières précieuses, gaspillées par la politique des accapareurs sionistes américains. Cependant, bien avant ces délais, une crise aiguë de matériaux se fera sentir dans la construction des logements. La pénurie sera d'autant plus sensible que les besoins vitaux augmenteront avec l'accroissement de la population des États-Unis qui atteindra 420 millions d'âmes dans un siècle.

---

42). Un seul numéro du *New York Times* dévore 62 hectares de forêt. Une tonne de papier gaspille 3.000 mètres cubes d'eau douce. L'Occident fabrique 18 fois trop de textiles pour ses besoins. En 150 ans, la surface boisée du globe a diminué d'un quart. L'humanité s'accroît de 130.000 âmes par jour et il faut un hectare de sol cultivé pour la subsistance d'un homme, mais on stérilise définitivement 200.000 hectares par jour. Il faut un siècle à la nature pour produire 5 mm d'humus ; or l'érosion en supprime plus chaque année. La pollution de l'air est menaçante, mais un seul avion qui traverse l'Atlantique consomme plus de 35 tonnes d'oxygène. Le vaste lac Érié s'est *vidé* de toute vie en 30 ans. Le lac Michigan est devenu dangereux à la baignade. Une société suédoise a jeté dans la mer Baltique 7.000 tonnes d'arsenic, quantité suffisante pour tuer trois fois la population actuelle du monde. Vers 1947, les Anglais ont coulé 10.000 tonnes de gaz toxique, dans la mer Baltique, dans l'océan Atlantique et dans la mer d'Irlande. Les États-Unis ont eu l'intention de jeter dans l'Atlantique un surplus de 27.000 tonnes de gaz toxique... Ces pays sont influencés par le Sionisme, grandement responsable de leur politique de gaspillage et de destruction.

LE PÉRIL KHAZAR SIONISTE OU L'ORGANISATION DU TRAITÉ DE L'ASIE DU SUD-EST.

Succédant aux guerres d'Indochine (43) et de Corée (44) cette organisation politico-affairiste, inféodée à la Franc-Maçonnerie sioniste, groupa, en 1954, les États-Unis, la Grande-Bretagne, l'Australie, la Nouvelle-Zélande, le Pakistan, la Thaïlande et la IVe République française retirée du Vietnam.

L'Indochine ravagée (ainsi que le Proche-Orient), l'océan Indien gravement isolé de l'Europe par le blocage prolongé du canal de Suez, les États-Unis bouleversés, le dollar ruiné, le monde apprend, des fauteurs de guerre sionistes qui s'imposent aux États-Unis, le bilan en 1971 : cent quinze milliards de dollars. En outre, dans cette guerre qui n'aurait tué que 902.098 hommes et blessé 900.000 côté Sud-Vietnam, 52.771 Américains sont morts et 250.000 furent blessés, dont de nombreux Noirs. Ni les décomptes des petites tueries de Song My, des cages à tigres, des mitraillages de barques de pêche, des opérations chimiques expérimentales, des bombardements de petits villages, etc., ni l'immense ravage au Vietnam-Nord, ne sont inclus dans ces hécatombes.

Il est à remarquer que les Hollandais, qui appliquèrent la meilleure colonisation protectrice en Indonésie, en furent chassés en 1945 par les gouvernants et syndicalistes australiens prosionistes, au bénéfice de petits Maîtres francs-maçons locaux, qui entretiennent d'excellentes relations avec Israël.

---

43). Le maréchal Leclerc de Hautecloque demanda, dès juin 1946, un retrait militaire au profit d'une politique réellement démocrate. Il périt brûlé vif en avion (1947). Puis la IVe République, F∴-M∴ sioniste, conduisit la guerre jusqu'à Dien-Bien-Phu. Une petite partie des *secrets américains* dévoilent en 1971 les subversions antifrançaises et pétrolières de la C.I.A., conduites à Saïgon avant le désastre des Français ; le refus du Pentagone, influencé par les Sionistes, de ratifier les *Accords de Genève* de 1954 ; la campagne menée, en 1963 à New-York, par la presse sioniste conne le régime du président Diem, partisan américain assassiné à l'instigation d'un groupe activiste du Département d'État, actuel fief du Sioniste Kissinger. À Dallas, centre sioniste des pétroles du Texas, 23 jours après, les tirs *des* assassins remplaçaient le président J. Kennedy par L.-B. Johnson, le plus activiste et le plus israélien des Américains, ordonnateur sans scrupules des guerres d'Indochine et du Proche-Orient. M. Nolting, ex-ambassadeur *démissionné* des États-Unis à Saigon, a confirmé ces révélations en septembre 1971.

44). La guerre de Corée (1950-1953) eut lieu après cinq ans de despotisme ayant sévi sous le pouvoir prosioniste de l'inénarrable Truman.

Les conséquences de cette politique aberrante des États-Unis, placés sous l'influence marquante des Achkénazim, criminels internationaux, ayant d'autre part retardé, durant 22 ans, l'admission, à l'O.N.U., de la Chine aux 800 millions d'âmes, seront inscrites dans l'histoire du monde et la mémoire des peuples d'Asie.

LES ÉTATS-UNIS DISCRÉDITÉS PAR LE SIONISME.

La réprobation manifestée par l'opinion publique en ce qui concerne cette politique sioniste américaine, en Asie et en Méditerranée, s'est étendue au continent américain et l'Europe. Les campagnes de presse prosioniste, répétées en Occident, ne peuvent plus conditionner l'opinion et faire pression sur les gouvernants occidentaux. Les Organisations sionistes, contraintes par les gouvernants israéliens et *le* souci de leurs intérêts financiers, tentent de maintenir cette politique inapplicable à la conjoncture nouvelle. Cette conjoncture se résume comme suit :

— Les masses populaires sont devenues rebelles aux mots d'ordre politiques, syndicalistes ou maçonniques.
— Aux Nations Unies, les États membres du Tiers Monde, plus nombreux à veiller aux contestations juridiques, interdisent la répétition des procédures frauduleuses.
— L'Europe exige la réouverture d'urgence du canal de Suez, bloqué par Israël, protégé par les États-Unis.
— Par une excellente diplomatie, l'U.R.S.S. étend son influence en Europe, en Asie et en Amérique, où le Pouvoir américain s'amenuise ainsi que les obédiences maçonniques.
— En Europe occidentale, devenue opposée au militarisme, la détente s'est accentuée envers les pays de l'Est et la Chine au détriment du colonialisme américain ashkénaze.
— Le Japon industriel et commercial, impénétrable au Sionisme, concurrence l'affairisme américain.
— La Résistance des Pays arabes s'est resserrée et organisée face au Cartel pétrolier qui les exploite, par le truchement des gouvernants américains prosionistes.

L'intégration de la Chine à l'O.N.U., en nov. 1971, après 21 ans d'absence du Conseil de Sécurité, jusqu'alors sous l'emprise du Sionisme maçonnique.

La consultation de novembre 1970 à l'Assemblée Générale de l'O.N.U., traitant le problème du Proche-Orient, discrédita et humilia

le prestige des États-Unis, liés aux obligations flagrantes sionistes. Pour maintenir l'État juif aux côtés des États-Unis et en fonction de la Franc-Maçonnerie, contre les droits des Palestiniens, il y eut :
— Deux nations européennes, prosionistes engagées : les Pays-Bas et l'Islande, dont les gouvernants sont influencés par le Protestantisme maçonnique.
— Sept petits satellites américains contrôlés par le Sionisme maçonnique : Costa Rica, Nicaragua, Panama, Salvador, Uruguay (45), Bolivie et Colombie.
— L'Australie et la Nouvelle-Zélande (les plus sionistes du Commonwealth avec l'Afrique du Sud).
— Deux clients africains d'Israël (Dahomey et Malawi).

Contre Israël se dressaient, outre neuf pays de l'Est et dix-sept pays arabo-musulmans : cinq nations méditerranéennes : Chypre, Espagne, France, Grèce et Turquie. Quatorze nations africaines. — Huit pays du Sud-Est de l'Asie. — Une nation américaine : le Chili (Cuba absent).

Les abstentions des Nations qui font défaut à Israël et aux États-Unis furent nombreuses :
— Dix nations européennes, dont : Grande-Bretagne, Italie, Luxembourg et Danemark, généralement pro-israéliennes sous l'égide maçonnique du *Grand-Orient*.
— Quatorze nations américaines, dont : Canada, Brésil, Mexique, Argentine, Venezuela, dirigées par des Francs-Maçons jusqu'alors militants du Sionisme.
— Neuf pays africains sous influence maçonnique, dont : l'Afrique du Sud et le Liberia, liés aux États-Unis et à Israël.
— Six pays du Sud-Est asiatique, dont : Cambodge, Laos, Philippines, Thaïlande, outre les pays ayant refusé de participer au vote : Algérie, Arabie Saoudite, Irak, Koweït, Syrie, Yémen, Yémen du Sud, antisionistes.

Cette évolution considérable dans l'attitude des nations groupe, contre Israël, toutes les nations méditerranéennes, sauf l'Italie. Elle

---

45). L'appui des gouvernants (sionistes) de l'Uruguay aux revendications nationalistes arméniennes, concernant certains territoires de Turquie et de l'U.R.S.S., a pour but de troubler les rapports soviéto-arméniens. Car, hélas ! Côté Turquie, la survivance arménienne, qui fut considérable, est devenue rarissime, et de nombreux monuments historiques rasés sous le couvert des Américains présents en Turquie.

laisse supposer que le refus d'Israël de se retirer des « territoires arabes conquis » sera bientôt sanctionné d'une exclusion définitive des Nations Unies qu'exigeront les États membres en dépit du veto américain probable.

L'opinion des U.S.A. est, elle-même, renversée. Le faux antisémitisme, invoqué en 1968 par l'Organisation sioniste, pour forcer l'émigration du « Retour en Israël » — qui braqua les Juifs américains — deviendrait réel non seulement auprès des déshérités, des chômeurs, de la jeunesse contestataire, mais aussi d'une partie de la société aisée. Les sondages d'opinion, en décembre 1970, indiquent que l'intervention U.S. en faveur d'Israël est fortement condamnée et qu'un tiers seulement des Américains en autorisent l'armement.

Un récent colloque franco-américain, pour une collaboration entre Paris et Washington sur le conflit israélo-arabe, en a démontré l'impasse totale. Réunis, fin mars 1971, sous le double patronage du Centre d'Études de politique étrangère (Paris) et de la World Peace Foundation (Boston), une quarantaine de diplomates (dont des hauts fonctionnaires de la Maison-Blanche, du Département d'État et du ministère français des Affaires étrangères), d'universitaires, d'experts pétroliers et de journalistes, ont conclu, à l'issue de quatre jours de débats animés, que les conceptions, les objectifs et les intérêts des États-Unis et de la France dans la région divergeaient trop pour qu'un terrain d'entente pût être trouvé dans les circonstances actuelles *(Le Monde* du 2 avril 1971). Cette situation s'est aggravée depuis lors.

Il fut reconnu, entre autres, que l'indépendance politique et économique des pays du Proche-Orient s'accroîtra ; « que l'ère des super-profits des sociétés pétrolières » et celle des compagnies américaines opérant dans les Pays arabes sont révolues et que lesdites sociétés et compagnies sont condamnées, à terme, à perdre leurs positions privilégiées ; que l'Europe sera amenée à éliminer les intermédiaires pour assurer elle-même son approvisionnement en pétrole (que le Cartel américano-sioniste accapare à son profit) ; que si l'existence de l'État d'Israël était garantie, le rôle de l'État juif en Proche-Orient pourrait se réduire considérablement, dans le cas d'une normalisation.

Ainsi, sous la signature d'Éric Rouleau, l'intelligentzia juive européenne reconnaît cinquante ans d'erreurs, envers l'Opposition arabe amorcée en 1920, que les gouvernants américains sionistes espérèrent lasser jusqu'en octobre 1971.

Tandis que l'Organisation sioniste à la Maison-Blanche envoyait en Chine H. Kissinger pour tenter de manigancer des plans machiavéliques impensables, l'admission de la Chine à l'O.N.U. se produisit, inattendue, le 25 octobre 1971. Aussitôt les gouvernants des Pays amis de l'Amérique, parmi les 59 voix opposantes, *y compris Israël*, et 15 abstentions, qui, de connivence avec les États-Unis, ne reconnaissaient pas encore le gouvernement de Pékin, s'empressaient de le faire. Les gouvernants belges n'attendirent plus une minute, alors que leurs amis gouvernants d'Israël l'avaient fait depuis 1950, bien que la Chine Populaire refusât de reconnaître l'État juif et soutint les plus acharnés de ses adversaires.

Jamais les services secrets achkénazim de l'Administration américaine n'avaient tant sali les États-Unis déjà discrédités par la fourberie d'Israël et de la Franc-Maçonnerie.

SIONISME OCCIDENTAL, SIONISME ISRAÉLIEN.

Ces deux organismes politiques totalitaires internationaux, constituant l'État juif bicéphale (Washington- Israël), se ramifient dans les nations du Monde où les Israélites sont imposés aux activités israéliennes politiques, militaires et financières. Leurs caractères fondamentaux sont politiques, économiques, militaires et colonialistes. Ils sont fondés sur le racisme et une interprétation contestée de la religion juive. Le but sioniste était de gouverner les «Gentils» par les fédérations continentales d'une République Universelle.

La politique de l'intelligentzia sioniste s'est développée, en Europe et en Afrique, dans le mysticisme haineux et vengeur contre les «Gentils», coupables de la destruction du Temple de Jérusalem, l'an 70 ap. J.-C., à laquelle participèrent les Légions gauloises de Titus. Le fanatisme sioniste nourri de cette haine, entretenue et scellée, ne saurait jamais oublier de combattre et de nuire, par tous les moyens, les descendants de ces coupables : Grecs, Romains, Francs, Orthodoxes et Catholiques, qui massacrèrent les Juifs de Jérusalem lors de sa prise, par les Croisés, en 1099 [46].

Cette politique sioniste usa de tous les artifices en son pouvoir, en mobilisant l'ardeur des Juifs et en *en retirant profit,* pour saper les

---

46). Les Juifs orientaux arabisés retournèrent à Jérusalem après la victoire de Saladin à Hattin en 1187. En Palestine, sous l'autorité musulmane, la communauté juive vécut en paix avec les Chrétiens orthodoxes auxquels s'ajoutèrent les Chrétiens latins, au XVIe siècle, comme suite aux Capitulations de François Ier et de Soliman le Magnifique.

empires romain et byzantin, les Églises orthodoxes et catholiques, les royaumes francs et leurs dynasties. Alliée aux Musulmans africains, elle les guida à la conquête de l'Espagne catholique du VIIIe au XVe siècles. En France, Angleterre, Allemagne, Suisse et Pays-Bas, elle inspira le Protestantisme, devenu son allié politique et le mouvement révolutionnaire anticatholique, qui a été à l'origine des guerres de religion et européennes, moyens que le Sioniste A. Koestler considère comme efficaces, comme on le verra plus loin. En Russie, elle guida les tribus tatares, mongoles et turco-ottomanes, avec les Khazars asiatiques, convertis au judaïsme au VIIIe siècle, qui brassèrent la race juive d'Europe centrale, dont Golda Meir et Ben Gourion sont les sujets typiques parmi les Achkénazim russes occidentalisés.

Cette politique internationale de l'entretien de la haine pour fanatiser la mystique ancestrale vers la reconquête biblique de la Palestine, bloquant l'assimilation par des rappels constants : « L'an prochain à Jérusalem », aboutissait en juin 1967. Mais elle n'y fixait pas, pour autant, la masse des Sionistes occidentaux nantis, qui préfèrent rester dans le Monde Libre pour accroître leurs profits personnels.

En outre, d'autres Sionistes américains modérés s'inquiètent de leur situation compromise de par l'intransigeance israélienne, que le gouvernement américain ne peut plus satisfaire dans la conjoncture, et qui peut provoquer l'anti-judaïsme, incontrôlable parmi la jeunesse et la négritude.

De novembre 1967 jusqu'à l'année 1971, la tension dangereuse fut entretenue par une mystification sioniste, sur un mot anglais (47) du texte de la Résolution du Conseil de Sécurité de l'O.N.U., enjoignant à Israël d'évacuer immédiatement les territoires arabes occupés depuis juin 1967, et de rapatrier les exilés des guerres sionistes.

La crise, provoquée pour ce gain de temps sioniste, engage 800 millions de sujets européens, américains, sud-africains, australiens qui, depuis 1949, pour l'O.T.A.N. seul, gaspillèrent 1.500 milliards de dollars. Sur cette somme fabuleuse, l'intelligentzia sioniste préleva ses importantes commissions de fournisseurs de matériel de guerre, outre celles, plus considérables, du théâtre de sa politique en Indochine.

Les Israéliens, quant à eux (2.542.000 en 1970, inquiets de l'élimination de leur rêve de « Grand-Israël », dont la réalisation,

---

47). Le Sionisme anglo-saxon fit adopter, en diplomatie et à l'O.N.U., la langue anglaise imprécise, pour remplacer le français qui s'était imposé par son incomparable clarté. Il y alla de même au Marché Commun.

commencée en août 1914, progressa plus rapidement après 1945), rechercheraient une troisième guerre mondiale avant que l'organisation des Pays arabes ne se soit renforcée. Ils redoutent la politique de l'U.R.S.S., la présence de la Chine et le retour en force du Japon concurrent.

Les enseignements politiques, de 1967 à 1970, du Proche-Orient aux Nations Unies, éclairèrent l'observation intelligente. Pour la première fois, l'information multipliée échappait au contrôle sioniste : les aspects politico-économiques, juridiques, historiques, culturels, religieux, raciaux, furent connus, bien que celés par un certain contrôle de la presse.

Les états-majors occidentaux redoutent de s'engager dans la guerre. 540.000 soldats américains, pourvus des moyens destructeurs les plus perfectionnés, n'ont pu avoir raison de la résistance du peuple indochinois. La « victoire » d'Israël se transforme en défaite du Sionisme international.

L'année 1971 dévoile les ignominies du Sionisme, scandale de tous les temps, qui révolutionnera le monde entier et frappera d'anathème les escrocs et les traîtres, démasqués par la conjoncture inexorable.

La propagande du Sionisme occidental, qui leurre le monde, est dénoncée dans le bilan déficitaire américain de juillet 1970. La politique des États-Unis ne peut supporter plus longtemps l'indemnisation du blocage de Suez aux marines turque, grecque, italienne, néerlandaise, scandinave, anglaise et belge. De même, il est reconnu que les gisements pétroliers américains, centrafricains et de la mer du Nord, ne pouvaient suppléer les pétroles arabes, dont l'Europe dépend exclusivement, et qui sont indispensables pour combler le déficit pétrolier de l'Amérique.

L'État juif, qui eût été admirable et utile à plus d'un titre (agriculture, industrie, science, culture, humanisme) en un lieu désert d'Amérique ou d'Australie, mais qui est inique en Palestine arabe, a pour singularité de constituer, en Méditerranée, une position stratégique unique, constituant un défi au Monde, tout en engageant l'Amérique.

Cette base aéronavale, anachronique, prétendue européenne ou américaine, selon que ses activités s'adressent l'Europe ou à l'Amérique, contrôle les détroits de Suez et des Dardanelles, le golfe Arabo-Persique et la mer Rouge. Elle est équidistante des gisements pétroliers du Caucase, d'Irak, d'Iran, du golfe d'Arabie, d'Égypte, de Libye et d'Algérie. Menaçant le point géographique le plus sensible du monde, le Haut-Barrage d'Assouan, elle ne peut plus être tolérée par les Nations Unies, après l'expérience faite depuis l'année 1948.

Dans les menaces ouvertes du Sionisme contre l'U.R.S.S. et les Pays arabes, pour une « confrontation totale, du peuple juif global (48) », on décèle quatre indices d'une intention tendant à déclencher un conflit généralisé :

1° Les appels multipliés pour l'émigration des Juifs (mongols) soviétiques vers Israël, pays menaçant provocateur.
2° La tentative de vol (en novembre 1970) d'armes bactériologiques américaines par des « extrémistes inconnus », toujours désignés ainsi par l'information U.S. lorsqu'il s'agit d'actes subversifs sionistes inavouables.
3° Les campagnes antisoviétiques et anti-arabes multipliées en Occident par la presse achkénaze.
4° La mainmise sioniste sur l'aviation stratégique américaine et son noyautage des services de Washington.

Puissions-nous nous tromper ! Confondons-nous un chantage politique en risque d'une guerre mondiale ? En effet, l'anxiété de l'Administration Nixon semble réelle, qui voudrait se retirer au plus tôt d'Indochine et ne pas s'engager plus avant en Proche-Orient, tant l'opinion américaine s'oppose à la guerre et tant la concurrence japonaise, devenue colossale, l'inquiète autant que la Chine libérée.

Le conseil de grande sagesse que le Roi Fayçal d'Arabie donna, le 26 décembre 1970, une dernière fois, à son ami le Président Nixon, par la voix publique du journalisme américain, est symptomatique. Il a dit clairement, lui, l'ami de l'Occident, que l'honneur et l'intérêt des États-Unis étaient aux côtés du droit absolu des Palestiniens à *la* Palestine, une et indivisible, et que le Sionisme exécrable devait être mis au pas pour restaurer la paix dans le Monde.

Cette ultime mise en garde sera-t-elle entendue par la conscience américaine, non encore sioniste, pour que le désarmement soit ordonné à temps, et *le* retrait imposé comme le Président Eisenhower l'avait exigé en 1956 ?

Les droits inaliénables des Palestiniens — bien que manifestes au Comte Bernadotte et au Colonel Sérot, morts pour les défendre, assassinés par Moshé Dayan, le 17 septembre 1948, et plus odieusement blasphémés par d'autres Achkénazim accusant, en juillet 1971,

---

48). Termes israéliens de nature à servir sa propagande (déc. 1970).

l'adjoint français d'avoir été un agent pronazi de l'Intelligence Service —pourront-ils être satisfaits par l'interminable mission Jarring ?

ULTIMES CHANTAGES DU SIONISME EN PERDITION.

Le Sionisme veut effrayer, en cette année 197L Brandissant l'emblème de la domination mondiale — l'Étoile de David — double symbole triangulaire maçonnique du « Grand-Israël » imbriqué au « Grand-Occident », placée entre les lignes bleues Ciel et Terre, il prétend maintenir l'israélisme au soutien d'un avenir irrémédiablement compromis. La guerre des Six Jours a pourtant démasqué son matérialisme aux yeux des nations occidentales nourricières et a dressé le monde entier contre cette organisation intolérable.

Une crise gouvernementale angoissante secoue, en 1970, et inquiète les sectaires israéliens. Ces Janissaires du Sionisme se dressent, menaçants, face aux « Frères » et « Maîtres » des gouvernants des pays occidentaux, chargés d'entretenir Israël, en en retirant profit. Armés d'engins atomiques des arsenaux du Pentagone, ces extrémistes, rééditant les conjurations des temps révolus, menacent de décapiter leurs vizirs du Congrès de Washington et du sommet de New-York, si l'Administration américaine n'engage pas les États-Unis aux côtés de l'État *hébreu*, contre les États arabes et l'U.R.S.S., pour maintenir les forces israéliennes sur « les territoires reconquis » du « Grand-Israël » jusqu'au canal de Suez.

Par surcroit, cette menace exige apparemment une rançon annuelle supplémentaire de 500 millions de dollars et l'extinction de toutes les dettes, d'ailleurs fictives et irrécupérables, contractées auprès du Trésor américain, du Fonds monétaire international, des banques protestantes des États-Unis et de la Hollande, mais non des banques juives.

Avec la vie et la fortune des grands vizirs du Sionisme, c'est le capitalisme américain qui subit le chantage de l'arme nucléaire. Elle peut être dirigée contre les États-Unis ou contre l'U.R.S.S., pour provoquer un conflit mondial en guise de riposte. L'Organisation des « conseillers » de la Maison-Blanche dispose de la « mallette top secret du Président pour diriger l'aviation stratégique et les missiles américains ou anglais sur un des quatre points mortels de la Planète.

En Israël, bien que, selon le *Times* d'avril 1971, 93 % des Israéliens soient annexionnistes et 84 % de *purs racistes*, la situation semble sans issue. Seul un conflit international pourrait rétablir la situation en ravageant les « *goïm* » (49). Or les Européens, que le Sionisme opposait,

---

49). Le mot *goïm*, péjoratif, désigne les étrangers en général.

depuis 3 siècles, les uns aux autres, n'ont plus de litiges coloniaux ou frontaliers. Les accords de Yalta, négociés par l'Organisation sioniste de Roosevelt, avaient disposé l'Europe et l'Asie en trois blocs, que le Sionisme international comptait gouverner. Sur deux d'entre eux, ses plans furent déjoués par Staline et Mao Tsé-Tong. Et à l'Ouest, les gouvernants, rendus plus conscients des réalités mondiales par les guerres en Asie du Sud-Est et en Algérie, éludent les provocations tendues par le Sionisme américain et la Franc-Maçonnerie socialiste.

Côté ouest-allemand, le complexe de culpabilité collective, inculqué à Bonn par le Sionisme américain pour rallier cette nation et lui extorquer dix milliards de dollars, versés indûment à l'État juif au titre d'indemnités individuelles aux Juifs victimes du Nazisme, a brisé le militarisme allemand. C'est ce que déplore l'Organisation sioniste du Capitalisme français par la voix de son porte-parole du groupe *L'Express* (50). L'esprit antimilitariste de la jeunesse allemande s'indigne des atrocités commises en Indochine par les forces américaines, atrocités reprochées naguère au Nazisme.

— En U.R.S.S., l'espoir d'un soulèvement, caressé par le Sionisme, s'est définitivement évanoui. Aussi, la décision de faire déporter en Palestine les trois millions de Juifs a-t-elle été prise par l'Organisation sioniste de New-York. Cette décision, qui daterait de 1969, aurait eu un double objectif : augmenter le nombre des Juifs autour de Jérusalem, pour y décourager un retour possible des Palestiniens, et pouvoir menacer Leningrad et Moscou d'une attaque atomique. Toutefois, de nombreux Juifs confirment leur qualité de véritables citoyens soviétiques et refusent de participer l'œuvre du Capitalisme juif anglo-saxon.

Rappelons que la situation a évolué comme suit :

---

50). Le groupe *L'Express* destine sa propagande sioniste au patronat français. Son propriétaire, célèbre par ses défis américains jamais relevés, est devenu député à Nancy. Il brigue « à l'américaine » la présidence de la Fédération européenne occidentale, que le Sionisme tente de mettre sur pied en y incluant l'Angleterre et Israël. La rétrospective des articles politico-économiques, de tendance sioniste, de *L'Express* et de son groupe, auxquels s'associent à des degrés divers *Paris-Match, le Figaro, France-Soir, l'Aurore, Minute, le Canard Enchaîné*, révèle la continuité de l'œuvre du Sionisme international pour égarer l'opinion française dans l'imbroglio de la conjoncture politique mondiale rendue incompréhensible.

Dans l'Est régnait, en 1946, l'épouvante des ruines et des morts : 20 millions en U.R.S.S., 6 millions en Allemagne, 6 millions en Pologne. Cette terreur aurait pu convaincre l'U.R.S.S. de collaborer selon l'offre faite à Yalta.

En Orient, en 1947, le partage de la Palestine nécessitait l'accord soviétique et français (sans de Gaulle) et la complicité de la neutralité anglaise chassée de Palestine pour les besoins de G 1re guerre d'Israël de 1948.

En U.R.S.S., en 1949, la bombe atomique, essayée avec succès, dissuadait les forces américaines de s'attaquer au bloc de l'Est noyauté par les Organisations sionistes.

Les efforts des Sionistes, tendant à désagréger le groupe des pays de l'Est, échouèrent, en 1948, en Tchécoslovaquie avec la démission du Juif Bénès, à Budapest et à Varsovie en 1956, et à Prague au printemps de 1968.

La réaction soviétique, contre les guerres israéliennes de 1956 et 1967, « dessionisait » progressivement les pays de l'Est, à l'exception de la Roumanie et des îlots baltes sionisés.

D'autre part, il y eut, dans le « Monde Libre » une interférence antisioniste généralisée inattendue lors des « événements de mai 1968» à Paris. L'indiscipline des partis, des syndicats, des administrations, accrut le nombre des insatisfaits, capables de gêner le mouvement occulte sioniste.

C'est ainsi que le groupe universitaire sioniste de Kastler (prix Nobel) fut discrédité aux yeux de ses propres partisans contestataires. Il avait amené l'Organisation à combattre le gouvernement français, en raison de l'embargo sur les armes destinées à Israël, au cours de la Conférence des Physiciens, tenue à Jérusalem du 16 au 20 avril 1968, en présence de M. de la Sablière, prosioniste et ex-Vichyste, ambassadeur de France en Israël, qui entendit les insultes proférées à l'adresse du Président de Gaulle, sans quitter la salle.

ANTISIONISME ET EXPANSION.

Où que se porte l'intérêt sioniste en 1971, il ne rencontre que des ennemis. De nouveaux problèmes s'ajoutent aux anciens, plus insolubles les uns que les autres. Tous les jours, l'actualité intoxique le Sionisme pris aux propres subversions de ses agents provocateurs et de ses publicistes.

Le dilemme est partout :

— Au Brésil, en Uruguay où les tenants du Sionisme torturent les prisonniers politiques et instaurent la terreur.

— En Espagne — hostile à Israël — qui s'accommode des bases militaires louées aux Américains, le dirigisme s'oppose au libéralisme, activé en diversions politiques.

— Aux États-Unis, l'Organisation sioniste, pour contrer les manifestations pacifistes opposées à la guerre du Vietnam, finança des contre-manifestations patriotiques de syndicats ouvriers — généralement procommunistes — pour soutenir l'effort de guerre. Durant le procès du lieutenant Calley, criminel de guerre au Vietnam, jugé par l'armée américaine désireuse de se disculper, l'Organisation sioniste a changé trois fois de tactique. Elle voulut d'abord étouffer l'affaire et fut sur le point d'y parvenir. Elle prétendit ensuite que Calley était un aliéné mental (méthode utilisée pour les flagrants délits, *tel celui de l'incendiaire de la mosquée* El-Aksa, aujourd'hui en liberté). Enfin devant le discrédit de l'armée, risquant de réduire les crédits de guerre, elle convia ses membres et ses presses à télégraphier à Nixon pour relâcher le criminel nazi promu au rang de héros.

L'antipapisme des Loges anglicanes — attaquant les Catholiques irlandais, canadiens, sud-américains et saïgonnais — ne peut être soutenu ouvertement, de nos jours, par les Organisations sionistes. Ces Organisations se rapprochent du Catholicisme, pour les besoins provisoires de leur politique. Ces intérêts concernent la tentative d'annexer Jérusalem, pierre angulaire de l'État juif, que le Souverain Pontife refuse absolument. Pour faire céder le Vatican, les gouvernants italiens et les groupements prosionistes, prétendus catholiques, multiplient leurs démarches auprès du Saint-Siège, où le Sionisme a introduit ses agents. Même le Parti Communiste italien, dirigé par E. Berlinger (Sioniste soutenu par la presse capitaliste), tend la main aux Catholiques.

Par contre, l'alliance maçonnique, sioniste et protestante, organe essentiel du Sionisme, doit poursuivre sa tâche, visant la destruction du Catholicisme en Hollande, au Canada, en Ulster, en Indochine, en Amérique latine et en France même.

— La piraterie aérienne, redoutable pour le trafic des avions (militaires) El Al, doit être condamnée mondialement comme un crime, réclame l'Organisation sioniste, qui dirige le Syndicat des pilotes de ligne, parmi d'autres. Elle ajoute que les « pirates saboteurs arabes » doivent être abattus sur-le-champ. C'est ainsi qu'un militaire israélien s'est arrogé le droit d'abattre impunément à Zurich un résistant palestinien désarmé par les gardes suisses, auxquels il s'était livré.

Par contre, à l'issue d'un détournement en Turquie d'un avion de l'U.R.S.S., l'assassinat d'une hôtesse, abattue par des pirates de l'air juifs, est considéré comme un délit politique, les « héros » étant libérés immédiatement par l'autorité turque à l'instigation des Américains en Turquie.

— Les procès politiques, ou de droit commun, afférents à des Juifs, sont intolérables, affirment *les* Sionistes. Par contre, ils seraient normaux pour faire emprisonner et torturer en Israël, par milliers, les résistants palestiniens opposés au Sionisme. Un même traitement est infligé en Amérique aux contestataires de la guerre du Vietnam, aux résistants sud-américains, prétendus communistes par les régimes dictatoriaux maçonniques, qui font torturer et disparaître les membres de l'Opposition. En Europe occidentale, en cas de délinquants juifs irrécupérables, les noms des criminels sont passés sous silence par la presse locale, ce qui n'est pas le cas pour les délinquants algériens éventuels.

— Les attentats commis par le fanatisme achkénaze contre le Pape Paul VI à Manille, le Chancelier Willy Brandt en Allemagne, le Président Kossyguine à Ottawa, l'Ambassade de l'U.R.S.S. à Washington, les Délégués soviétiques aux Nations Unies à New-York, sont étouffés par le silence sioniste, suivant mot d'ordre communiqué à la Presse.

— Les scandales fonciers en France des Achkénazim Rochenoire, ex-Schwartzberg ou Schwartshein, selon la presse, Lipsky, Silverstein dit Sénamaud, Frenkel et consorts… qui ne pouvant tous se réfugier en Israël, refuge des gangsters américains, sont un rappel aux Marthe Hanau, Stavisky, Joanovici, Arno Newman, Herz Feld qui furent les protégés des gouvernants des IIIe et IVe Républiques.

— L'admission de la Chine à l'O.N.U., par la défaite des États-Unis devant le revirement des États membres, bouleverse l'échiquier mondial et menace directement les derniers États colonialistes. Bien que la Ligue des Droits de l'Homme semble demeurer un monopole politique achkénaze, l'Organisation des Nations Unies qui, cessant d'être au service d'Israël, va devenir un tribunal redoutable.

Les Droits de l'Homme(51) dont les principes sont invoqués, à point nommé, en 1970, pour l'émigration des Juifs russes, sont généralement défendus par des Francs-Maçons sionistes.

Ces droits du « Citoyen », disons-nous, ne s'appliquent-ils pas aux non-Juifs ? aux Catholiques irlandais d'Ulster ? aux Canadiens catholiques français ? aux Nègres d'Amérique et d'Afrique ? Aux petites gens des Républiques latines maçonniques ? Aux Vietnamiens du Nord et du Sud ? Aux Arabes palestiniens, syriens, libanais et égyptiens ? Ces hommes ne sont-ils pas des citoyens à part entière, pour que les Organisations sionistes continuent à les considérer comme des colonisés privés de droits, apanage des Juifs ?

L'Institut international des Droits de l'Homme fut fondé à Strasbourg par le professeur René Cassin, conseiller juridique du gouvernement militariste d'Israël, et Prix Nobel de la Paix en 1968. Cet ancien ministre du Gouvernement Provisoire, qui trahit le général de Gaulle en 1946, peu avant le partage de la Palestine, interpellé par la « *Voix d'Israël* », lors de l'attribution du prix de la... « Paix », déclara en substance à l'intention des auditeurs israéliens, sur la question concernant l'application des Résolutions du Conseil de Sécurité du 22 novembre 1967, qu'il était sûr de la force de la procédure juridique déjà choisie pour les rendre inapplicables aux Nations Unies. C'est ainsi que les nouveaux territoires conquis en 1967 par le militarisme israélien seraient conservés, comme ceux occupés en 1948-1949 l'ont été par le jeu juridique international mis au point par son Conseil.

Ce n'est pas pur hasard que Strasbourg ait été choisi par le Sionisme pour servir de siège à cet Institut. La ville natale du général sioniste Kléber abritait déjà de nombreuses institutions internationales : Conseil de l'Europe, Cour Européenne des Droits de l'Homme, Parlement Européen, Faculté internationale de Droit Comparé. Elle présentait l'avantage d'avoir une majorité protestante, 216.000 réformés influencés par le Sionisme issu de la communauté israélite. Cette communauté qui groupe 13.000 membres sur les 18.000 que compte le judaïsme alsacien, coiffe les trois Universités. Cette

---

51). Les Droits de l'Homme « *et du Citoyen* » furent proclamés, en 1789, par la Révolution française, qui s'est livrée à une oppression caractérisée, poursuivie jusqu'à l'instauration de la Ve République, alors que sous les régimes royaux du XVIIIe siècle, la liberté des humbles était plus respectée que de nos jours. Le représentant des Droits de l'Homme à Paris est M. Daniel Mayer, ancien ministre (1947-1940 — Partage de la Palestine et Guerre d'Indochine), Sioniste célèbre par « *sa honte d'être Français* » affichée lors de l'embargo de 1967.

intelligentzia s'est distinguée par son antigaullisme, son opposition aux gouvernants de la Vᵉ République et aux 33.000 membres de la communauté catholique qui votèrent pour le Président Pompidou ; elle revendique l'autonomie !

Les antécédents de la Ville Libre réformée sont célèbres : elle intrigua contre le royaume de France jusqu'à son occupation par Louis XVI, et participa activement ensuite à la Révolution de 1789. Elle glorifie les trois généraux alsaciens Kléber, Westermann et Rewbell (bâtonnier de l'Ordre des Avocats), d'origine juive, qui firent massacrer plus d'un million de paysans catholiques des régions de la Loire-Inférieure, de Vendée, des Deux-Sèvres, d'Anjou et de la Sarthe, en particulier Kléber, premier général sioniste mort au service d'Israël, en Égypte, après la campagne de Palestine.

Rappelons également que la ville maçonnique alsacienne fut choisie par Louis-Bonaparte, Grand-Maître protégé anglais, pour tenter son coup d'État, en 1836, contre Louis-Philippe, Grand-Maître aussi, qui le fit embarquer pour l'Amérique d'où il revint par l'Angleterre pour le second coup d'État maçonnique dit *« des Trois Glorieuses Journées »* de 1848, financées par la banque James Rothschild.

On relève ces mêmes errements au cours de la campagne sioniste déclenchée pour la « libération » des Juifs de l'U.R.S.S. que dirige à Paris M. Alain Poher, président du Sénat français, prosioniste confirmé contre les intérêts français en Méditerranée, et ex-candidat des Organisations maçonniques sionistes françaises aux élections présidentielles de 1969, où les *Rothschild* s'opposèrent au gaullisme.

Cette « libération », intervenant dans un État étranger souverain et qui n'a pas cours en Afrique du Sud et en Ulster, en Palestine, au Vietnam, etc., est redoutée en Israël même. En effet, lorsque l'annonce — vraie ou fausse — de l'arrivée éventuelle de 300.000 Juifs russes y parvint, les dirigeants de Tel-Aviv furent consternés par les problèmes que soulève l'arrivée de ces immigrants, soupçonnés d'être « impurs » ou « bâtards » et en tout cas d'une classe politique redoutable(52), bien qu'achkénaze jumelle des Khazars américanisés

---

52). De graves difficultés se sont élevées parmi les nombreux petits groupes de Juifs soviétiques parvenus en Israël durant 1970 et 1971. Plusieurs dizaines de familles, mécontentes des conditions de vie que leur offrait la bureaucratie sioniste, se sont rebellées et sont rentrées en U.R.S.S. Par ailleurs, à plusieurs reprises, des Juifs soviétiques demandèrent aux « Sionistes » de ne point se mêler de leurs affaires.

de la guerre de Sécession et de Wall Street.

La propagande sioniste antisoviétique, faite à cette occasion, fut marquée par des fautes psychologiques. Elle était destinée, semble-t-il, à stimuler les Sionistes européens et américains, hésitant sur la voie de la trahison devenue vaine et dangereuse. D'autre part, à relancer en Occident « la croisade anticommuniste » en campagne de « libération » des Juifs, prétendument menacés dans les pays de l'Est et les pays arabes, afin d'obtenir un surcroit d'assistance.

Malgré l'activité sioniste des presses écrites, parlées et télévisées de Radio Luxembourg en Europe occidentale, l'esprit populaire de l'opinion occidentale demeura insensible, du fait de la propagande précédente faite par les mêmes moyens et les films de terreur, et tendant à le déshumaniser pour lui faire digérer maints Faits révoltants tels que :

— La mort lente, dans les déserts brûlants du Sinaï occupé, de dizaines de milliers de soldats égyptiens assoiffés, qui furent déchaussés par les Israéliens, avec l'intention de les faire périr lors de la guerre des Six Jours.
— La chasse à la mitraillette des populations civiles palestiniennes et syriennes dispersées par la terreur.
— Les bombardements des camps de réfugiés de Karameh et des villages libanais frontaliers, sous prétexte de résistance, d'ailleurs inévitable, de ces familles désespérées.
— Les massacres des miséreux villageois vietnamiens avec femmes, enfants et vieillards, jetés vivants, dans des fosses, ou bombardés par les super-néo-nazis américains.
— Les films des cohortes d'enfants biafrais affamés par les propres mercenaires *biafrais* pour appuyer les demandes d'interventions étrangères faites par le Cartel (sioniste) tentant d'isoler la zone pétrolière d'un Pays musulman.

Aussi, ces campagnes de déshumanisation « à l'américaine » des neutralistes occidentaux : suisses, scandinaves, néerlandais, anglo-saxons — destinées à faire oublier les horreurs commises par les forces américaines et leurs alliés d'Asie, d'Amérique et d'Afrique — ont eu pour conséquence de désintéresser l'opinion du sujet principal consistant en la préservation exemplaire de la vie de ces quelques milliers de Juifs, qui ne saurait être plus précieuse que d'autres.

Dilemme répété devant la guerre d'Indochine, que les Organisations sionistes soutiennent pour leurs intérêts évidents et qu'elles ne peuvent critiquer en raison des responsabilités directes des Sionistes au Congrès de Washington. Aussi, font-elles organiser des manifestations patriotiques américaines (53) qu'elles ne peuvent rééditer en Europe où elles discréditent sans cesse l'esprit national ou religieux.

Le voyage du Pape en Asie (décembre 1970) eut également une signification antisioniste qui condamnait la guerre. À son retour à Rome, le Souverain Pontife dénonçait la vente, secrète et anticatholique, à l'organisation sioniste de New-York, de l'Hostellerie-couvent français à Jérusalem : Notre-Dame de France, construite par les pèlerins français. Vente frauduleuse, contraire à l'interdit des Nations Unies (défendant de modifier le *statut quo* à Jérusalem) et au veto du Vatican. Cette cession frauduleuse, commise après la mort du général de Gaulle, serait le fait de félons d'une communauté française et d'un service d'État des bords de Seine, liés aux Organisations sionistes de Paris, *tendant-la-main-aux-Catholiques*.

À Paris, des Juifs exclusivement français, tels Maxime Rodinson, Emmanuel Lévyne, avec d'autres, exorcisent le Sionisme en démontrant son hypocrisie matérialiste et criminelle antifrançaise. Au même titre, le Nazisme est expurgé par les Allemands. Ils sont, hélas ! peu nombreux et menacés par les groupes activistes organisés et agressifs, tels ceux de mai 1968, opposés aux négociations américano-vietnamiennes. Également ceux, parmi les 5.000 Israélites, réunis fin décembre 1970, pour manifester violemment en faveur des condamnés de Leningrad, et ayant chanté publiquement l'hymne israélien, en imposant le silence à ceux qui entonnaient la «*Marseillaise*». Aussi est-il redoutable de voir que la 4e concentration sioniste mondiale (Paris) est reprise de folie destructrice, comme le craignent certains observateurs avertis de ses intentions armées, pour maintenir sa domination politico-économique en France. En exemples parisiens il faut citer, outre l'avidité sioniste des spéculateurs fonciers :

La hâte maçonnique du Parti Radical de Jean Jacques Servan-Schreiber faisant appel aux groupes néerlandais, luxembourgeois, danois, anglo-saxons et critiquant le rapprochement de Bonn avec l'Est, de dresser une fédération européenne occidentale opposée aux nations de l'Est (été 1970).

---

53). Des manifestations ouvrières « nationalistes », de soutien de la guerre en Indochine (dont se sert l'organe de propagande officielle U.S. à l'étranger : *Informations et Documents,* de tendance prosioniste), en opposition aux grands mouvements protestataires des étudiants et pacifistes étendus à l'ensemble des États-Unis, ont été organisées à New-York, de 1969 à 1971, par les syndicats qui sont sous contrôle sioniste à 85 %.

Les infiltrations sionistes au sein du gouvernement et au Quai d'Orsay, qui sont à l'origine de l'opération anti-algérienne de septembre 1970.

La reprise des campagnes de presse anti-arabes et antisoviétiques rappelant par ailleurs *les pétroles français* en Algérie qui, chassant les *Rothschild* accapareurs, est indépendante et souveraine là où l'Algérien n'était pas français.

Les insolences des Loges du *Grand-Orient* de Paris, Genève, Copenhague... à la mort de De Gaulle. Les contrer vérités des officieux Poniatowski pro israéliens, etc.

Ces manœuvres, qui avortèrent dans l'indifférence ou l'apathie, furent manigancées pour braquer l'opinion à la fois contre les Pays de l'Est et contre les Arabes. De même envers le gouvernement de la Ve République coupable de maintenir l'embargo... qu'appliquent à leur tour les États-Unis, domaine du Sionisme occupant ou pétrolier.

Lorsqu'en 1943, le trio sioniste Roosevelt, Churchill et Smuts voulait envoyer De Gaulle gouverner Madagascar, la Nation française devait se prémunir contre ses alliés plus que contre ses ennemis. Cette même obstruction maçonnique anglo-saxonne et de Tel-Aviv, dirigée par Jules Moch, forçait De Gaulle à se retirer du Gouvernement, une première fois en 1946, sans que l'opinion, travaillée par la presse, s'y fût opposée. Les maçons *Ramadier-Auriol*, installés dans la place, allaient servir le pouvoir achkénaze des Loges.

De Gaulle, dans sa droiture humanitaire, s'était opposé aux raisons sionistes secrètes. Il avait accordé l'hospitalité française aux Juifs rescapés d'Europe centrale que l'Amérique, l'Angleterre, l'Afrique du Sud, l'Australie refusaient d'accueillir pour les envoyer en Palestine. Il critiquait la recherche du partage de la Palestine, contraire aux intérêts méditerranéens et de la communauté franco-musulmane. Il repoussait la Constitution (maçonnique) de 1875. Son retrait forcé du Gouvernement Provisoire en 1946 laissait la place aux agissements criminels de la IVe République (maçonnique) en Indochine, en Corée, à Suez, en Algérie, en France même, de 1946 à 1958, où le Sionisme agissait en Maître.

Le. Pouvoir sioniste a régenté le Monde Libre actuel. Il est indéniable en 1918-1939 et virtuellement avant et après cette date. Il contrôle la politique coloniale des grandes et petites puissances, ayant stérilisé *les Belles époques* maçonniques, les plus dégradantes des *Temps Modernes*, celle de l'industrie inhumaine, qui préparait et finançait le Nazisme apocalyptique, pour la création d'Israël par la guerre.

Cette Organisation, en Amérique et en Europe, renversa sciemment l'ordre des régimes dynastiques européens, bouleversa les frontières jusqu'en Orient, pour déséquilibrer le complexe socio-politique grec, latin et germanique, en le prédisposant aux conflagrations révolutionnaires et aux interventions anglo-saxonnes et américaines. Cette Organisation tend à consolider l'Europe fédérale sioniste, que les réactions d'Hitler en Allemagne et de Staline en Russie ont contrariée pour des politiques opposées, mais que les Organisations sionistes américaines tentent de redresser sans relâche sous les menaces du chantage des gouvernants israéliens.

Dans l'œuvre ruineuse de la politique américaine en Méditerranée, les Organisations sionistes du Congrès, alliées aux gouvernants israéliens, ont probablement obtenu, fin 1970, les résultats américains les plus marquants :

— 500 millions de dollars de prêts supplémentaires pour régler des armements déjà livrés, soit, en 1970, 2 milliards à ajouter aux vingtaines d'autres, irrécupérables, escamotés au détriment des communautés américaines et de leur politique mondiale qui tombe en faillite.
— La disgrâce de M. Charles Yost, haut-conseiller du Département d'État, qui voulut défendre les intérêts de l'État devant le Sionisme international et qui, de ce chef, est accusé d'être proarabe. De même en novembre 1971, Israël, Maître du Congrès, menace William Rogers de le faire déplacer.
— La neutralisation des Concertations des quatre grandes puissances et de la Mission Jarring par des atermoiements procéduriers grotesques et interminables.

L'élimination des opposants d'Israël et l'obtention de ses crédits, qui étaient toujours opérées discrètement, le furent ouvertement, presque avec ostentation, par l'Administration Nixon, excédée du ridicule entretenu durant 51 mois, voulant arracher, *au* su de tous, un règlement Jarring par un Act Livre Blanc des Nations Unies, libre du veto des U.S.A. Cette condition appliquait les Résolutions de novembre pour un recul obligatoire aux limites de juin 1967, avec réintégration des familles palestiniennes exilées en 1948 et 1967, c'est-à-dire, dans l'immédiat : l'abandon définitif des ambitions du « *Grand-Israël* » et de l'État juif, dans un proche avenir : la libération de la Palestine par la fin du Sionisme.

L'ÉTOILE DE DAVID.

Les vives controverses et la versatilité, constatées au Conseil de Paris au sujet de la Place Charles de Gaulle, furent motivées par l'intervention des Loges d'Europe, d'Amérique et d'Israël sur ce centre sioniste d'importance capitale.

La décision de donner à la Place de l'Étoile le nom du plus grand des Français des temps modernes avait été prise à l'unanimité dans l'intense émotion que le Monde ressentit après la disparition du général de Gaulle. Un mois plus tard, malgré une intervention énergique de l'Élysée, elle n'était maintenue qu'à une faible majorité. Pourquoi ?

Le nom et la configuration de cette place symbolisait, mieux que nulle part au monde, le signe maçonnique complet : L'Étoile de David. Par ses branches en avenues, les hauts faits maçonniques en Europe portaient les noms des héros Kléber, Hoche, Marceau, trois généraux ayant dirigé le massacre de plus d'un million de paysans « vendéens » catholiques des régions de la Loire-Inférieure, de Vendée, des Deux-Sèvres, d'Anjou, de la Sarthe. Kléber était mort pour le service d'Israël en Égypte et en Palestine. Deux autres branches portent les noms maçonniques flagrants : Wagram, du nom de la bataille près de Vienne, du 6 juillet 1809, qui tua 20.000 Français et 22.000 Autrichiens ; Mac-Mahan, maréchal des guerres de Crimée, de Magenta, de Sedan et des fusillades de la Commune de Paris, qui remplaça Thiers à la présidence de la IIIe République pour absoudre le Grand-Maître Bazaine (le traître de Sedan), après les hécatombes de tant de vies précieuses de l'Europe chrétienne soumise à l'invasion achkénaze de néo-Mongols.

La dernière branche est l'ex-avenue du Bois de Boulogne des affaires maçonniques de Louis-Philippe, de Napoléon III, du baron Hausmann (ou Hoseman, ou Osiander), et de leurs associés les Rothschild, originaires de la famille Meyer Amschel (ou Anselme) et ayant vécu des guerres et participé à la construction de l'Arc de Triomphe des sanglantes victoires maçonniques sur l'ensemble de la chrétienté européenne.

Après la destruction de Berlin et son « excentration » isolée en Europe par le partage de Yalta, Paris est devenu le pôle d'attraction de l'activité sioniste en Europe.

Les Organisations sionistes internationales portaient une attention vigilante à la Place de l'Étoile qui matérialisait à leurs yeux le symbole de David en Europe, à l'insu de 51 millions et demi de Français dépolitisés et passifs.

Baptiser la Place de l'Étoile *(de David)* du nom de Charles de Gaulle, considéré par le Sionisme comme le pire des ennemis d'Israël, était un « abominable sacrilège intolérable ». La Loge du *Grand-Orient* de Paris, qui n'avait osé rien dire, fut secouée par celles des quatre coins de l'Europe, d'Amérique et d'Israël, pour faire rapporter cette décision. N'importe quelle place ou avenue — la Concorde ou les Champs-Élysées — fut, en vain, offerte en échange, contre l'Étoile, symbole sioniste exalté, le 5.6.67, par 300.000 Juifs.

Mais Israël est patient. Il sait attendre, sinon vouloir, un changement de régime pour arriver à ses fins.

Les desseins sionistes sont diaboliques et insondables. L'Humanité en est malade, depuis plus d'un siècle. Ils ont laissé des traces sanglantes visibles sur l'origine des guerres, révolutions, colonialismes, génocides des Chrétiens d'Orient et des Musulmans d'Algérie, sur les émeutes, les désordres sociaux. Les faits, irréfutablement reconnus, sont passés sous silence par les informateurs occidentaux qui, généralement, se recrutent par *l'israélisme* ou de sordides intérêts.

Son visage est successivement : nationaliste, maçonnique, révolutionnaire, affairiste, pacifiste, humaniste, libéral, colonialiste, conquérant, destructeur, politicien, contestataire, religieux, raciste, athée. Il se veut de race mongole.

— *Neutre,* il fut : suisse, belge, hollandais, luxembourgeois, danois, autrichien. Il ne l'a jamais été nulle part.

Révolutionnaire, il fut : français, russe, hongrois, allemand, tchèque. Il ne peut l'être ailleurs qu'en France

— *Nationaliste-colonialiste* dans les services de l'arrière ; il fut : français, anglais, allemand, américain, italien, turc. Il est un activiste guerrier israélien, inquiété de l'isolement.

— *Affairiste,* il spécule : sur les pétroles, l'armement, l'or, les diamants, la pornographie, les spectacles, l'information, les stupéfiants, l'industrie, l'alimentation. (Curieusement, le trafic des stupéfiants et des œuvres pornographiques est plus développé dans les régions sous emprise sioniste, excepté en Israël et en Suisse qui affectent la moralité.)

— *Humaniste,* il est braqué contre les Grecs, les Romains, les Russes, les Catholiques, les Musulmans, les Nègres, les Chinois, les Palestiniens. Il est l'instigateur des trois traités provocateurs du militarisme américain et des bombes A et H.

— *Libéral*, il truste l'information occidentale, noyaute les partis politiques, les administrations, les syndicats, l'armée, la police, l'espionnage, etc., et prétend contingenter, à son profit, la vie dans le Monde pour le gouverner.

Mais écoutons, pour cela, le célèbre Sioniste Arthur Koestler, auteur du *Zéro et l'Infini*, de *Analyse d'un miracle* et autres productions du genre, qui recommande à l'intelligentzia de *L'Express* (juillet 1970) de droguer le cortex du cerveau pour maîtriser l'humanité gênante des *Gentils* :

« *... Pour ne pas périr, l'homme (sous-entendu sioniste) qui n'avait pas les moyens d'assurer une véritable hécatombe, limitée auparavant à 100.000 ou à un million de sacrifiés (Arméniens) d'un coup, peut maintenant nettoyer totalement la planète pour éliminer l'homme fou (indiscipliné) en le changeant. Sacrifice acceptable déjà offert par Abraham qui était prêt à couper le cou de son fils Isaac pour l'amour de Dieu. Et qui peut se répéter par la loyauté à la nation, au drapeau, comme cela se fait dans les guerres nationales civiles ou religieuses...* »

A. Koestler est un spécialiste expérimenté, ayant la confiance des Sionistes de New-York, Londres, Paris, Zurich. Il appartenait à l'organisation sioniste allemande de 1930 (trois millions d'Achkénazim) qui y maîtrisait la politique. Inscrit au parti communiste allemand, mais sioniste en Palestine, qu'il quitta pour parcourir l'U.R.S.S. de 1930 à 1932, puis combattre le « fascisme » à Paris, de 1933 à 1936. Il fut journaliste anglais dans le camp franquiste, puis dans les brigades internationales, de 1936 à 1939, durant la guerre d'Espagne. Cet Allemand sioniste communiste-nationaliste, protégé anglais, devenu anti-anglais par le Livre Blanc de mai 1939, était interné en France à la déclaration de guerre lorsque, sur intervention sioniste anglaise, il fut libéré pour s'engager dans la Légion Étrangère ; il quittait ce régiment maçonnique l'Armistice, sans avoir combattu. Ayant gagné l'Angleterre sous un nom d'emprunt suisse, qui le fit emprisonner quelque temps, il se fit naturaliser anglais — sans s'être battu — pour retourner en France après *la Libération de Paris* qui en fit un citoyen français possédant 4 nationalités. Il avait changé 8 fois de camp, ce qui lui attribuait de hautes compétences internationales dans l'art de la destruction et de la tromperie.

Ainsi, selon Koestler, la persistance de l'œuvre sioniste de destruction des *Gentils*, doit se moderniser pour être plus rapide. Ayant suivi le chemin des guerres nationales, religieuses, civiles et coloniales, après les révolutions et contre-révolutions, les massacres au bâton, au couteau, aux famines, les armes automatiques, les explosifs puissants, les gaz, les lance-flammes, les tapis de bombes, les bombes chimiques, atomiques, nucléaires — armes qui se vendent cher et tuent beaucoup — il faut utiliser le progrès : annihiler l'intelligence par la drogue, ou les ondes, afin de pouvoir conduire l'humanité comme un troupeau de moutons. Déjà dans le *Monde Libre*, un certain progrès fut réalisé au rythme de la musique, de la mode, des films pornographiques et de terreur, des jeux d'argent démocratisés par les machines à sous, les parfums, les fards, les drogues, les romans policiers, les sciences occultes et astrales, etc., moyens qui rapportent beaucoup d'argent et abrutissent la jeunesse et ruinent les nations.

En Californie, champ d'action sioniste, les résultats atteints sont impressionnants, reconnaît *Paris-Match :* les gens sont complètement déboussolés (par les Achkénazim).

Le film sioniste *Woodstock* démontra ce que l'État de New-York, administré entièrement sous le contrôle des Organisations sionistes, était parvenu à faire de la jeunesse américaine. En 1969, plus de 300.000 jeunes gens des deux sexes ont vécu, avec des enfants, durant trois jours, immobiles sous la pluie, dans un état d'abêtissement total, à écouter de la musique pop. Parqués comme du bétail dans des enclos, ils demeurèrent passifs et veules, dans la promiscuité et la saleté affreusement avilissantes et malsaines. Leur contestation contre la guerre au Vietnam était des chansons dont se moquait éperdument le Sionisme, satisfait de la docilité américaine. La presse sioniste et ses conférenciers en Pays arabes font l'apologie de cette méthode facile de neutralisation.

Cette déchéance, exploitée par le mercantilisme, toucherait un quart de la jeunesse ainsi écartée des stades vivifiants. Elle aggraverait le banditisme, aux États-Unis et en Israël, devenus des écoles du crime. Tandis que dans les pays de l'Est, la jeunesse saine et sportive, tenue à l'écart de cette dépravation, se fait gardienne de la moralité.

Les protestations, modérées et nuancées, des opinions protestantes aux États-Unis, contre l'horreur des faits de la guerre au Vietnam et contre les injustices commises à l'égard des Pays arabes, en particulier envers les Palestiniens, contre le Catholicisme en la personne de ses adeptes irlandais, canadiens, sud-américains, asiatiques, contrastent avec l'émouvante générosité de cœur que posséderaient les familles américaines anglo-saxonnes envers les étrangers européens.

Il était symptomatique d'observer l'intérêt biblique considérable que les Américains portaient, dès 1922, au Proche-Orient, qu'ils visitaient, d'Alep au Caire, de Tyr à Bagdad, en longues et nombreuses caravanes, malgré l'extrême faiblesse de l'équipement hôtelier. Plus qu'une curiosité touristique, leur attention avide portée sur ces contrées était le fruit d'une longue éducation biblique, de la propagande sioniste, qui portait les Américains à considérer les régions du Proche et Moyen-Orient comme des territoires du Grand-Israël.

Mieux encore, l'attrait américain se portait presque exclusivement sur les sites hébraïques. C'est ainsi que les monuments byzantins et arabes, les châteaux forts des Croisés les laissaient presque indifférents, alors qu'ils s'enthousiasmaient à la vue de l'Hermon, petite montagne aride et pelée. De même la présence des troupes françaises du «Mandat» en Proche-Orient soulevait leur indignation ; les touristes anglo-américains photographiaient ce qui pouvait servir la critique de ce colonialisme exécré ouvertement.

La mentalité anglo-américaine anglicane excipait des textes bibliques pour se pénétrer de la conscience hébraïque. Elle se considérait par excellence le «peuple élu» d'une «Terre Promise» s'étendant, pour l'anglicanisme, au monde entier, avec les mêmes rigueurs bibliques impitoyables d'un juste devoir de le débarrasser de ses parasites. Servir Israël était pour elle un devoir élémentaire. C'est ce que les Chrétiens ne pouvaient assez discerner avant juin 1967.

La soumission des Églises protestantes, fragmentées aux États-Unis, aux disciplines inhumaines de l'Exécutif et du Haut-commandement de l'Armée et de l'Aviation ; aux exactions commises par leurs alliés israéliens en Proche-Orient ; aux cruautés de leurs troupes mercenaires asiatiques en Indochine, rappelle l'aberration criminelle qui fut reprochée, avec véhémence, aux Allemands, aux Italiens et aux japonais, accusés d'avoir obéi aux ordres de leurs gouvernements respectifs, condamnés au procès de Nuremberg.

Les graves reproches formulés à l'encontre des Français au sujet de leur guerre d'Indochine (de 1946 à 1954), pour l'Affaire de Suez de 1956, pour la guerre d'Algérie de 1955 à 1958, concernent également l'Exécutif du Département d'État américain et les services sionistes de la C.I.A., présents alors parmi les troupes françaises, anglaises et israéliennes. Les armements étaient d'origine américaine et les opérations étaient menées dans le cadre de l'Organisation du Traité de l'Atlantique-Nord, conclu par les Achkénazim.

On remarque en général que les multitudes chrétiennes dépendant des gouvernements maçonniques occidentaux ont été impuissantes devant le bloc organisé du Pouvoir de l'Argent, dictateur de la politique sioniste mercantile. Elles sont les dupes permanentes du Sionisme. Le flagrant délit de Juin 1967 n'est qu'un cas isolé dans l'ensemble des méfaits sionistes séculaires qu'il importe de démystifier.

L'attention de l'opinion occidentale, dont se joue le Sionisme, est constamment détournée sur des diversions politiques, répandues par le journalisme servile, qui dissimule l'essentiel dangereux de l'intelligentzia internationale. En d'autres temps, elle aurait provoqué un autre conflit international pour couvrir ses embarras politiques.

En Italie, nation catholique soumise aux politiciens F.M. pro-israéliens, Mauro Ferri, secrétaire du parti social-démocrate, prend fait et cause pour Israël : « *le peuple juif avait le droit sacro-saint de reconstituer son foyer sur la terre de ses pères... Ceux qui demandent aujourd'hui l'anéantissement de l'État juif sont — qu'ils le veuillent ou non — fauteurs d'une croisade insensée contre un phare lumineux de la civilisation moderne.* » Évoquant les Juifs de l'U.R.S.S. : « *Ce problème tragique... ne pas faire tout le possible pour induire les chefs du Kremlin à libéraliser leur attitude, vis-à-vis de la minorité juive, serait une faute impardonnable.* »

La crédulité occidentale, dépolitisée par le dégoût et le fatras de ses difficultés, permet, en 1971, aux Organisations sionistes de mener la politique américaine *par le bout du nez*, de lui faire proroger la conscription pour deux ans, aussi librement que *le* Sionisme mena le monde durant deux siècles.

L'emprise sioniste sur les dirigeants anglo-saxons et leurs acolytes est visible dans l'unification de la politique en Indochine, Proche-Orient, Amérique latine, Afrique du Sud, Indonésie, Pakistan, Ulster, ... à l'O.N.U. (où la Palestine et la Chine n'étaient pas admises). Principales turbulences mondiales suscitées par les financiers, criminels de guerre, qui utilisent le Sionisme pour activer le commerce des armes et accaparer les matières premières. Machinations, apparentes de 1939 à 1971, étendues aux sombres périodes précédentes, tant dans les nations européennes qu'en Amérique, Asie et Afrique, que le Sionisme exploite par les troubles, les révolutions, les guerres, les conquêtes au moyen de son espionnage et ses subversions pour s'approprier richesses et pouvoir.

L'actuelle révolte aux États-Unis et la faillite du dollar gênent la collusion achkénaze des Khazars-Mongols russes (américanisés, anglicisés, germanisés, francisés) qui voudrait inverser sa politique en Chine et en Égypte pour les éloigner de l'U.R.S.S. Mais les dirigeants israéliens, opposés à cette entente sur les problèmes de Suez et de Jérusalem, sont réticents aux manœuvres des Kissinger de Washington et des Helms de la C.I.A. et du Pentagone, aux ordres de Wall-Street et du Cartel des Pétroles.

Sur le continent austral comme en Afrique du Sud et Rhodésie, l'obédience maçonnique achkénaze impose aux gouvernants, ses obligés, d'aider inconditionnellement l'État juif. Le racisme et l'anticatholicisme latents furent assouplis, de 1967 à 1971, pour développer ces régions, suffire aux constructions et aux exploitations minières et industrielles; mais on doit constater qu'en Australie (7.700.000 km^2, plus de 13 fois l'étendue de la France) contenant moins de 12 millions d'habitants, les aborigènes ont été éliminés ou repoussés dans des réserves, ainsi qu'en Nouvelle-Zélande, selon les pratiques américaines ou anglicanes contre les Indiens ou les Irlandais. Sur ce continent, découvert par les Portugais et occupé, en 1770, par des protestants hollandais, anglais, suisses et des Juifs, on comptait alors 300.000 aborigènes qui devraient être des millions, alors qu'il n'en subsiste que 150.000, après l'apport du progrès à coups de fusils, d'alcool, de tuberculose, de syphilis... Ces Australiens, révoltés contre un groupe *australo-suisse* exploitant la bauxite et occupant une de leurs dernières réserves, constatent qu'ils ne sont pas citoyens mais appartiennent à la terre, propriété de la couronne britannique anglicane pouvant disposer d'eux-mêmes.

Les colonialistes australiens, maçons prosionistes, ont d'autres colonies : la Nouvelle-Guinée (240.900 km^2 et 1.550.000 habitants), groupant l'archipel Bismarck et les *îles* Salomon (noms maçonniques donnés aux *îles* espagnoles enlevées en 1898). Les Hollandais, organisateurs remarquables, occupaient l'ouest de la Nouvelle-Guinée ainsi que les fies de Java, mais ils étaient catholiques pour moitié, aussi en furent-ils chassés par l'action conjuguée du Maître Sukarno, *communiste* (initié en Hollande) et des syndicalistes australiens des Loges achkénazim. En Nouvelle-Guinée les colons de Canberra renforcent leurs pouvoirs administratifs et leurs exploitations, dont ils détiennent les leviers de commande, en investissant 100 minions de dollars par an. En Nouvelle-Calédonie (nom de la Loge écossaise), après le bagne de Napoléon III, fermé en 1898, ce sont les Rothschild qui y exploitent le nickel.

L'Australie et la Nouvelle-Zélande prouvèrent, par leurs unités armées envoyées aux Dardanelles, en 1915, puis en Palestine, ainsi qu'en 1940, que leurs gouvernants achkénazim étaient de bons Sionistes. De même leurs forces combattantes en Asie participèrent effectivement au plan de Colombo à ECAFE et à ASPAC (Commission pour l'Asie du Sud-Est et le Pacifique). À la demande des gouvernants francs-maçons de Malaisie et de Singapour, entretenant des relations étroites avec Israël, les *Sionistes* de Canberra décidèrent d'y faire stationner des détachements conjointement avec la Grande-Bretagne. En apportant leur contribution à la guerre au Vietnam aux côtés des Américains, et avec l'approbation d'Israël, les gouvernants conservateurs maçons qui se sont succédé en Australie remplirent leurs engagements sionistes contractés au traité de l'ANZUS, signé avec la Nouvelle-Zélande et les États-Unis à San Francis., en 1951, ainsi qu'avec l'OTASE, selon l'inspiration du Club des Présidents.

Les gouvernants turcs et iraniens peuvent-ils être abusés également. Seuls les Arabes n'ont jamais été dupes du Sionisme ; c'est pourquoi, ils ne lui céderont jamais.

Déniant toute fatalité touchant la permanence des guerres, qui n'ont cessé durant deux siècles, l'opinion mondiale présente et future placera les Sionistes, apprentis sorciers, Maîtres à penser du Congrès américain, devant leurs responsabilités pour le passé qu'ils n'ont cessé de perturber et en prévision des échéances futures.

CHAPITRE III

DE LA RÉFORME À LA BOMBE H.

LE SIONISME ET L'ANGLICANISME POLITIQUE.

L'ébauche des traits sommaires de la présence du Sionisme dans la politique maçonnique en Europe, en Amérique, en Afrique du Sud et en Australie et de son emprise politique sur les conflits européens et les conquêtes coloniales des XIXe et XXe siècles, nous conduit à poser la question capitale : Quel rapport cette influence maçonnique sioniste a-t-elle avec le Protestantisme politique ?

Il faut remonter de nouveau le cours de l'Histoire pour discerner les prétendus droits du Sionisme, exposés sous d'autres aspects par les chroniqueurs et les historiens.

Lorsque, sous la férule de Rome, les Juifs relâchèrent la Palestine, *Terre conquise* sur les Philistins, qui ont donné leur nom à cette contrée, sur les Cananéens, sur les Samaritains et autres prédécesseurs des peuples arabes, majorité aux 2/3, au moins, des habitants de la Palestine, cette partie de la Province syrienne allait être successivement — durant 521 ans — le berceau du Christianisme, puis de l'Islam. Les cultes religieux se côtoyèrent en une symbiose de civilisations occidentale et orientale, ce dont font foi les arts chrétien et arabe en des monuments impérissables, témoins des siècles révolus où l'on ne trouve aucune trace d'un art hébreu, comme l'a démontré l'exposition « *Israël à travers les âges* », tenue à Paris en 1969.

La nation juive, quant à elle, disparut après la terrible répression, ordonnée par l'empereur Hadrien, de la révolte de Barcochbas en l'an 135. Les Juifs rescapés du massacre se dispersèrent à travers le monde romain et les pays d'Orient. La majeure partie des vaincus, traquée, se réfugia auprès des Parthes Arsacides, ennemis de Rome, en Mésopotamie (irakienne) où, du IIIe au Ve siècle, elle forma un État vassalisé des plus florissants. Engagé dans une ultime guerre contre Rome, il fut défait avec ses hôtes arsacides qu'il avait entraînés dans la bataille. Depuis le VIIIe siècle, ces Juifs s'assimilèrent en partie aux Musulmans arabes. Ils furent la cheville ouvrière de l'occupation anglaise, à Bagdad en 1917, et à Kirkouk en 1918, et encadrèrent, en 1921, le régime hachémite instauré sous le contrôle anglo-maçonnique de l'ex-général ottoman Noury pacha Saïd. Celui-ci fit massacrer, de 1920 à 1924, 150.000 chrétiens nestoriens et chaldéens, syriens-catholiques, à Mossoul et à Kirkouk, où ces malheureux vivaient en paix, depuis des temps immémoriaux, avec les. Arabes et les Kurdes. Les chrétiens survivants (plus de 150.000) furent rejetés vers la Syrie, avec la complicité des mandataires «pétroliers» anglais (ainsi que néerlandais et américains). Ces dernières communautés chrétiennes d'Irak émigrèrent en Europe et en Amérique, où les autorités étouffèrent systématiquement les circonstances de leur génocide, ainsi que celui perpétré, de 1915 à 1920, contre les Arméniens. Ces massacres horribles avaient accompagné le développement du Sionisme en Palestine. La prospérité de la communauté juive d'Irak, quant à elle, se développa considérablement grâce au mandat britannique et aux pétroles de Mossoul, que se partagèrent mystérieusement des intérêts internationaux, qui sont évoqués plus loin. La population arabe d'Irak, qui n'avait cessé d'être hostile aux occupants anglais, demeurés dans le pays en dépit de l'indépendance accordée par la S.D.N. en 1932, se souleva, en 1948, contre le régime hachémite, représenté par Noury Saïd et ses complices. Une dizaine de *collaborateurs* juifs furent pendus. Cette réaction irakienne à la première invasion israélienne en Palestine, a inquiété gravement une grande partie de la communauté juive qui, grâce à Noury Saïd, émigra en Israël, empiétant sur les terres arabes des Palestiniens expulsés. En 1958, Kassem, officier supérieur irakien, à la tête d'un petit groupe de blindés — qui avait été, par erreur de l'état-major, pourvu de munitions pour être dirigé ostensiblement sur la Palestine — provoqua la chute du régime hachémite d'Irak en en exterminant les membres. Noury Saïd, reconnu sous un déguisement féminin, fut lynché par la foule en furie et son corps, traîné par une jeep, fut usé dans Bagdad. Dès lors, des Juifs compromis, inquiets et isolés, furent conseillés par les Sionistes d'abandonner l'Irak [54], leur

---

54). Le Sénat français, animé par M. Alain Poher, s'en occupe. Il oublierait que la situation des Français, mille fois plus nombreux, est plus grave dans les taudis de Paris-Lille-Roubaix-Tourcoing, etc., dont ils furent dotés par

pays durant 1823 ans. C'est cette même terre que quitta Abraham accompagné de son père Therak pour aller vivre au Harran, en Moyen-Euphrate, puis en Syrie méridionale, au pays des Cananéens, en guidant la tribu bédouine des Hébreux, nom désignant *les gens d'au-delà du fleuve* l'Euphrate) (55).

La dispersion des Juifs (Diaspora) fut aidée par les nomades du Nejd (désert d'Arabie) vers le Yémen, l'Égypte, les côtes numides ou berbères de l'Afrique du Nord ; pays d'accueil qui les mêlèrent aux aborigènes païens et juifs, prosélytes inféodés à Jérusalem. D'autres Juifs romanisés vivant en France et en Espagne furent accusés d'avoir guidé l'invasion berbère musulmane. La Diaspora, vers le Nord et l'Ouest, se fit, par terre et par mer, en Asie Mineure, Thessalie, Macédoine, Corinthe... auprès des communautés juives existantes que le prosélytisme politique avait également formées chez les Grecs. *(Tous les Juifs majeurs devaient acquitter un impôt au Temple de Jérusalem)* (56). De petits groupes seraient parvenus en Roumanie, en Crimée, en Russie méridionale alors occupée par des hordes barbares asiatiques : Goths, Huns, Avars, Tatars, Khazars, qui s'approprièrent les filles et femmes des transfuges et multiplièrent les

---

les quatre Républiques maçonniques. M. Poher oublierait surtout que le grand rabbin d'Irak fait appel aux gouvernants occidentaux et à l'opinion internationale pour qu'ils fassent pression sur Israël en vue d'autoriser les Juifs orientaux (Séphardim), Israéliens miséreux, à retourner dans leurs pays natals.

55). Chacun sait, selon l'histoire biblique, qu'avant d'avoir un fils : Isaac, de sa femme Sara, alors âgée de près de 90 ans, Abraham avait eu d'Agar, sa servante un premier fils : Ismaël, que l'histoire sioniste gratifie d'ancêtre des Arabes en général : ommeyades, abbassides, fatimides... à supposer que, de part et d'autre, il n'y eût aucun mélange racial... Sur l'origine de l'homme, les documents hébreux remontaient à 4.000 ans, ceux de la Chine à 4.500 ans, ceux d'Égypte à 5.000. Les découvertes de fossiles humains, durant le XXe siècle font remonter l'existence de l'homme en Afrique à quatre millions d'années. Ce qui contredit absolument l'histoire biblique, réduite à une affabulation hébraïque.

56). Selon Philon, philosophe juif hellénisé, et Alain Guichard, *Les Juifs* (1971), au Ier siècle le nombre des Juifs aurait été de 9 millions, dont 1,5 en Palestine, et l'Empire romain habité par 90 millions de sujets. Or on sait que la Palestine avait beaucoup plus d'habitants non juifs que de Juifs et que ce pays, pauvre en sources et en terres fertiles, ne pouvait nourrir 3 millions d'habitants. En 1971, les trois millions *d'Israéliens* sont sustentés principalement par des importations à défaut desquelles le pays serait en butte à la faim.

prosélytes, principalement chez les Khazars convertis massivement vers le VIIIe siècle par alliances politiques.

Ce royaume juif tatar, mongol et turcoman de la Caspienne, ennemi des Chrétiens du Caucase, fut dispersé au Xe siècle. Le czar Vladimir Ier en déporta une partie en Crimée. (La campagne maçonnique anglo-française de Crimée, conduite par des Juifs en 1854, tenta de les rameuter.)

Au Moyen Age, ces Asiatiques en appelèrent d'autres, apparentés aux races du Turkestan, les Seldjouks turcomans. Ensemble, ces nomades, féroces et sanguinaires, attaquèrent les communautés byzantines et arméniennes d'Asie Mineure ainsi que les pèlerins des Lieux saints de Palestine et des régions arabes de Syrie.

« *Jusqu'au XIe siècle, les Chrétiens et les Mahométans entretenaient des rapports à peu près pacifiques. Les Arabes apportaient en Égypte et jusqu'à Constantinople des denrées de toutes sortes, de l'Inde et de la Chine, le papier de Damas, les soieries, les ivoires... Les Villes italiennes : Bad, Pise, Amalfi et Venise* (ayant leurs communautés juives), *se chargeaient de répandre ces marchandises en Europe. D'autre part, les Arabes laissaient les pèlerins venir en foule visiter la Palestine..., se prosterner devant le Saint-Sépulcre. Or, à cette époque où la ferveur catholique redoublait, la tolérante domination des Arabes s'écroula en Asie, au profit des guerriers turcs...*

Les Seldjoukides s'emparèrent de l'Arménie, de la Syrie, de Nicée, et occupèrent Jérusalem en 1076. Les relations économiques entre l'Asie et l'Europe furent troublées... » (Larousse, 1900.)

« *La première croisade fut l'effet de la ferveur religieuse et l'œuvre de la papauté, alors toute-puissante. Urbain II, ému par les plaintes des pèlerins revenus de Palestine, et inquiet des progrès terrifiants des Musulmans en Espagne (1087), profita du grand concile de Clermont, auquel assistèrent des milliers de chevaliers, pour exhorter les fidèles à "se charger de la croix" et à conquérir le Saint-Sépulcre... Sans attendre les armées féodales, lentes à s'organiser, le bas peuple partit d'abord, sans armes et sans ressources... Ceux de ces malheureux qui ne périrent pas en route furent exterminés par les Turcs. À la fin de 1096, quatre armées féodales se trouvèrent réunies à Constantinople : Lorrains et Allemands, avec Baudouin de Hainaut et Godefroy de Bouillon ; Français du Nord, avec le comte de Vermandois et le duc de Normandie ; Provençaux, avec le comte de Toulouse ; Normands d'Italie, avec Bohémond de Tarente et Tancrède..., parvinrent enfin à Jérusalem et s'en emparèrent (1099). Cette longue et sanglante expédition, qui cailla la vie peut-être à un demi-million d'hommes, aboutit à la fondation de quatre principautés : royaume de Jérusalem, principauté d'Antioche, comté d'Edesse, comté de Tripoli... »*

L'action des Croisés fut annihilée par leurs dissensions et par les intrigues des Doges de Venise, qui avaient obtenu des Croisés des droits de souveraineté sur Tyr et Ascalon, en contrepartie des services de leur flotte de transport. Après la chute ; en 1187, de Jérusalem, reprise par le Kurde Salah ed-Dine (sultan Saladin), un siècle après le concile de Clermont, il ne restait aux Croisés que les places fortes de l'ancienne Phénicie, de Tyr à Jaffa, avec Saint-Jean-d'Acre comme capitale.

Le Doge Dandolo, élu en 1192, fit pervertir l'empereur byzantin Isaac H., que son frère aveugla en 1195. Ce Doge, portant un nom d'origine juive, et recevant une députation de chevaliers français croisés, venus lui demander une flotte de transport de Venise pour reconquérir la Terre sainte, exigea 4.500.000 francs-or, que les Croisés promirent sans même en apprécier l'énormité, et qu'ils ne purent payer. Alors Dandolo obligea les Croisés, en dépit des protestations du pape Innocent III, à détruire, en 1202, Zara, ville orthodoxe sur l'Adriatique, puis à prendre Constantinople qui fut saccagé ensuite de fond en comble et presque entièrement détruit. Lors du partage des dépouilles, Venise obtint plus du quart de l'empire grec et notamment Candie et la Morée. Le Doge engagea les Croisés à ne pas poursuivre leur combat contre les Seldjouks. Constantinople fut laissé à jamais affaibli et les hordes mongoles osmanlis, parvenues les dernières, isolèrent cette capitale en s'emparant d'Andrinople, en 1360, et la prirent d'assaut en 1453.

Par ailleurs, dans l'Empire romain, les Juifs, assagis, furent traités avec équité par les Césars païens et, depuis Caracalla, de 211 à 217, il n'exista aucune discrimination entre eux et les autres citoyens romains. Sous l'empereur Constantin, qui régna de 306 à 337, les législations d'exception furent appliquées aux Juif à la suite d'une recrudescence de leurs intrigues politiques.

En Italie chez les Ostrogoths, en Franco chez les Mérovingiens et les premiers Carolingiens, en Espagne sous les rois Visigoths christianisés avec leurs sujets, l'hostilité des Chrétiens à l'égard du judaïsme inassimilable commença à se manifester lorsque les Arabes, guidés par des alliés juifs, envahirent l'Espagne en 711, et passèrent les Pyrénées en 720, pour la conquête de Narbonne et le siège de Toulouse et de Bordeaux, menaçant Poitiers en 732. Au VIIe siècle, les Espagnols avaient dû réprimer leurs dangereuses intrigues.

Dans son *Histoire d'Espagne* (Fayard, 1936), Louis Bertrand, de l'Académie française, relate ce qui suit :

« ... *Au cours des siècles, l'attitude des Juifs demeure identique : ils sont les alliés des Africains contre les Espagnols, des Musulmans contre les Chrétiens, et des Chrétiens contre les Musulmans, lorsque le sort a tourné. Ils neutralisent leurs ennemis les uns contre les autres... On leur donna une année pour se convertir ou quitter le pays... Il y eut une foule de conversions simulées... ils se soulevèrent... s'entendirent avec ceux des leurs de Berbérie et les juifs espagnols expulsés* » (durant l'invasion de l'Espagne).

La croisade pour la reconquête de l'Espagne s'acheva fin XVe siècle. «*Les Espagnols se souvenaient toujours* (depuis le VIIIe siècle) *du rôle que les Juifs avaient joué lors de l'invasion : ils avaient pactisé avec l'envahisseur et fourni des garnisons pour surveiller les villes chrétiennes et les maintenir dans l'obéissance. Les Chrétiens les considéraient comme des traîtres et comme des alliés naturels des Mores... leurs ennemis de la veille...* » (Histoire d'Espagne).

Le 30 mars 1492, un décret de Ferdinand et Isabelle, rois catholiques, expulsa d'Espagne 300.000 Juifs, qui se dispersèrent. Les uns passèrent en Afrique avec leur réputation de marchands d'esclaves. D'autres atteignirent Salonique et les côtes syriennes de l'Empire ottoman (proclamé à la chute de Constantinople en 1453), en feignant d'être convertis à l'islamisme. Aidés partout par la solidarité de leurs coreligionnaires, d'importants groupes s'infiltrèrent en Italie et en France par Gênes, Milan, Rome, Venise, Marseille...

Des groupes de Juifs s'embarquèrent à Lisbonne, s'arrêtèrent dans la Gironde, en Angleterre, en Hollande, rivales maritimes de l'Espagne. Remontant la vallée du Rhin, en utilisant les comptoirs de commerce des anciennes communautés juives en voie d'assimilation, ces groupes apportèrent à Worms, à Strasbourg, à Bâle, à Genève, à Zurich, et plus loin, les ferments de la haine anticatholique, mêlés aux dissensions politiques et commerciales de ces régions ambitieuses.

Ici, une personnalité marquante : Ziwingle ou Zwingli Huldrych, de famille juive convertie, curé d'Einsiedleln, ayant complété ses études à Bâle, à Berne et à Vienne, de 1499 à 1502, auprès d'importantes souches israélites, fut un exemple type, précédant Luther, en 1516, et se serait imposé s'il n'avait été, dans la guerre des Cantons de 1529, mortellement blessé, transpercé et achevé, son corps écartelé et brûlé, en 1531, et ses cendres jetées au vent par la soldatesque suisse rendue furieuse.

Rappelons que cet humaniste réformateur exigeait le recours exclusif à la Bible, l'usage de la langue allemande en liturgie et le rejet du magistère de Rome. Il réunit 10 ecclésiastiques pour demander à la Diète helvétique l'abolition du célibat des prêtres ; lui-même épousa, en 1524, Anna Reinhard, Juive, veuve de Mayer de Knonau, tandis que Luther, prêtre excommunié, convolait un an après.

La philosophie biblique hébraïque inspira la Réforme qui contestait la foi catholique. Luther y fut gagné vers 1517. Deux courants protagonistes de la Réforme politisée gagnèrent l'Allemagne, la France, la Suisse et la Hollande, soutenus par les réseaux commerciaux juifs introduits dans les milieux politiques. Un troisième courant se développa en Angleterre, sous l'égide du roi Henry VIII, qui désirait changer de femme. Tous trois furent animés aux mêmes sources du judaïsme, destructeur du concept catholique romain.

Rappelons les étapes principales de la propagation du Protestantisme sous l'influence occulte des communautés juives. Cette propagation ne trouva pas un terrain fertile en Espagne qui avait expulsé les Juifs, ni au Portugal où ils étaient convertis au Catholicisme et placés sous surveillance. Le Protestantisme se répandit faiblement (8% en 1900) en Autriche-Hongrie sous la monarchie catholique unique, évitant les menaces des conjurations maçonniques des communautés juives qui comptaient 2 millions d'Achkénazim (en 1900), soit 4 pour cent de la population. La Réforme fut contrecarrée en France par Richelieu qui mit fin au protestantisme politique, intéressant particulièrement l'Angleterre, et ressuscitant lors de la Révolution grâce aux Loges maçonniques anglicanes. Elle fut partagée en Suisse à 6/10 dans les cantons où les communautés juives étaient plus considérables, notamment à Zurich et à Bâle demeurées sionistes.

La Réforme obtint une forte majorité en Allemagne (3/5) dans les rivalités qui opposaient les cinq Grands-Duchés, cinq Duchés, dix Principautés et Villes libres, que les communautés juives mettaient aux prises, tandis que la Royauté maintenait l'unité chrétienne en Bavière, puissance catholique. En Hollande, le Protestantisme politique fut battu en brèche par la Maison d'Autriche et par Charles-Quint. Cet Empereur, après avoir octroyé aux Juifs une grande liberté, fit condamner les hérétiques. Par contre, Spinoza Baruch (1632-1677), rejeton d'une riche famille juive d'Amsterdam, ayant émis des doutes sur l'authenticité des textes sacrés, fut excommunié par la Synagogue. Gagné à la philosophie de Descartes, il fut le père du panthéisme spinozien. Le Protestantisme en Hollande reprenait sous Guillaume III, roi d'Angleterre, d'Irlande et des Pays-Bas, de 1689 à 1702, se développait sous la Révolution française de 1789.

Le Protestantisme politique atteignit son apogée, de 1535 à 1547, en Angleterre sous Henry VIII, qui, irrité par l'opposition du Pape Clément VII à ses projets matrimoniaux, nomma l'archevêque Crammer Thomas (1489-1556) chef de l'Église anglicane, après avoir fait approuver par le Parlement en nov. 1534, une loi nommée l'Acte de la Suprématie reconnaissant le Roi comme Chef Suprême de l'Angleterre. Le Chancelier Thomas More et l'Évêque Fisher qui refusèrent de reconnaître le Roi comme Pontife d'Angleterre, furent décapités ; mais l'Archevêque Crammer, mentor du Roi dans sa séparation d'avec Rome, et conseiller de la répudiation de la Reine Catherine (espagnole) devint Primat d'Angleterre. Ce premier prélat du Protestantisme épousa la fille (ou nièce) de l'Allemand Osiander, dit André Hosemann, ou Hausmann, né en 1498, d'origine juive, professeur d'hébreu et prédicateur à Nuremberg, défenseur, sinon inspirateur, des thèses doctrinales de Luther. L'archevêque anglican publia en 1552 le symbole de la foi de l'Église anglicane en 42 articles, réduits après sa mort à 32. Victime de l'intolérance qu'il avait montrée contre les adversaires de ses idées, il fut déposé et brûlé vif comme hérétique, en 1556, après s'être rétracté.

Soixante ans après l'expulsion des Juifs de l'Espagne, l'unité catholique fut brisée par les luthériens allemands, les calvinistes français et les anglicans anglais. Et les guerres de religion commencèrent, (celles que les Sionistes à la A. Koestler voudraient ranimer aujourd'hui). À Paris, elles menèrent à la Révolution maçonnique de 1789, attendue joyeusement, en Hollande et en Angleterre, par les milieux protestants politiques et par les communautés juives d'Europe. Elles conduisirent aux guerres napoléoniennes, prolongées par les conquêtes coloniales et les guerres mondiales du contrat politique de l'actuel Sionisme international. (Menés par celui-ci, en 1971, de prétendus humanistes démocrates protestants, siégeant à l'honorable Chambre des Communes, peuvent recommander publiquement, envers les Catholiques d'Ulster, de remplacer les pompes à eau par des lance-flammes et d'utiliser des mitrailleuses lourdes contre femmes et enfants).

À la même époque, le Congrès *protestant* des États-Unis ordonne la destruction de l'Indochine. Le Parlement anglican de l'Afrique du Sud, formé en 1910 et représentant les Blancs (15 à 20% du total de la population), peut faire « parquer » les Noirs (70% des habitants sud-africains), sur dix pour cent environ du territoire, accaparant le reste, de concert avec une importante communauté juive très riche. Tous soutiennent activement le Sionisme pour asservir les Palestiniens et les Pays arabes, avec la même conscience, soi-disant chrétienne, plus déformée par la politique mercantile que réformée par la religion évoluée dans le sens divin de l'humanité (57).

Au sujet de l'origine juive du nom Hausmann, ou Osiander, ou Hoseman, il nous semble utile de relater :

Son homonyme, le baron Hausmann, lié à la Franc-Maçonnerie par la Loge du « Grand-Orient » dont il était un Grand-Maître, confraternel de Louis-Philippe *Egalité*, puis de Napoléon III, alliés au Sionisme par la famille Rothschild, qui les finança, intéresse particulièrement les Français sur le plan maçonnique de Paris, cristallisé durant les règnes des IIIe et IVe Républiques.

Ce ministre de Napoléon III, préfet de la Seine de 1853 à 1870, célèbre urbaniste des grands travaux et des scandales financiers (étouffés), avait pris pour devise : « Isoler la racaille des faubourgs, la border de larges lignes droites pour faciliter son attaque à coups de canon. »

Cet objectif fit disparaître les larges zones vertes périphériques des lignes de fortifications, léguées par les rois Louis XIV et Louis XVI, et qui cernaient deux fois Paris, et dont les terrains furent distribués, en partage confraternel maçonnique, de 1855 à 1933, en laissant les banlieues avoisinant Paris, sans autre plan que celui suivi par les ânes avant la Révolution.

Hausmann « dévora » également des zones importantes du Bois de Boulogne, forêt royale antérieure au XIIIe siècle et dont les monuments furent pillés et démolis, avec tout ce qui était beau à Paris au XVIIIe siècle, par les Conventionnels et leurs dignes successeurs.

Ces « aménagements » sont à l'origine du château des Rothschild, du Bois et de leur hôtel particulier voisin de l'Élysée, meublés presque exclusivement de chefs-d'œuvre provenant des pillages révolutionnaires. Une boiserie du XVIIIe siècle fut cédée, en 1968, au musée d'art de Jérusalem, par l'actuel Edmond Rothschild, qui ajouta à la collecte faite par sa banque, en deux jours, de 1967 : dix milliards d'anciens francs, en participation parisienne à la guerre des Six Jours, le financement de l'oléoduc israélien pour court-circuiter, à son profit et au détriment de l'Europe, le détour pétrolier par le Cap, coûtant un milliard de dollars par an.

---

57). Un projet de Concile chrétien, en 1971, demandé par les sectes luthériennes et calvinistes appuyées par les Sionistes, aurait pour but d'assujettir le Christianisme au Sionisme.

Rappelons que la puissante famille Rothschild descend du petit marchand allemand, puis changeur *Meyer Amschel* (1743-1812), Achkénaze né et mort à Francfort-sur-le-Main, *important foyer de la Réforme et du Sionisme*. Devenu l'agent du prince-électeur Guillaume Ier, il fut anobli par l'empereur d'Autriche en 1815. De sa femme Gutta Schapper il laissa 10 enfants. L'aîné, banquier en Prusse et consul de Bavière. Un second, banquier à Francfort, fut député au Reichstag et seigneur de Prusse. Un troisième, banquier à Vienne. Un quatrième, banquier à Manchester et à Londres, devint consul général d'Autriche-Hongrie à Londres. Les cinquième et sixième, banquiers et députés à Londres. Un septième, banquier à Naples. Le huitième, James Rothschild, fonda la *Banque de Paris* et fut consul général d'Autriche-Hongrie à Paris ; il finança le coup d'État de Louis-Philippe *Égalité* de 1830, puis celui de Louis-Bonaparte, en 1848. Leurs descendants furent régent de la Banque de France (fondée par Napoléon 1er), présidents des chemins de fer du Nord et de l'Est, banquier-garant du paiement de l'indemnité des 5 milliards de francs-or exigée par la Prusse de la France en 1871, banquiers de l'emprunt français aux chemins de fer russes, exploitant les pétroles de Bakou et participant à ceux de l'Iran puis de l'Irak. Associés à la Royal Deutsch et à Samuel de Londres, fondateurs de la Shell en Hollande, partenaires de l'Angleterre à l'Anglo-Persian Petroleum, les Rothschild, promoteurs du *Foyer juif* en Palestine, de 1870 à 1896, se firent remettre la Déclaration Balfour en 1917, au profit de leurs affaires ralliant l'aide achkénaze d'Europe centrale et du *Grand-Orient* de France, et sont, à ce titre politique, des traîtres, criminels de guerre.

Cette famille, férocement juive, a écrit l'historien Morton, ne manque jamais à l'instar d'autres Achkénazim accapareuses abusives, assure-t-on dans les milieux autorisés, de marier ses filles à des Chrétiens de haute lignée qui ont selon la loi juive acceptée ou non — des enfants juifs de leur mère demeurée juive. Par contre, les fils Rothschild ne prennent pour femme que des Juives. Le seul qui se maria une Chrétienne fit circoncire ses fils et fut ainsi à demi pardonné. Aucun Rothschild n'a souffert sur un champ de bataille, ni n'a eu ses biens pillés. L'actuelle génération de cette famille franco-israélienne accumule les charges et les responsabilités au sein du Judaïsme français qui demeure son obligé. Elle est le chef politique de la communauté juive française, de ses partis achkénazim et d'une partie des Séphardim, partis qui constituent le mouvement sioniste et organisent l'invasion achkénaze en France. Son organisation politique multidirectionnelle exploite le territoire français dans les secteurs efficients : administratifs, politiques, judiciaires, commerciaux, fonciers, touristiques, industriels, bancaires, informatifs, éducatifs. Cette mobilisation sioniste des partis religieux et athées des Français juifs à des fins d'affaires extranationales, reliées aux actions sionistes des Pays anglo-saxons, est une subversion politique évidente, qui n'a de religieux que l'abus commis contre le Judaïsme.

Rappelons qu'en France, l'invasion politique achkénaze étrangère a supplanté les Juifs Séphardim français qui, raréfiés par leur assimilation, ont été remplacés par des Séphardim d'Afrique du Nord et du Proche-Orient. Les Séphardim comptaient 6.000 en 1789, répartis dans le Sud-Ouest, en Provence et dans le Comtat Venaissin. La pression achkénaze d'Alsace se fit sentir alors par 32.000 descendants des Khazars germanisés, qui devinrent, en 1890, 80.000, à Paris principalement, puis 200.000 en 1930, 300.000 en 1939, dont 100.000 *étrangers*. Beaucoup alors se réfugièrent en Angleterre, Espagne, Suisse, Afrique du Nord, aux États-Unis. Une partie des Juifs étrangers souffrirent de la déportation nazie, comme d'ailleurs de nombreux Français, quant à eux résistants. En 1945, le nombre des Juifs en France, Achkénazim en très forte majorité, était réduit à 220.000. Il est devenu en 1971 : 550.000, en principal à Paris (300.000), Marseille (100.000), Lyon (20.000), Toulouse (18.000), Nice (16.000), Strasbourg (12R00), Bordeaux (5.000), Metz (3.500), Nancy (3.000), Lille (2.500)... selon le *Guide Juif de France* 1971 qui tient un compte très détaillé des forces subversives politiques en France. Cette supplantation subversive des Juifs français séphardim par les Achkénazim étrangers, principalement allemands et russes, faisait écrire, en 1890, à Bernard Lazare, de vieille famille juive de Provence : « *Il siérait que les antisémites deviennent plutôt antijuifs ; ils seraient certains, ce jour-là, d'avoir avec eux beaucoup d'Israélites...* » Rejetant les usuriers russes et les marchands de chevaux polonais, il ajoutait : « *Il serait plus normal, de la part des Israélites français, d'arrêter, d'endiguer, s'ils le peuvent, la perpétuelle immigration de ces Tatars prédateurs, grossiers... qui viennent indûment paître un pays qui n'est par le leur*(58). » Ce même Français, choqué par l'exploitation achkénaze de *l'Affaire Dreyfus*, écrivit en 1894 : « *Les Juifs doivent se déjudaïser, se dénationaliser...* », mais il fut contraint de se renier par la suite.

L'exploitation du territoire français par les Rothschild fut caractérisée dans les secteurs des chemins de fer du Nord et de

---

58). Extrait de *La solidarité juive*, octobre 1890.

l'Est qui furent construits aux frais de l'État, selon la convention maçonnique de 1859. Les concessionnaires, autorisés à émettre des actions spéculatives, provoquèrent des coups de Bourse ruineux pour les porteurs alléchés. En 1870, les 18.000 km des voies françaises, construites mais non reliées, avaient coûté huit milliards de francs-or, soustraits au patrimoine français géré par les *Rothschild*, bénéficiant, de plus, d'une garantie d'un revenu net accordé aux compagnies mises à la charge des contribuables.

Le plan de la Capitale française, concentrant les voies et administration à Paris, conçu pour placer le pays sous le contrôle d'une *minorité maçonnique sioniste*, conduit à l'embouteillage mortel de la région parisienne au détriment des 50 millions de Français. La prochaine génération tirera des conclusions, devant les résultats désastreux du référendum de 1969. Il proposait d'accélérer la régionalisation en éliminant le Sénat *parasite*. Le Sionisme faussa la consultation pour faire écarter de Gaulle, déjà frappé en mai 1968.

Déjà certaines observations, insuffisamment connues, ont été faites sur la spéculation menée contre le Franc par les banques d'affaires sionistes : françaises, suisses, hollandaises, luxembourgeoises, associées durant les événements de Mai 1968. Avant cette menée sioniste, il y avait, dans la Banque de France, 30 milliards de francs-or qui tombèrent, fin 1968, à 7 milliards et demi, pour remonter à vingt milliards environ seulement en 1970, soit un tiers en moins, perdu dans les tractations spéculatives des Achkénazim des pays alliés, membres du Marché Commun, au détriment des seuls Français.

DE TANGER À TÉHÉRAN.

Dans les États chrétiens d'Europe, de Londres à Gibraltar, par les mers et les océans, par les terres et les montagnes de l'Atlantique à la mer Caspienne et en mer Rouge, du XVIe au XXe siècle, les clans sionistes semant la zizanie ont excité les rivalités politiques et religieuses pour susciter les guerres. En 350 ans, l'unité chrétienne fut sapée et le monde islamique divisé par des conspirations aboutissant à des conflits réitérés, à des génocides, à des dévastations qui affaiblirent l'Europe et l'Islam pour ouvrir au Sionisme le chemin de la Palestine.

Pour atteindre Jérusalem, les ambitions et les hostilités des « Gentils » furent exacerbées par la Réforme et les guerres de religion, par les rivalités économiques, la terreur révolutionnaire, par les guerres napoléoniennes en Égypte, en Autriche, en Espagne et en Russie. Un déchaînement de guerres civiles, nationales, coloniales, de guerres mondiales, s'est déclenché à l'exploitation des Loges maçonniques que dirige le Sionisme international. L'Europe et l'Empire ottoman furent démembrés pour constituer le Foyer juif de Palestine, puis en chasser les protecteurs anglais, puis les Palestiniens, pour *la* reconstitution du royaume de David et, partant, tendre à gouverner le monde par la puissance des États-Unis au bénéfice du parti politique achkénaze.

L'action sioniste fut d'abord occulte et toutes les circonstances lui furent bonnes pour s'enrichir sur les dépouilles des belligérants, aggravant ainsi son pouvoir politique. Baignant dans le sang des Chrétiens et des Musulmans, le Sionisme se vit animant la Révolution française en 1789, puis celle des États-Unis en 1861, puis celle de Russie en 1917 ; il se vit, en 1914, à la tête des Anglais, puis des Américains en 1945 pour poursuivre, envers et contre tous, la résistance arabe, le concert des Nations Unies, l'opposition à Moscou, l'objection diplomatique de Paris, jusqu'à l'impasse totale. Par son pouvoir sur le *Monde Libre*, l'Organisation menace de l'entraîner à l'anéantissement. Elle possède les arsenaux américains qui ont accumulé les stocks nucléaires, selon ses ordres au Congrès et au Pentagone, pour annihiler toute résistance d'où qu'elle vint, sinon terrifier.

La réaction de l'U.R.S.S. les a fait reproduire, aussi menaçants, à l'Est. La somme des armes nucléaires représente plusieurs quintaux d'explosifs T.N.T. pour chaque tête de l'humanité. Ces armes apocalyptiques, les unes pour l'attaque, les autres pour la défense, appartiennent aux deux pays qui possèdent les plus importantes communautés Achkénazim. Ces communautés, en liaison permanente avec celles d'Allemagne et des quatre continents, ont été témoins de la préparation et de l'exécution des deux guerres mondiales qui virent périr 22 millions de Russes et 20 millions d'autres Européens, tandis que les Américains perdaient un demi-million d'hommes. On sait aussi, de façon irréfutable, que les Juifs d'U.R.S.S. constituèrent le gouvernement révolutionnaire de Kérensky de 1917 et que, selon Israël, ils veulent quitter ce pays, en raison des « mesures » de sécurité, défavorables à leur égard, qui persistent après la mort de Staline.

Ces *Sionistes* athées, descendants des Khazars-Mongols blancs originaires d'Asie centrale, prétendent au droit d'immigrer au pays des Palestiniens qui en ont été expulsés.

Le plan sioniste visant à nettoyer la Planète serait-il établi pour supprimer les problèmes de surpopulation de l'Europe et de l'Asie, puis de l'Amérique lorsque les Sionistes s'en seront retirés ? Les fusées soviétiques braquées sur New-York, Washington et Tel-Aviv sauvent-elles l'Humanité ?

Cette menace de longue date est-elle en rapport avec l'exemple du sacrifice, au Brésil, en 1942, de Stéphan Zweig, humaniste juif, versé dans les machinations sionistes, qui s'est offert en holocauste, en signe de protestation contre l'assassinat de l'Europe ? Le refus de composer la Bombe H qu'opposa aux Organisations sionistes Oppenheimer, non moins courageux et averti, fut-il également de même signification ?

On sait que la Bombe atomique, proposée par le Sioniste Einstein à Roosevelt — sur la base des recherches de Frédéric et Irène Joliot-Curie que la IIIe République maçonnique privait de laboratoires et de crédits — fut assemblée, sur l'ordre des Organisations achkénazim, par des physiciens juifs recrutés en Europe. Après son lancement sur Hiroshima et Nagasaki, sa fabrication se poursuivit et provoqua un mouvement de révolte juive chez ces hommes de science, opposés à l'utilisation de cette arme. Les secrets de sa fabrication furent communiqués à leurs coreligionnaires en U.R.S.S. par des contestataires juifs américains et anglais, avant la reconnaissance d'Israël par les gouvernants soviétiques — qui essayèrent avec succès leur bombe A en 1949. Dès lors, l'Organisation sioniste américaine exigea la Bombe H, refusée par Oppenheimer, réalisée par les Teller sionistes, en 1952, que reproduisirent les laboratoires de l'U.R.S.S., en 1953. Depuis, l'escalade n'a pas cessé dans la rivalité atomique menaçante des deux superpuissances.

Actuellement, les Organisations sionistes américaines sont les seigneurs de la guerre en Indochine, sur le front de Suez, à la C.I.A. et dans d'autres postes clés des États-Unis, pour forcer la décision à. l'O.N.U. par le veto américain contre le reste du monde.

Les gouvernants américains non juifs, inquiétés par les mutineries qui se succèdent au sein de l'armée, par l'opposition intérieure et extérieure, par le bilan d'une pollution physique et politique asphyxiant véritablement l'Amérique, sont néanmoins bloqués par leurs *conseillers* sionistes. Bien que lassés du Maître *hébreu*, ils n'osent l'obliger à se retirer des « nouveaux territoires » qu'ils feraient défendre éventuellement par les forces américaines engagées à assurer l'équilibre des forces dans la région ! La faiblesse de l'influence gouvernementale des compagnies pétrolières américaines dans les pays arabes s'explique différemment, comme nous le verrons plus loin.

LE PEUPLE ÉLU, AU SERVICE DU CAPITALISME ACHKÉNAZE.

Le but du Sionisme est de rétablir le Royaume de David pour le Peuple Élu comme le rappelle la devise cabalistique «*L'An prochain à Jérusalem !*». Clamée depuis Nabuchodonosor par des Juifs captifs emmenés à Babylone, cette devise, reprise par des Juifs convertis à l'étranger, ne sert qu'en formule subversive de complots permanents dans les Nations.

La puissante *Intelligentzia de la Diaspora* — consortium apolitique supranational qui accumule ses richesses, depuis le XVIe siècle — utilise cette subversion «messianique» internationale pour s'enrichir davantage et développer son pouvoir gouvernemental sur les États du *Monde Libre*, [imité par *le Rideau de fer* et l'indépendance des Pays arabes.

Cette Organisation pyramidale, groupant en 1971 quelque 100.000 à 200.000 importants personnages parvenus aux sommets, fait assurer le financement de la politique d'Israël par les États occidentaux et les nombreux trusts internationaux opulents auxquels ils sont liés. Elle serait ce que le Tiers-Monde et le Communisme nomment *Impérialisme*.

Au niveau intermédiaire de la pyramide, il se trouve dans chacun des États du *Monde Libre* un Exécutif servile et occulte assurant la politique ordonnée aux différents autres moteurs gouvernementaux, administratifs (Police et Armée incluses, informatifs, syndicalistes, universitaires, industriels… par des personnes de confiance placées aux postes clés. Ces personnages nantis sont aidés de commis protégés permanents recrutés à l'étage inférieur du prolétariat.

À cette base sont groupés les incontrôlables des milieux turbulents de basse politique soumise à la propagande dont les violences sont neutralisées ou exploitées selon les besoins du moment (Mai 1968). Les aventuriers ambitieux, appelés aux cadres supérieurs, y sont recrutés pour l'action révolutionnaire. Ils agissent sur le prolétariat et les gouvernants.

Cette politique affairiste, orientée par le mouvement sioniste, auquel elle s'associe par le truchement de la Franc-Maçonnerie, satisfait généralement les intéressés. Les *Sionistes* participent ainsi avantageusement à la coordination de la politique maçonnique occidentale et évitent d'émigrer en Israël. Les émigrants en partance pour l'État *hébreu* se recrutent parmi les laissés pour compte des pays arabes et de l'Est, les Juifs religieux, âgés ou gênants.

Ainsi à la fin du XXᵉ siècle, le Proche-Orient constitue-t-il un danger permanent entretenu par l'Organisation sioniste internationale qui en tire profit. La guerre imminente en Méditerranée et en Europe aurait, éventuellement, pour mobile, moins les armes détenues par l'État juif, que l'importance que l'on attribue à ces deux millions et demi de Juifs, épaulés tant par l'Europe que par l'Amérique, pour être opposés aux Arabes et déclencher d'autres révolutions.

Les gouvernants israéliens, qui ont su s'imposer à l'Occident, exigent de voir combler par cet Occident les déficits budgétaires d'Israël (cinq milliards de dollars en 1971), et assurer la défense des territoires conquis par l'expansionnisme *sioniste* athée plutôt que croyant et par conséquent politique.

PERSPECTIVES SIONISTES.

« *Le but suprême du Sionisme est de supprimer toutes les guerres* », déclare en substance, le 20 février 1971, à l'intention de l'Occident, Shimon Pérès, ministre israélien, pour répéter les tentatives de convaincre les gouvernants égyptiens de se soumettre aux volontés sionistes dont il confirmait ainsi, par inadvertance, les prétentions à la suprématie mondiale.

La même semaine, aux États-Unis, un sondage d'opinion révélait que 56 % des Juifs américains réclamaient la participation des forces américaines aux côtés d'Israël. D'autre part, l'Exécutif américain, empêtré dans ses contradictions, face aux problèmes indochinois et palestiniens, réitérait que te Proche-Orient était une menace pour la paix mondiale.

En avril 1971, le message pascal du Souverain Pontife aux fidèles du monde confirmait, sur la Terre, ce que la diplomatie discrète du Vatican n'avait cessé de demander en Occident, à savoir, la libération de la Palestine et des Palestiniens et l'arrêt définitif des agressions des impérialistes.

Voici les principaux extraits de ce message pathétique :

« *La cause de l'homme n'est pas perdue.* »

« *... Nous avons l'impression d'avoir devant nous la vision d'une mer agitée, avec menace de plus grandes tempêtes encore. Que prépare l'homme pour lui-même et pour les générations futures en étant d'une façon trop fréquente et trop flagrante infidèle aux grands principes de solidarité, de justice et de paix que lui-même, instruit par les terribles expériences subies, a proclamés pour la civilisation actuelle comme* *pour la civilisation future ? Ne voyons-nous pas sans cesse de nouvelles guerres, et même des signes avant-coureurs de plus terribles encore, des armements terrifiants, des révolutions incessantes, des luttes sociales institutionnalisées, des contestations endémiques, une lente décadence morale, un recours déplorable aux succédanés du véritable amour, un oubli aveugle et orgueilleux de la religion irremplaçable ? L'Église elle-même n'est-elle pas, çà et là, secouée, sur le plan doctrinal et disciplinaire, par des courants perturbateurs, qui cherchent en vain à se réclamer du souffle authentique de l'esprit vivifiant ?...*

« *... Eh bien ! Sachez-le, amis qui nous écoulez... Non seulement la cause de l'homme n'est pas perdue, mais elle est en situation avantageuse et sur. Les grandes idées, qui sont comme les phares du monde moderne, ne s'éteindront pas. L'unité du monde se fera. La dignité de la personne humaine sera réellement reconnue, et pas seulement pour la forme. Le caractère inviolable de la vie, depuis le sein maternel jusqu'à l'ultime vieillesse, sera admis par tous d'une manière effective. Les injustes inégalités sociales seront supprimées. Les rapports entre les peuples seront fondés sur la paix, la raison et la fraternité...*

« *Il ne s'agit pas d'un songe, ni d'une utopie, ni d'un mythe : c'est le réalisme évangélique... Et sur ce réalisme, nous, croyants, nous fondées notre conception de la foi, de l'histoire, de la civilisation terrestre elle-même, que notre espérance transcende, mais en même temps encourage dans ses conquêtes hardies et confiantes...* »

Aux États-Unis, en butte aux difficultés économiques et au chômage croissant et prenant l'aspect de la crise des années 30, le Président pressait discrètement Israël de libérer, au plus tôt, le canal de Suez dont il ne pouvait plus faire assumer les coûteuses responsabilités découlant de la présence des forces israéliennes. Par ailleurs, selon un accord diplomatique tacite conclu avec l'U.R.S.S., cette dernière augmentait ses livraisons d'armes défensives à l'Égypte que les États-Unis, plus réalistes, considéraient comme des mesures à prendre pour l'équilibre des forces.

Les gouvernants israéliens, se voyant abandonnés, adoptaient alors des mesures extrêmes pour préparer l'opinion internationale sioniste à un prochain retrait de leurs forces de cette voie européenne qu'elles avaient pu bloquer durant près de quatre ans. Le 13 avril, le ministre Éban, feignant de prendre part à la campagne de diversion en faveur des Juifs d'Irak, annonçait que la sortie de tous les Juifs de tous les pays arabes devait être définitive. Cet aveu de l'échec du Sionisme en Palestine revêt différents aspects. Bien que la propagande sioniste officielle se fût réduite considérablement depuis le mois de mars, on relève les difficultés où s'empêtre le gouvernement israélien dans la révolte des anciens immigrants miséreux, les délinquants panthères noires (Séphardim d'origine arabe 1948-1960), qui, sans travail ni logement, dénoncent la préférence donnée aux nouveaux immigrants (Achkénazim d'Europe et d'Asie) qui apportent des subsides à l'État le plus enrichi menacé de devenir le plus pauvre.

L'abandon, par le Sionisme, des liens qui unirent solidement, depuis plus de 1.200 ans, les Juifs et les Arabes, sera considéré amèrement, par les Juifs orientaux (Séphardim), en présage d'un antisémitisme en Europe.

Aussi était-il important de rappeler un des multiples avertissements (11 mai 1948) de feu Michel Chiha, le grand humaniste et penseur libanais, qui succomba dans sa lutte contre le Sionisme [59] après 30 années de combat :

« *Ce n'est pas un rêve.* »

« *L'État juif, tel qu'il est en train de se faire, apparaîtra rapidement, s'il se fait, comme la plus étrange entreprise politique de l'univers.*

« *Tous les juifs de la diaspora, naturalisés partout, se reconnaîtront ouvertement ou secrètement une patrie. Dans de nombreux pays, le nouvel État sera représenté par des colonies puissantes, souvent par des députés, des hommes de gouvernement. À partir de la finance internationale, un réseau d'intrigues serrées s'étendra sur les capitales du monde, grandes et petites ; et la diplomatie d'Israël (la plus opulente sans doute), comptera d'illustres barons, des magnats d'argent de toutes les nationalités.*

« *Si l'entreprise réussit, elle prendra vite la forme d'un super-État, à partir de l'étroite Palestine ; et le premier objet de la conjuration sera de multiplier le nombre des juifs en Terre Sainte, de façon qu'ils pèsent sur les frontières et les crèvent, jusqu'à la lente réalisation d'un rêve (de dimensions mondiales) de domination et de puissance. On peut affirmer que les ambitions juives territoriales vont jusqu'à l'Euphrate et la patience juive bien au-delà.*

---

59). *Palestine*, Éditions du Trident, Beyrouth, 1957-1967. Recueil d'éditoriaux du journal libanais *Le Jour*, de sept. 1945 au 15 déc. 1954 (288 pages), Librairie de l'Humanisme, B.P. 556, Beyrouth, Liban.

« *Il n'est pas chimérique de s'avancer ainsi. Nous ne disons pas que tout se fera.* Mais qu'on tentera de le faire. *Et que si le plan juif venait à progresser comme il est dessiné par des hommes qui savent ce qu'ils veulent et où ils vont, la vie deviendrait rapidement intolérable pour les voisins immédiats et médiats de l'État juif,* minés par le dedans et menacés par des moyens économiques, sociaux et politiques divers.

« *Du côté juif, l'entreprise n'est pas non plus sans périls. Il y a, dans tout l'univers, les réactions possibles et qui pourraient devenir redoutables. Il y a le phénomène historique dont l'action d'Hitler, par exemple, a été une des manifestations les plus totales et les plus cruelles. Il y a aussi la discorde intérieure, ayant à son origine des facteurs juifs d'ordre social, religieux et politique. Dans toutes les directions, l'idéologie juive va loin. Karl Marx était juif comme Georges Mandel était juif Le Juif est conservateur comme il est communiste. La subtilité d'Israël et ses ressources intellectuelles et matérielles, chacun les connaît certes,* et nous ne les sous-estimons pas.

« *Nous pensons que le problème juif n'a pas été suffisamment* analysé *et mesuré par l'Occident et par l'Amérique ; et qu'il peut, sous des formes variées, faire de vastes désordres et de vastes dégâts.*

« *Quant à nous, Libanais, il faudra que nous nous souvenions que cette puissance naît à notre frontière, que nous sommes un petit pays et que, pour les Juifs nous pressant du Sud* et dont l'immigration est innombrable, *nous pourrions être, désormais, une* terre promise.

« *Qu'à tout cela, les gouvernements arabes, qui* n'y ont pas suffisamment songé, songent s'il en est temps. Personnellement, nous parlons de ces choses sans préjugé et sans haine, ne désirant sur nos rivages pour les uns et les autres que la paix dans l'équilibre et qu'une fraternité qui *ne soit pas une menace et une oppression.*

11 mai 1948. »

Rappelons que deux mois plus tôt, M. Parodi, délégué français au Conseil de Sécurité, avait déclaré que les « Grands » des États-Unis, de la Chine (nationaliste), de la Grande-Bretagne et de la France, rejetaient, implicitement du moins, le plan de partage de la Palestine. On sait ce qu'il advint de ces velléités de « Grands » devant le Sionisme. Avant qu'il ne fût écarté par Staline, c'était Litvinov, né Nakisimovich, qui représentait l'U.R.S.S. à l'O.N.U., où les États-Unis furent représentés par les Arthur Goldman délégués achkénazim, xénophobes, infime partie confessionnelle de l'Humanité.

Ici, *le principe de la Constitution libanaise, basée sur la représentation confessionnelle et proportionnelle, respectant scrupuleusement toutes les communautés,* sera un rappel, du plus petit pays au plus grand, que s'il avait été respecté aux États-Unis d'Amérique, en Angleterre, au Canada, en Afrique du Sud, l'état du monde ne serait pas ce qu'il est actuellement.

Rêve-t-on moins fin 1971 ? La domination de l'intelligentzia sioniste sur le Congrès américain, reconnue chaque jour par les plus hautes instances des États-Unis et d'Angleterre, est réelle. Son acceptation par l'élite américaine et anglo-saxonne, signe des temps passés et présents, marque la trahison de l'Europe et de l'Humanité.

En octobre 1948, ce que déclara le Président Truman, reprenant la charge de l'Angleterre ruinée : « ... *Nous nous portons garants d'un État d'Israël assez grand, assez libre et assez puissant pour que son peuple parvienne à assurer lui-même sa survie et sa sécurité* », était un acte de soumission au Sionisme international que Wilson et Roosevelt avaient aveuglément servi.

En 1971, « ... *la majorité sioniste au Sénat U.S. (soixante voix contre vingt), Favorable à Israël jusqu'à lui envoyer des troupes américaines, autorise le Président Nixon à lui accorder, sans limitation de temps, le pouvoir de transférer du matériel militaire, sans plafond Financier. Aucun pays n'a bénéficié d'un tel chèque en blanc, même l'Angleterre au plus fort de sa lutte, isolée contre les forces nazies après juin 1940* », ajoute David Nes, dans *Le Monde* du 17 mars 1971, qui précise « *qu'entre 1948 et 1968, l'aide économique américaine à Israël s'est élevée à 11 milliards de dollars, majorés des transferts de capitaux privés U.S. atteignant 25 milliards.* » À cette indication incomplète, il faut ajouter les dix milliards que Bonn versa à titre d'indemnités individuelles aux Juifs victimes du Nazisme (qui n'étaient pas tous sionistes) ; ainsi que cinq milliards au minimum collectés par les Organisations sionistes de France, d'Angleterre, d'Italie, du Canada, outre les remises gratuites de matériel de guerre et de produits divers fournis par les gouvernements de ces mêmes États avant 1958 ; également plus de deux milliards ramassés en Afrique du Sud, Rhodésie, Congo belge, Kenya, Nigeria, Australie et Hollande par les Organisations sionistes et protestantes. Les bénéficiaires des concessions en Amérique du Sud auraient été imposés de deux à quatre milliards.

C'est donc un total minimum de cinquante-cinq milliards de dollars, soustraits à l'économie des *Gentils* chrétiens et musulmans, qui alimentèrent, en vingt ans, la moyenne des 2.500.000 Israéliens ayant chassé les Palestiniens et envahi les pays arabes voisins. Ce qui correspond à 24.800 dollars *per capita* et 66.000 par famille de trois personnes, c'est-à-dire en francs lourds : 121.000 par personne et 369.000 par groupe de trois, lesquelles sont mécontentes de leur situation (60).

(Comparons encore les 55 milliards de dollars, *donnés à* 2 millions d'Israéliens en 20 ans, avec les 12 milliards de l'aide du plan Marshall donnée et prêtée aux pays de l'Europe occidentale, ravagés par la guerre et affamés de 250 millions de bouches, que les Achkénazim allaient exploiter aussitôt en accaparant le commerce et la Presse.)

M. David Nes confirme, le même jour, que depuis 1968, les versements occidentaux se sont accélérés vers Israël, où les réacteurs nucléaires de Dimona et Nahal Sorek produisirent le plutonium pour trente bombes environ, de 25 kilotonnes, dont la fabrication était facilitée par les services sionistes du Pentagone et de la C.I.A., ces derniers ayant préparé la destruction des aérodromes arabes, en 1967, et fait minimiser la portée des attaques aériennes et navales israéliennes sur le navire-espion U.S. *Liberty*, qui tuèrent par erreur trente-quatre marins américains et en blessèrent soixante et onze. Remarquant que les liens privilégiés du Congrès avec Israël sont un des principes essentiels de la politique étrangère des États-Unis, il note que les avis de Moshé Dayan prévalent à Washington sur ceux des autres dirigeants étrangers, qu'il s'agisse de M. Heath, de M. Pompidou ou de M. Willy Brandt ; et que l'origine de l'influence souveraine du Sionisme aux États-Unis demeure une histoire inconnue. Il en est de même en Europe.

En Occident, l'opinion, devenue américanophobe en raison des horreurs de la guerre d'Indochine, se rebelle à. la propagande anticommuniste et anti-arabe débitée depuis 1948. Les presses radicales maçonniques, accablées par la faillite des démonstrations américaines et sionistes, voient venir le retournement crucial de leurs théories.

L'élite s'aperçoit confusément des responsabilités directes des superpuissances de l'Argent, du Cartel de l'impérialisme, de la politique sioniste séculaire. Esclave de sa situation et de la crainte d'être taxée d'antisémitisme, elle est aussi privée pratiquement de la possibilité d'extérioriser sa révolte. Dans les centres journalistiques, les maisons d'édition, les librairies, les kiosques monopolisés dans

---

60). Selon *Yediot Aharonot*, sur 614.000 familles urbaines vivant en Israël en 1969, plus de 68.000 vivaient au-dessous du seuil de la pauvreté. 63.000 autres familles vivaient aux environs de ce niveau, soit un demi-million d'âmes.

les gares et les avenues, à l'O.R.T.F. même, le Sionisme maçonnique ferme les portes à ceux qui osent l'associer au Pouvoir de l'Argent.

Les masses laborieuses et leurs cadres, mieux armés, résistent aux contrôles syndicaux, mais ignorent l'origine de leurs maux. Après 25 ans de bourrage de crâne, faisant suite à 144 ans de politique guerrière coloniale et anticléricale, après 169 ans de révolutions, de guerres destructrices et gaspilleuses, en Europe, le retard, causé sciemment, par le Sionisme maçonnique, à l'équipement technologique des villes et campagnes (sauf en Scandinavie et en Hollande) fut tel, en 1958, à l'instauration de la Ve République française, qu'il parait impossible de combler le retard.

Les constructions de la période maçonnique de 1789 à 1958 ont, en général, enlaidi les villes et les faubourgs français des plus affreuses réalisations dont la plupart sont à démolir. Rares sont les édifices officiels ou d'habitation convenables, de cette période de relâchement moral, technique et artistique, qui laisse un héritage à reconstruire de fond en comble. Parmi cent exemples, la commune de Saint-Denis, enserrant la belle basilique, fut victime d'un plan scandaleux de partage maçonnique, alors que les œuvres du XVIIIe siècle sont le plus souvent remarquables. On se souvient des cabales maçonniques menées contre Le Corbusier par les accapareurs des travaux d'État, ainsi que celles conduites contre l'architecte Pouillon qui gênait l'Organisation sioniste maçonnique par ses réalisations à prix réduits [61].

Il est important de rappeler à l'attention oublieuse des chrétiens que durant la guerre contre l'Autriche (à Magenta et à Solférino), terminée en 1859 par le *Traité de Zurich*, ayant précédé les guerres du Mexique (1862-1867) et de Sécession (1861-1865), 21 ans *avant* le premier *pogrom tsariste* (1881), l'Alliance Israélite Universelle fut fondée à Paris en 1860. Elle fixa trois missions : philanthropique, *en apportant son appui aux collectivités juives victimes de la persécution* (inexistante) ; *politique : en défendant les droits de l'homme dans le Monde (!) ; éducative* surtout, *car ses fondateurs estimèrent que*

---

[61]. Jusqu'en 1956, et plusieurs années après, la formation de l'architecte en France était si défectueuse qu'André Bloc en disait *« qu'elle était le culte de la laideur et de la déformation »*. Mais le regretté fondateur de la revue A. A. n'osait l'écrire, tant les cadres maçonniques de l'École des Beaux-arts imposaient leur prépondérance exclusive. A. Bloc conseilla alors au fils de l'auteur de faire ses études d'architecture française à la remarquable École polytechnique de Zurich, ville fortement influencée par son importante communauté israélite alémanique.

seule l'école était en mesure de rendre aux communautés (juives), *défavorisées depuis des siècles, le sens de la dignité (Guide Juif de France,* 1971).

Grâce aux subventions de la IIIe République (en 1899 : 350.000 francs-or, soit l'équivalent de 4 millions de 1971), les directeurs, Maîtres et Maîtresses formés à Paris étaient envoyés dans des écoles de Turquie, d'Afrique du Nord, de France et de Palestine. (L'école d'agriculture de Mikveh-Israël (1870) et 17 colonies y étaient fondées en 1896.) L'Alliance Universelle fondée par Crémieux était présidée par Rothschild et Moïse Montefiore, financiers internationaux.

En 1881, 11 ans après cette fondation (liée au nom maçonnique de la *République Universelle),* Lilienblum lança en Russie *l'appel pour le retour* (en Palestine) aux descendants des Khazars, prosélytes mongols du VIIIe siècle, qui n'y sont pas allés. En 1882, Léon Pinsker invita ses mêmes *frères* de Pologne à l'émancipation. La réaction des gouvernants russes se durcit. Les Achkénazim émigrèrent alors nombreux vers le *Grand-Occident,* l'Amérique, déjà ouverte à leurs *frères* allemands, anglais... 1884, première conférence sioniste tenue à Katowice (Pologne). Août 1897, autre conférence tenue à Bâle, motivée par l'Affaire du capitaine Dreyfus. Accusé de trahison en mars 1894, cet officier israélite ne suscite l'intervention publique du Sénateur Sheurer-Kestnet et de l'Alliance Israélite Universelle qu'en 1897 seulement, dans une campagne antifrançaise de la Loge du *Grand-Orient* et de son journal *L'Aurore* du Parti radical-socialiste.

Ainsi, 70 ans après les ravages révolutionnaires de 1789, perpétrés contre les centres d'études français catholiques dans *les* monastères, abbayes, écoles, hospices, bibliothèques... qui furent pillés, dévastés, détruits ou transformés en prisons, casernes, dépôts... à Paris et en province, *l'Alliance Israélite Universelle,* première organisation sioniste, exerça son influence sur les gouvernements et les populations avec des centres d'enseignement israélites. En 1881, vingt ans plus tard, deux écoles normales seulement furent ajoutées en France à celle fondée également à Paris en 1808. Par contre l'avènement républicain s'attaqua de nouveau, en 1900, aux institutions catholiques, selon la loi maçonnique dite de *Séparation de l'Église et de l'État.* Alors des forces militaires recrutées par les Loges expulsèrent les religieux catholiques de leurs maisons d'études et d'enseignement. Moines, chartreux, religieux, des diverses congrégations de recueillement, de prière et de travail sont exilés, leurs œuvres édifiées et restaurées sont délabrées ou vendues.

(Nous fûmes témoin, en 1913, de brimades exercées par des groupes socialistes contre des écoles catholiques du Nord que l'exigence de l'opinion publique fait maintenir. Il fallut la terrible guerre de 1914 dans laquelle les religieux expulsés, mus par un esprit patriotique, versèrent leur sang sur les champs de bataille, pour obtenir la liberté de l'enseignement catholique en France.)

Par ordre du Grand-Orient, Émile Combes, président du Conseil, fit fermer 9.000 écoles catholiques en France. La réaction se produit par Édouard Drumont dans la *Libre Parole* : « *Je vous ai expliqué que la Franc-Maçonnerie était d'origine juive et que les Juifs, depuis la guerre (1870), étaient les maîtres à peu près absolus des loges. Ils ont comme émules quelques politiciens protestants... qui sont heureux de trouver au* Grand-Orient *un exutoire à leur prurit de prosélytisme... un moyen d'assouvir leurs haines... contre la France catholique...* » Dirigée mi-partie par les Juifs, mi-partie par un lot de Huguenots fanatiques, comment la Franc-Maçonnerie aurait-elle pu se dispenser de prendre fait et cause pour Dreyfus ? À Albert de Mun qui l'interpelle à la tribune, Émile Combes réplique : « J'ai *tout prévu et tout accepté. Vos partisans et vos journaux peuvent s'en donner à cœur joie.* »

Alors les Institutions catholiques françaises furent acquises et profanées par les Loges ou transformées en prison pour le peuple.

En 1904, c'était l'*Entente Cordiale* des maçons athées avec les maçons anglicans sous l'impulsion achkénaze qui préparait la guerre pour occuper la Palestine, commercer les armes des Zaharoff et save saigner les Chrétiens afin de complaire au Sionisme et à Wall Street.

Cette politique de stagnation avait un rôle maçonnique : celui de laisser pourrir l'Humanité pour les besoins du développement sioniste sur les populations abêties.

C'est ainsi que les revendications des insatisfaits risquent d'être à nouveau exploitées par l'Organisation sioniste. Tant que le Sionisme disposera des presses écrites, parlées et télévisées pour mener ses subversions — dont Mai 1968 et le Printemps de Prague furent des exemples — le danger demeurera immanent. Rappelons que l'abandon de cette politique par la Ve République — décolonisant, se retirant de l'O.T.A.N. et veillant à, l'indépendance de l'Europe et de la Méditerranée — n'a cessé de subir les critiques virulentes de Washington, Londres, Ottawa, Nicaragua et Liberia, outre celles du Luxembourg, d'Amsterdam, de Copenhague, de Rome, de Genève même, mais principalement de la propre presse radicale socialiste et de son Sénat, porte-parole du Sionisme à Paris.

C'est en politisant l'instinct religieux et patriotique que le Sionisme fut inculqué aux Israélites, comme le colonialisme engagea les Européens et les Américains, comme le nazisme s'est emparé des Allemands et le fascisme des Italiens. La fallacieuse *croisade anticommuniste* s'est poursuivie, en 1971, aux États-Unis, *prêchée* par les presses sionistes et les syndicats sous obédience maçonnique achkénaze.

Ces idéologies machiavéliques, soutenues par l'Intelligentzia mercantile internationale, engagèrent les mouvements subversifs organisés par la politique anglicane sioniste, pour neutraliser l'Europe et engager l'Amérique dans les aventures coloniales de domination mondiale.

Le programme sioniste (du commerce de matériel de guerre) mobilisa les Israélites obnubilés, par les appels de l'État juif à reconstituer, les engageant à trahir leur pays natal et leur foi véritable pour le fétichisme israélien.

Le Sionisme maçonnique, redoutable xénophobe, serait le scandale le plus ignominieux de tous les temps. Ses complices gouvernants et politiciens occidentaux ne peuvent être dupes. Ils sont des traîtres et des criminels de guerre, passibles des hautes cours de justice. Lorsque, face à la révolte de l'opinion publique, chrétienne et israélite, et la réinformation des masses, bafouées, insatisfaites, les groupes misérables et leurs complices reconnus coupables des désordres de la société qu'ils exploitent librement depuis 180 ans, subiront les châtiments implacables qu'ils méritent, quelles que soient leurs fortunes mal acquises, ils seront saisis on qu'ils soient. Sans doute la vindicte publique exacerbée attaquera aussi les illustres prédécesseurs des Loges dont les noms déchus seront effacés des villes, leurs monuments hideux abattus, leurs cendres jetées dans les fosses, pour laver jusqu'au souvenir des hontes criminelles des XIXe et XXe siècles.

Parmi les plus récents *exploits sionistes* réalisés, fin 1971, par les Achkénazim américanisés, on remarque :

— La situation de Henry Kissinger, naturalisé en 1942, devenu une sorte de super ministre des Affaires Étrangères et de la Défense des États-Unis. Également celle de Richard Helms, directeur absolu de la Central Intelligence Agency (C.I.A.), et super-patron de certains services de la Trésorerie et du Bureau of Intelligence and Research du Département d'*État*; de la commission de l'*Énergie atomique*; de la National Security Agency (service central du chiffre et du décryptement); de la Defense Intelligence Agency, organisme chargé, au Pentagone, de centraliser les activités des services de renseignements de l'armée de terre, de la marine et de l'aviation L'adjoint ashkénaze, de ce tenant du Sionisme international, est Robert E. Cushman, général de corps d'armée des marines qui affirme être un ami personnel de Nixon. Les autres adjoints de Kissinger occupent *à* Washington tous les postes clés.

— L'explosion souterraine d'Amchitka (à 1.800 m), du super-engin nucléaire, produite par le Dr Schlesinger, président de la commission de l'*Énergie atomique, en présence des députés républicains*, O. Hansen et C. Flosmer. *L'essai*, aux risques considérables outre l'anéantissement de la faune dans un large rayon, eut un grave effet sismal ressenti à l'antipode et par tous les *pays alliés* voisins et lointains, y compris les vrais Américains, défiés par les Achkénazim Maîtres de l'Amérique.

— Les expériences du rayon de la mort, financées avec 850.000 dollars des fonds du Pentagone et réalisées par les professeurs Silberstein et Saenger, de l'université de Cincinnati, ont sacrifié, à *cette science,* 11 cancéreux sans que ces malades en fussent informés. (On a pendu des médecins nazis coupables de telles expériences.)

— Les agressions du rabbin athée Kahanne (nom dérivé de Cohen, ou Kahn, ou Cohn, ou Lincoln), refoulé de New-York, de Washington, de Bruxelles et de Tel-Aviv même, pour étouffer ces manifestations voulues par ailleurs.

En Israël, les tenants des opinions politico-économiques, militaristes-athées, orthodoxes religieuses ou maçonniques, étaient scandalisés par des faits menaçant l'unité et l'inviolabilité du *sanctuaire* sioniste :

— En raison de la faible immigration, la nationalité israélienne était étendue, en *vertu-de-la-loi-du-retour*, aux Ashkénazim n'ayant qu'un seul ascendant juif alors que seuls les descendants de parents et grands-parents juifs étaient considérés comme juifs. Ce qui est incontrôlable, surtout chez les Achkénazim en général athées.
— Pour satisfaire la justice en France et aux États-Unis, l'extradition éventuelle ou le refoulement simulé était négocié pour des délinquants pris en flagrant délit, tels que les escrocs Lipsky et autres gangsters de la mafia américaine, réfugiés en Israël.
— Les prévarications commises aux pétroles du Sinaï et autres matériels volés aux Pays arabes, sous le secret militaire, par plusieurs ministres, dont Dayan.
— La loi antigrève appliquée aux salariés pour le travail forcé, etc.

L'objectif sioniste d'expansion territoriale visant le Na, l'Euphrate, le Liban, VAmanus (Le Caire, Bagdad, Beyrouth, Damas, Alep), englobait des compléments, dont les pétroles arabes. Après les conseils insidieux donnés par Ben Gourion au général de Gaulle, tendant à soustraire le Sahara à l'autorité du Gouvernement algérien, la politique pétrolière du Sionisme n'a cessé de s'affirmer.

Cette politique guerrière, protégeant Israël et enrichissant surtout l'Intelligentzia, principale intéressée au commerce du pétrole et du matériel de guerre, est basée, rappelons-le, sur l'Organisation des États américains, l'Organisation du Traité de l'Atlantique-Nord, l'Organisation du Traité de l'Asie du Sud-Est et... le Cartel des Pétroles.

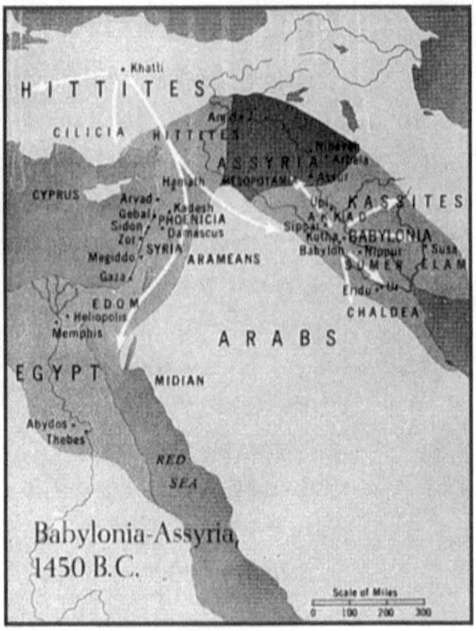

Planche 18

L'Empire Babylonien 1700 av. J.-C.

Planche 19

L'Empire Babylonien 1450 av. J.-C.

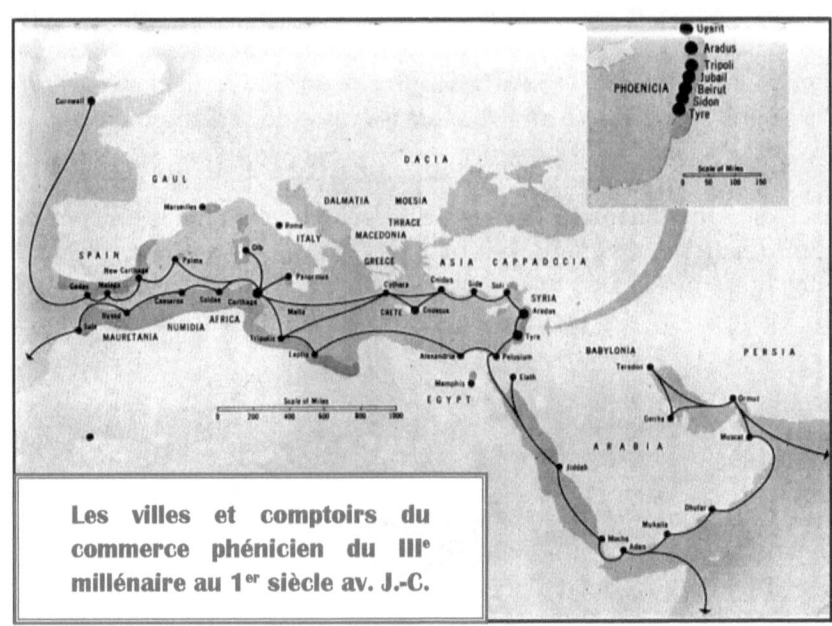

Planche 20

Les villes et comptoirs du commerce phénicien
du IIIe millénaire au 1er siècle av. J.-C.

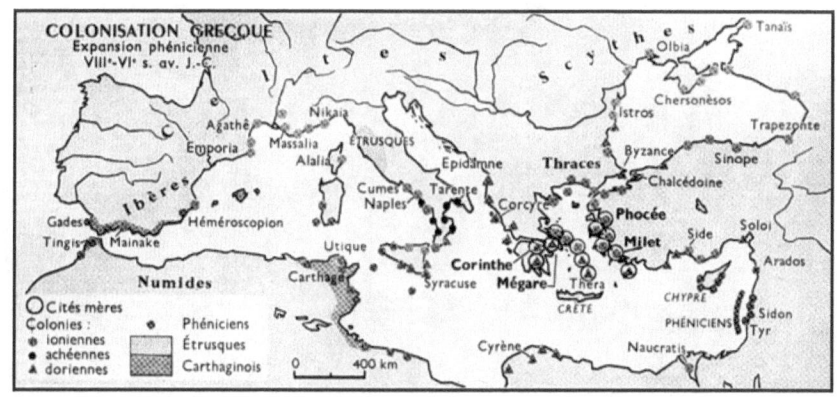

Planche 21

La colonisation grecque et l'expansion phénicienne du VIIIe au VIe s. av. J.-C.

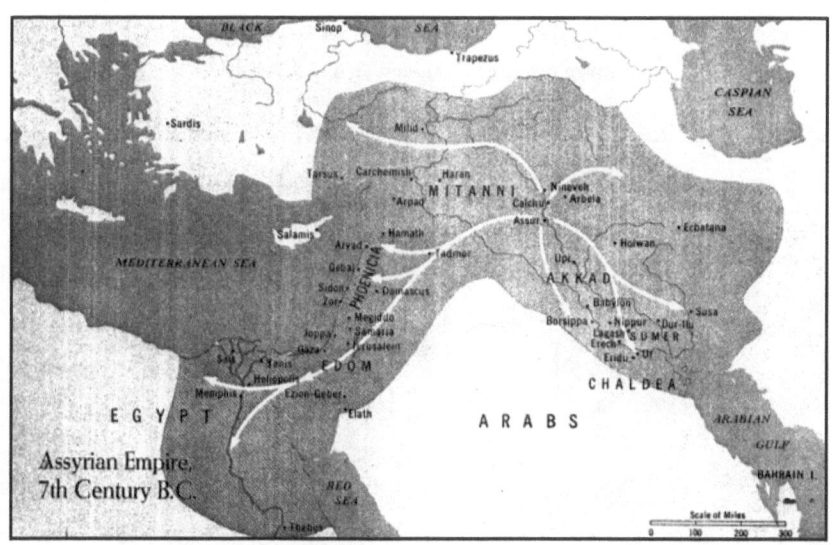

Planche 22

L'Empire Assyrien au VIIe siècle av. J.-C.

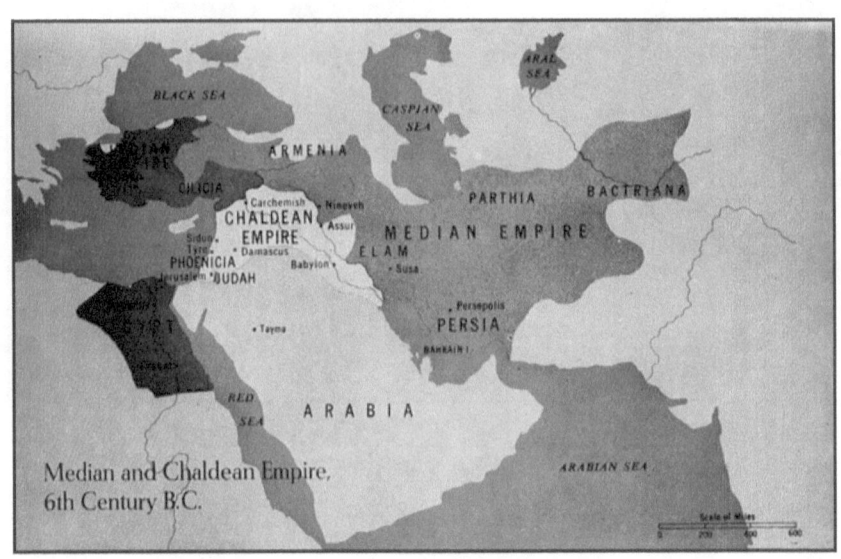

Planche 23

L'Empire Mède et Chaldéen au VIe siècle av. J.-C.

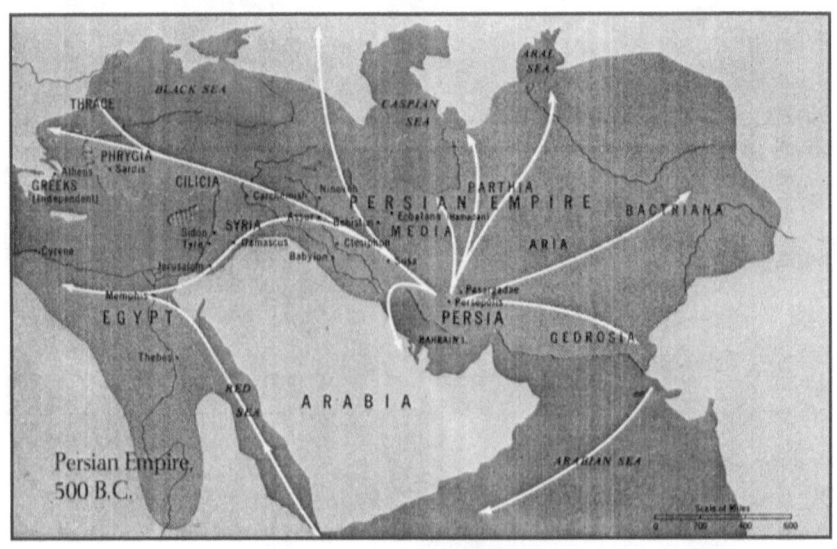

Planche 24

L'Empire Perse 500 ans avant J.-C.

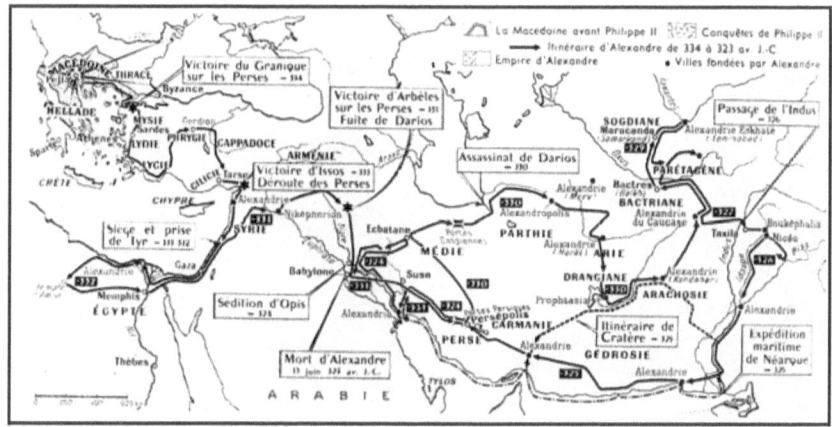

Planche 25

Les conquêtes d'Alexandre le Grand de 334 à 323 av. J.-C.

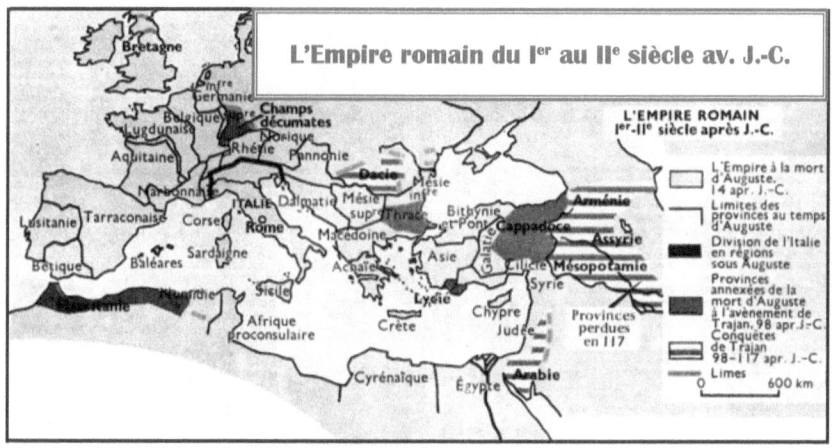

Planche 26

L'Empire romain du Ier au IIe siècle av. J.-C.

CHAPITRE IV

LE SIONISME ET LE PÉTROLE

La Première Guerre mondiale fit augmenter la consommation du pétrole alimentant les moteurs d'autos et d'avions, multipliés chez les Alliés et les Empires Centraux. Ceux-ci approvisionnés, au su des gouvernants anglais complices, par les Pays-Bas et la Scandinavie, réglaient leurs transactions aux banques *Rothschild* de Francfort et des pays neutres, en liaison avec celles de Londres et de Paris. Ces banquiers associés des Compagnies Shell et Royal Deutch, et du groupe Deterding, représentant d'autres banques juives et protestantes, anglaises et hollandaises, s'incorporèrent au Trust Standard américain qui monopolisait les pétroles des États-Unis.

Rappelons que l'Europe, dont le charbon était la source principale d'énergie, fut tributaire, jusqu'en 1933 environ, presque exclusivement du pétrole américain distribué par la *Standard Oil of New-Jersey*, mère de toutes les autres compagnies *Standard*, propriété Rockefeller. Le Trust français obtenait alors une petite part des pétroles d'Irak en récompense des services maçonniques mandataires en Syrie. Le reste des pétroles de Kirkouk — 5 % exceptés — appartenait au Cartel, groupant les Sociétés Standard, Shell et Royal Dutch, accaparant les concessions futures.

« *Tels étaient la puissance de Rockefeller et de la* Standard *et leur mépris du gouvernement que, en 1917, l'Amérique étant entrée en guerre, la* Standard *refusa froidement de mettre sa flotte de tankers au service des Alliés, dans les eaux de l'Atlantique. La conquête du marché de la Chine dont elle espérait évincer les Anglais (Royal Dutch-Shell), l'intéressait infiniment plus que la bataille « pour le droit et la liberté ». Il fallut que le Président Wilson menaçât... pour faire* céder Rockefeller. Mais il profita de cette nouvelle soumission pour augmenter encore ses profits, pour se constituer d'énormes réserves occultes, pour inonder de ses produits l'Europe qui passa ainsi, pour une part, à ce moment-là sous sa loi. Il était aussi singulièrement puissant à Mossoul et dans tout l'Extrême-Orient où il avait fait sa paix avec les Anglo-Hollandais.»

« Cependant, aux États-Unis même, Rockefeller et la Standard prennent alors une part de plus en plus grande — et presque malgré eux — à la politique fédérale. Pour se protéger, ils paient une multitude de fonctionnaires et de politiciens ainsi se trouvent-ils être les banquiers du Parti Républicain... la Standard fait élire président Harding, un homme qui, tout aussitôt, se trouvera contraint de nommer Secrétaire d'État, Hughes, qui disait : « La Standard Oil avant tout. » Harding, au bout de quelque temps, voudra résister, mais la Standard a des armes, et lui, peutêtre, a eu des faiblesses ; la puissante compagnie le fera donc chanter, et il mourra mystérieusement, sans doute suicidé, en 1923.» (P. Brancafort, *Historia*, H.S., n° 9.)

Le roi absolu d'un empire, qui semblait indestructible, ne distribuait plus en Chine des lampes à mèche pour écouler son pétrole. (L'écoulement fut tellement poussé par le gaspillage durant 50 ans, les réserves des États-Unis étant presque épuisées en 1970, que le Cartel (sioniste) s'efforce de conclure un marché pour l'importation annuelle, aux États-Unis, de plusieurs dizaines de milliards de dollars de gaz algérien, qui serait soustrait à la manne pétrolière de l'Europe et de l'Afrique.) Avec une goutte infime de ses profits en France, Rockefeller subventionna, vers 1929, la restauration du Palais de Versailles que les Républiques maçonniques laissaient pourrir. Il visita Damas, sans rien donner aux Arabes, mais en Palestine il finança le musée de Jérusalem et des œuvres sionistes. Dans ses nombreuses filiales interchangeables, qui se révoltaient parfois, le diable (sioniste) Deterding était toujours présent.

Depuis les conventions sionistes de Londres (1913-1916) désignant l'Empire britannique protecteur du Foyer juif en Palestine (Golda Meir *dixit*), le Cartel des pétroles américain, anglo-hollandais, appuyé par la diplomatie des États-Unis et les forces coloniales anglo-françaises maçonniques, accapara successivement les concessions pétrolières d'Iran, d'Irak, du golfe Arabo-Persique, d'Arabie Saoudite, de Libye et d'une partie de celles d'Algérie. Les gisements vénézuéliens furent accaparés vers 1930. Seuls les pétroles roumains de Transylvanie, ex-hongroise, lui échappèrent en 1947, après l'abdication du roi Michel de Roumanie, retiré aux États-Unis.

Dans les Pays arabes et en Iran, l'existence des gisements pétroliers et bitumineux était bien connue depuis la haute Antiquité. Les bitumes d'Irak étaient utilisés aux époques babylonienne, assyrienne et arabe. Des écrivains arabes avaient décrit la curiosité des feux de gaz et de naphte à Kirkouk, les bitumes du Djébel Bichri, en Syrie, indiquant que la région regorgeait de pétrole, les coulées visqueuses et épaisses au Fezzan (Libye) qu'un contemporain français du XVIIIe siècle traduisit par le vocable *d'airain plastique*.

Ce savoir arabe, relégué sous le régime ottoman, fut mis à profit par des Juifs d'Irak, commerçants (la nacre des coquillages pour la fabrication des boutons), qui fondèrent la Shell (coquille) et son associée, la Royal Dutch.

Avant la libération de la technologie, mise sous cloche par la Franc-Maçonnerie d'obédience sioniste, seuls les puits américains devaient être exploités pour collecter l'argent des *Gentils*. Les gisements pétroliers arabes devaient être inemployés, en grande partie pour maintenir l'Europe sous la dépendance de l'Amérique, et les Pays arabes sous celle du Sionisme. *(Vers 1947, la Franc-Maçonnerie recommandait encore aux hauts membres du Rotary International de s'écarter du pétrole jugé tabou et réservé au Cartel. Effectivement, les incrédules qui s'en approchèrent affrontèrent des difficultés financières ou périrent dans des accidents d'avion.)*

En juin 1967, le Sionisme international était au summum de son arrogance. En Indochine, où, durant les années 50, le Cartel avait découvert d'importants gisements pétroliers, L.-B. Johnson et le Pentagone faisaient intensifier les bombardements pour annihiler la résistance du peuple indochinois. En Proche-Orient, l'armée de métier israélienne attaquait, après acquiescement de la Maison-Blanche et en dépit de l'interdit jeté par l'Élysée ; le Sinaï était occupé jusqu'au canal de Suez, pour fermer la voie pétrolière en vue de faire pression sur l'Europe, de renverser le gouvernement égyptien et de contrôler les pétroles de la R.A.U. et de la Libye. Le reste de la Palestine fut envahi avec le Sud de la Syrie, jusqu'à l'oléoduc de la Tapline, du pétrole d'Arabie Saoudite, qui eût été coupé si Israël avait annexé la région.

Le Cartel, quant à lui, principal intéressé de la politique américaine sur le monde, avait lancé les flottes de *ses* supertankers — coques monstres, économiques, très dangereuses pour la pollution des mers — naviguant sous les pavillons libérien et panaméen, et construit et rempli tous les réservoirs pour parer à une coupure éventuelle de deux mois des pétroles arabes. Ayant relevé le prix de *ses* assurances, de *ses* transports d'un pétrole trop bon marché, à son gré — qu'il fit supporter à l'Europe — il lança *ses* presses sur la prétendue existence de pétrole partout dans le monde et de l'inutilité du canal de Suez. Ainsi il ne s'opposait pas à l'action israélienne ni à son renforcement par l'Administration américaine, et, partant, en condamnant l'attitude de l'U.R.S.S. et de la France.

À mesure que crevaient les mensonges et les mythes du petit État *occidental* pacifique en Orient et défenseur exemplaire des intérêts du *Monde Libre*, qui sont le Pétrole, le Cartel intensifiait ses coûteux, difficiles et décevants forages en mer du Nord. Il tentait vainement de faire briser, au moment fugitif le plus favorable de l'année, les glaces du Grand-Nord canadien pour y faire passer, à vide, un tanker renforcé qui revint bredouille. Aux États-Unis, le Cartel finançait la campagne nationaliste pour remonter le moral américain déçu en Indochine.

En 1971, la situation était renversée :

— Le coût élevé, en hommes et en argent, supporté en Indochine par l'armée américaine, pour y remplacer les troupes coloniales, françaises et anglaises, prédisposait les États-Unis à l'isolationnisme, et le dollar à la faillite.
— La solidarité des pays du Tiers-Monde décolonisé rejette l'influence du Sionisme sous ses formes politiques et mercantiles qu'impose le protectionnisme américain.
— L'État d'Israël subit une dégradation et un isolement considérables en Occident. Le nombre des immigrants, en 1970, s'est réduit à 42.000 Juifs, dont 9.000 d'Afrique. Les Occidentaux lui reprochent d'avoir coûté 60 milliards de dollars, en 20 ans, et indirectement 1.500 milliards des dépenses de l'O.T.A.N., et d'inspirer la politique coloniale américaine du pétrole et du commerce des armes. Selon l'O.N.U., le coût des dépenses militaires effectuées par le *Monde Libre* dans la course aux armements, que mène la politique sioniste américaine, de 1960 à 1970, est de 1.425 milliards de dollars.
— L'antisionisme généralise ses réactions dans le monde. Les 52 millions d'Arabes, de ses voisins hostiles qui refusent le Sionisme, se sont accrus en 1970 et 1.310.000 nouvelles recrues, espoir d'une jeunesse plus combative, qu'appuie la solidarité arabe-musulmane d'Afrique et d'Asie et du monde chrétien d'Occident, irritée par la politique américaine.

— L'importance, primordiale pour l'Europe, des pétroles arabes et la conscience de l'extrême gravité de l'épuisement des réserves pétrolières mondiales, en 20 à 30 ans, sans solution de remplacement, par suite des gaspillages militaires insensés et des dilapidations du Cartel, rappelle impérativement, aux gouvernants des Nations occidentales, que les Pays arabes, seuls producteurs du pétrole, réprouvent le Sionisme et ses assistants serviles ou complices.
— La superpuissance du Japon industrialisé et le redressement de la Chine, fermés au Sionisme, écarteront définitivement son impérialisme mercantile dans l'océan Indien et le Pacifique, que les États-Unis devront abandonner.
— Aux États-Unis (205 millions d'habitants), les manifestations universitaires et populaires, pacifiques puis violentes, s'opposent aux Syndicats ouvriers d'obédience nationale sioniste, quoique dans un sondage d'opinion de février 1971, du *Newsweek*, sur les six millions de Juifs américains, 95 % déclarèrent que les États-Unis devraient fournir, à Israël, une aide diplomatique et de matériel de guerre ; 2 % estimant le contraire, contre 3 % d'abstentions ; 49 % de ces mêmes Juifs jugèrent que cette aide devait être maintenue au risque d'entraîner les États-Unis dans une autre guerre ; 32 % y étaient opposés, contre 14 % sans opinion.
— En Indochine la persistance de la guerre — réactivée en 1971 par la décision du Sioniste Kissinger, conseiller de la Maison-Blanche, d'envahir le Cambodge, suivi du Sioniste Helms, dirigeant de la C.I.A. pour occuper le Laos — démontra que le prétexte anticommuniste invoqué était une tentative d'accaparement des pétroles du Vietnam-Sud, sacrifiant l'ensemble de la population du nord au sud et l'honneur des États-Unis.

Rappelons que les pétroles, découverts avant l'aventure criminelle de Diên-Biên-Phu (1954) — défaite qui provoqua le retrait (1956) de la IVe République maçonnique d'obédience sioniste — passèrent subrepticement sous le joug du Pentagone et du Cartel mondial des pétroles. Se déroula ensuite la chaine des événements conduisant à l'actuelle faillite du dollar, ressentie plus durement par les financiers associés : le viol américain des conventions de Genève ; l'assassinat des gouvernants Diem, désireux d'un accord politique, suivi de la mort du Président Kennedy qui voulait retirer les Conseillers du Vietnam ; l'infâme mensonge collectif de la prétendue attaque de la

Flotte américaine par les jonques de pêche ; l'exploitation sordide des fournitures de matériel de guerre et des surplus de l'armée américaine ; les bombardements, par centaines de milliers de tonnes, des populations civiles, des digues et canaux d'irrigation, des forêts aux arbres défoliées, des temples... ; le blocage du canal de Suez et l'invasion des Pays arabes, téléguidés par les services américains ; la tentative d'isoler les pétroles du Biafra..., les événements de Mai à Paris et ceux de Prague... Toutes opérations suscitées par le Sionisme international et aidées par le plus israélien des Américains, le Président L.-B. Johnson, de famille achkénaze, pour le déshonneur des États-Unis.

Ces opérations *impérialistes* colossales accrurent les risques d'une guerre mondiale et d'une pénurie du pétrole en Europe. Mais, par la Providence, c'est l'avenir du Cartel qui se joue par une conjoncture différente. La résistance du Tiers-Monde met en échec le Monde sioniste par des révisions déchirantes.

Les réactions se multiplient par le processus surprenant d'une information jusqu'alors inexistante, maintenant en voie de libération incontrôlable malgré l'opposition sioniste.

La défense groupée des pays pétroliers, face à l'impérialisme des avidités du Cartel, est significative. Lorsque le gouvernement algérien nationalisa une partie des sociétés françaises, filiales du Cartel, exploitant *les* pétroles du Sahara, afin de contrôler leurs obstructions systématiques (comparables à celles de la diplomatie israélienne), il rétablit le respect du Monde à l'égard des États trop souvent bafoués.

Les intérêts français en Algérie, en Méditerranée et dans les Pays arabes en général n'ont pas pesé bien lourd entre les mains du puissant Cartel international, aux multiples compagnies interchangeables et aux conseils juridiques trop souvent juifs ou protestants. La guerre d'Algérie a été ; en particulier, une guerre du pétrole, ainsi que celle d'Indochine ; elles furent ordonnées par la Franc-Maçonnerie. Les besoins annuels américains en gaz liquéfié algérien (14 milliards de m^3 pour commencer), *dont les marchés* seront conclus à temps, bien sûr, par le sabotage des relations franco-algériennes, expliquent le refus des Compagnies françaises de se soumettre aux disciplines de l'État algérien et l'échec attendu du négociateur M. Hervé Alphan ou Helphen refusé en Algérie.

Les quatre millions d'hectolitres de vin que l'Algérie doit exporter[62] en reliquat des 10 à 16 millions par an — que les

---

62). La main-d'œuvre algérienne en France est principalement utilisée intermédiaires étrangers envoyaient en France avant 1958(63) — seront probablement négociés par d'autres *intermédiaires* pour être revendus plus cher en France où le lait (du Nord et du Centre) demeurera invendu, privé de son débouché algérien, qui sera alors comblé par la Hollande, la Belgique(64), la Suisse, l'Italie, la Scandinavie, et même les États-Unis et la Nouvelle-Zélande, pays sous l'influence maçonnique de l'Impérialisme sioniste.

Cependant, le plan de développement algérien, lancé en 1970, prévoit la suppression de 140.000 hectares de vignobles (de raisins de cuve) d'ici à 1980, tandis que 30.000 hectares de vignobles de raisin de table devraient être plantés au cours de la même période... Des vinificateurs français pensent également que la France sera obligée de continuer à utiliser des vins de coupage algériens à degré élevé. Enfin, l'Algérie n'aurait pas exploré toutes les possibilités commerciales qui s'offriraient ses vins, notamment dans les pays anglo-saxons *(Le Monde,* 15 avril 1971).

À Paris, la presse sioniste du groupe *« Express, Paris-Match,*

---

aux durs travaux publics et du bâtiment **où les Français, décimés par les guerres, sont rares**. Son remplacement problématique par des Turcs serait plus nuisible que le retard dont souffre déjà le programme de construction. Cette main-d'œuvre francophone sera rappelée, de toute façon, pour participer à la prochaine expansion industrielle algérienne.

« Le vignoble algérien est un lourd héritage du colonialisme, déclara le Président Boumediene. Plusieurs milliers d'hectares de nos meilleures terres (sur 301.5/6 hectares saisis, en 1871, par Adolphe Isaac Crémieux) n'étaient pas destinés à l'alimentation de notre population, mais à remplir les poches des colons et des groupes d'intérêts étrangers. » *Après avoir précisé que la production algérienne au lendemain de l'indépendance s'élevait à 16 millions d'hectolitres de vin environ, il a abouti :* « Notre peuple (musulman) ne boit pas cette boisson. Nous n'en avons plus besoin... il nous faudra reconvertir ces vignobles restants... »

63). Les vins algériens, produits en grande partie par des « Espagnols (les Pérès), transportés par des Belges, étaient vendus, avant 1958, en France pour des « coupages » et la fabrication de l'alcool industriel pendant que des primes de la IVe République étaient accordées pour L'arrachage des vignes françaises. La production de vin français était de 61 millions d'hectolitres en 1966, contre 74 millions en 1970.

64). L'Algérie est le premier client de la France pour le lait frais, presque le tiers des exportations françaises : 60.000 tonnes sur 209.000 tonnes en 1970. Cela représente 95% environ des importations algériennes de ce produit, outre le quart des laits concentrés de production française : 25.000 tonnes sur 102.000 tonnes en 1970.

Figaro, France-Soir, Aurore, Minute, Canard Enchainé, etc., appuya le Cartel, tandis qu'aux États-Unis les presses du Cartel, principal intéressé, étaient muettes en raison de la modicité des prix des pétroles arabes comparés à ceux d'Amérique, que les gouvernants soutiennent pour ménager *les* réserves restantes du pétrole américain.

M. Raymond Cartier, en février 1971, s'inquiétait du montant que l'augmentation du pétrole procurerait aux Six Pays pétroliers du golfe Arabo-Persique, aux 25 millions de décolonisés devant bâtir leur économie. Il estima que leurs revenus, en 1975, correspondraient au montant de t'aide du Plan Marshall à l'Europe ravagée par la guerre (12 milliards de dollars dont 6,5 de prêts à long terme). Ce regret (sioniste) ne chiffrait pas les bénéfices proportionnels fantastiques des Trusts pétroliers de l'Europe et de l'Amérique; ni le cas de l'Anglo-Persian Oil Co., exploitante de l'Iran de 1910 à 1954 à qui elle n'accorda que des *royalties* infimes, inférieures à 5%, d'un prix dérisoire fixé arbitrairement et en laissant les Iraniens dans une misère honteuse. La comparaison de M. Cartier ne se porta pas sur ce que reçurent les deux millions et demi d'Israéliens en vingt ans, soit plus du quadruple que ne concéda le Plan Marshall aux 250 millions de sinistrés européens aussitôt exploités par le Parti achkénaze.

On sait aussi que les exploitations pétrolières pour l'écoulement et le stockage ont des installations d'un coût si réduit, proportionnellement aux fortes rémunérations obtenues, qu'elles sont amorties en l'espace de 15 à 30 jours de travail normal, quelle que soit l'importance des investissements des banques d'affaires protestantes et juives associées. Aussi, les sociétés parasites de transport par oléoduc et *tankers* sont-elles d'accord pour dissimuler les fabuleux bénéfices du Cartel derrière de prétendues dépenses de brevet[65], d'amortissement, d'administration, d'assurance, d'entretien, d'intérêts afférents aux capitaux engagés, etc. De même les forages terrestres, dans les zones arabes reconnues pétrolières, sont-ils majorés des coûts énormes de répartition des risques fallacieux. Certains forages sont effectués volontairement dans des zones stériles. Ainsi le Cartel fait-il supporter ses frais considérables de recherche et d'exploitation des pétroles sous-marins, accaparés continuellement, sans contrôle international effectif contre les risques de pollution des océans et de la déperdition des nappes, dont l'Europe sera privée bientôt de ces faits.

---

65). La plupart des découvertes industrielles européennes, importantes, devenues des brevets israéliens, versent des redevances à l'État hébreu, par le truchement de relais étrangers. En particulier pour des systèmes de forage et d'industrialisation des pétroles.

Les ramifications sionistes dans l'exploitation des pétroles arabe, iranien et africain sont manifestes. Elles peuvent être remontées, sur la chaine des faits irréfutables, à partir de l'impasse israélienne de 1971 jusqu'à l'établissement du Foyer juif, 52 ans plus tôt, à l'issue de la Ire Guerre mondiale.

« La Deutsche Bank allemande (intérêts juifs) s'était fait concéder les droits de prospection pétrolière sur une largeur de 40 km le long du tracé de la voie ferrée dans les régions de Mossoul et de Bagdad : elle les céda en 1912 à la Compagnie des Pétroles de Turquie (plus tard d'Irak), dominée par la Dutch-Shell et l'Anglo-Iranian.

« Au terme de la Première Guerre mondiale la Shell-Royal Dutch avait racheté les intérêts des Rothschild en Russie et contrôlait la production des Indes orientales (Indonésie) qui étaient à ce moment-là le premier producteur asiatique... C'était le cas des pétroles Nobel en Russie, où la Standard prit un intérêt de 50 % : les Bolcheviks les avaient déjà nationalisés, et comme les Nobel avaient été sujets russes,

« Gulbenkian... avait, disait-on, servi d'homme de paille à Sir Henry Deterding (sioniste), le Napoléon de la Royal Dutch-Shell... Bien qu'elle ne détînt aucune concession valable, ni de l'ancienne Turquie ni du nouvel Irak, la compagnie représentait en 1918 la meilleure part du butin de guerre au Moyen-Orient. En 1920, sous le couvert naturellement de mandats de la Société des Nations... la participation allemande de 25 % dans les pétroles de Turquie revint à la France (à des sociétés françaises de la IIIe République maçonnique)... Six ans... aboutirent enfin d'un accord qui donnait à la Jersey et à la Socony (Standard) une participation de 23,75 % dans les pétroles d'Irak, l'Anglo-Iranian, la Royal Dutch-Shell et la Compagnie Française des Pétroles gardant chacune une part égale, et Gulbenkian ses 5 % de fondation... (en constituant l'Irak Petroleum Co. en 1928). Les filiales du Cartel essaimèrent dans les territoires de l'ancien empire ottoman. Mais la Gulf prenait en 1927 une option à Bahrein, île du golfe Arabo-Persique, que la Gulf disait n'avoir jamais été possession turque, mais perse. L'option fut cédée à la Standard » (66)

« Le gouvernement américain avait toujours pris le plus grand soin des intérêts des sociétés pétrolières ; dans les années 1920, à la grande amertume du Foreign Office, il avait fait entrer la Standard dans l'Irak Petroleum ; dans la décade suivante, Andrew W. Mellon, ambassadeur U.S. à Londres, s'était trouvé bien placé pour faire obtenir à sa propre société, la Gulf Oil, une concession dans le territoire de Koweit, contrôlé par la Grande-Bretagne ; en 1954, Herbert Hoover

---

66). Extrait de *L'Empire du Pétrole* par Harvey O'Connor.

junior avait présidé à la liquidation du monopole britannique en Iran et à la mise en place d'un consortium représentant le Cartel mondial. La part des sociétés américaines dans la production du golfe Arabo-Persique était passée de 14 % en 1938 à 55 % en 1955, et les gisements leur appartenaient maintenant en majorité, tandis que la participation anglo-hollandaise déclinait.

« *Indiquez-moi, disait au début de 1944 Harold L. Ickes, chef de l'Administration du pétrole en temps de guerre, les bases de l'accord que les Nations Unies concluront après la guerre sur la répartition des ressources pétrolières mondiales, et je serai en mesure de juger de la stabilité de la paix prochaine.*

« *L'Alliance internationale des Coopératives proposa en 1947 d'internationaliser l'industrie (du pétrole)... par l'établissement d'une agence pétrolière aux Nations Unies... l'intérêt général... la préservation des gisements pétroliers... l'égalité d'accès... sans discrimination... en proportion des besoins... règlement de tout conflit... étaient inclus dans ce plan qui reçut l'appui de la Fédération Syndicale mondiale... Mais quand la commission économique et sociale des Nations Unies passa* au *vote, le 12 août 1949, il ne se trouva pour soutenir le projet que la Norvège et la Colombie. Huit pays s'abstinrent, dont les pays communistes ; huit votèrent contre, dont les États-Unis, la Grande-Bretagne et les Pays-Bas. Présenté à nouveau en 1951, le plan jugé explosif.. fut enterré.*

« *Les puissances du Cartel se sentirent beaucoup plus gravement menacées... en 1952... aux Nations Unies... dans un projet de résolution en faveur du droit de nationalisation présenté par l'Iran et la Bolivie, les États-Unis se trouvant seuls à voter contre. Un amendement des États-Unis tendant à assurer le respect de la propriété des investissements étrangers fut repoussé par vingt-sept voix contre quinze. Dans la majorité figuraient l'Argentine, le Brésil, la Colombie, l'Égypte, l'Éthiopie, l'Indonésie, l'Iran, l'Irak, le Mexique et l'Arabie Saoudite — bref, tous les pays disposant de ressources pétrolières... La Birmanie, le Pérou et le Venezuela s'étaient abstenus...*

« *Plus fortes pour l'instant que les peuples ou les idées, les sociétés groupées par l'accord d'Achnacarry (1928, Deterding sioniste) continuent à régner. Mais elles aussi pourraient prendre pour devise :* « *Après nous, le déluge* [67]... »

---

[67]. Extrait de *L'Empire du Pétrole* par Harvey O'Connor.

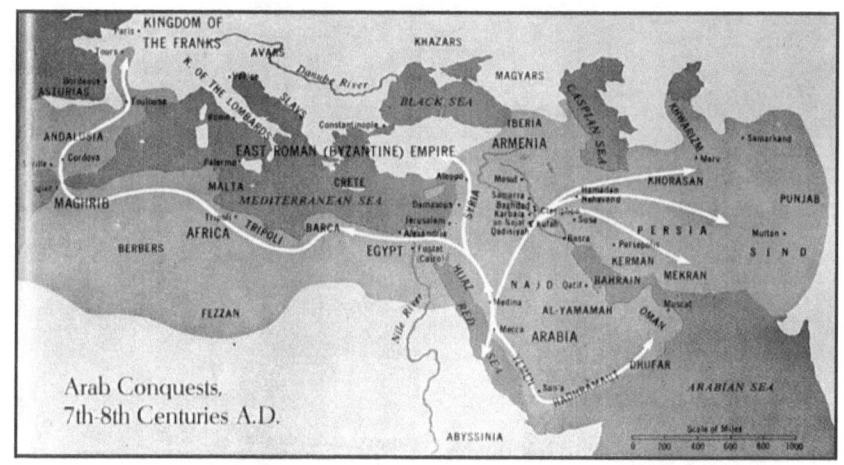

Planche 27

Les conquêtes arabes du VIIe au VIIIe siècle.

Planche 28

Les Croisades du XIe au XIIIe siècle

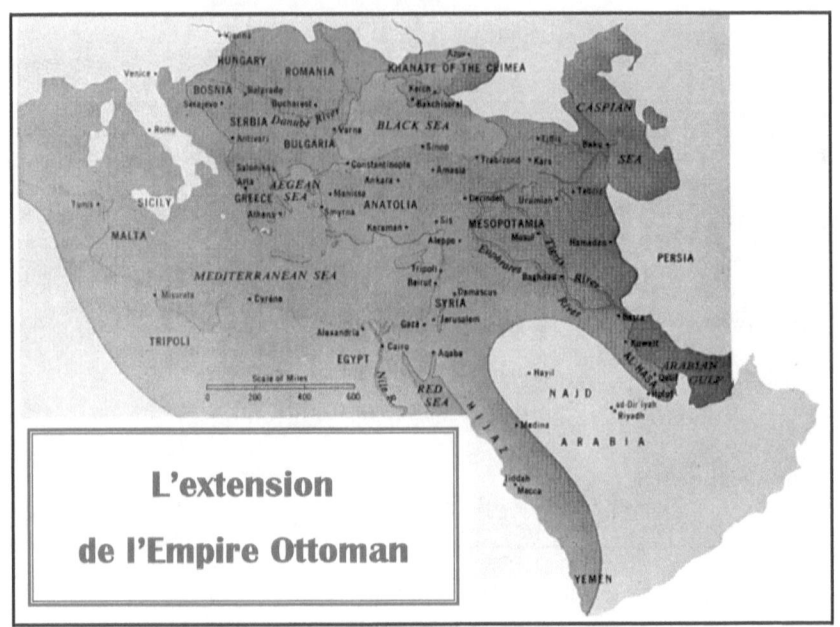

Planche 29
L'extension de l'Empire Ottoman

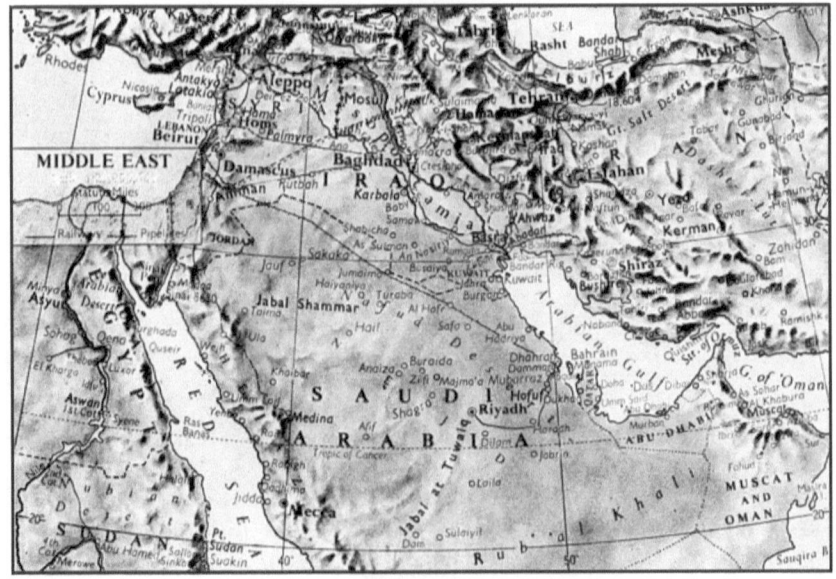

Planche 30
Accord Sykes-Picot 1916
– Zone française d'occupation et d'influence –
La Syrie 1939 après les abandons successifs.

1970.
Pétrole, guerre d'Indochine et sionisme.

Parmi les informations journalistiques recueillies durant les mois de mars et d'avril 1971, dont les presses sionistes française (précitée) et anglo-saxonne ne soufflent mot, quelques citations parues dans *Le Monde*.

« *Nos fils doivent-ils mourir pour du pétrole ?* » *Telle est la question que posent chaque jour quatre à cinq cents Américains dans des lettres adressées à la commission sénatoriale des Affaires étrangères, présidée par le sénateur Fulbright... Question à laquelle le gouvernement ne répond pas. Les autorités de Washington refusent, en effet, de discuter sérieusement de cette nouvelle explication de la guerre au Vietnam... La découverte d'importants gisements de pétrole en Thaïlande et au Vietnam du Sud expliquerait... la recrudescence des activités militaires en Indochine... Ainsi les États-Unis renforceraient leur soutien au régime Thieu parce que les grandes compagnies pétrolières américaines, telles que la Standard Oil of New Jersey, la Gulf et l'Union Oil espèrent obtenir la concession de gisements de pétrole situés au large des côtes vietnamiennes et malaisiennes.*

« *Chaque concession peut atteindre 20.000 km^2 et chaque compagnie peut atteindre jusqu'à cinq périmètres de recherche. Les sociétés reçoivent la garantie que leurs biens et leurs droits ne seront pas nationalisés et possèdent un droit de raffinage du pétrole exploité...*

« *Faire des affaires au Vietnam* » *est le titre d'un livre de propagande de la firme américaine Kirkwood, Kaplan, Russin et Vecchi... qui a ses bureaux dans ces pays* « *amis* » *que sont la république Dominicaine, la Thaïlande et l'Indonésie...* » (Le Monde, 9 fév. 71).

Au cours d'un débat, en mars 1971, à Washington sur les assurances données aux compagnies pétrolières pouvant investir au Vietnam-Sud, le Pentagone parait jouer, dans ce problème des investissements, un rôle essentiel, même si le Département d'État s'efforce d'en minimiser l'importance.

M. Hannah, vétéran (sioniste) des questions vietnamiennes, alors qu'il était président de l'Université de l'État du Michigan, avait accepté que cet établissement envoie à Saïgon, en 1955, une équipe chargée, entre autres missions, de participer à la « *réforme de la police* ». La C.I.A. s'est trouvée alors directement mêlée aux interventions de l'Université dans la vie politique au Vietnam-Sud.

Selon M. David Rockefeller, descendant du fondateur de la plus puissante compagnie pétrolière mondiale, la Standard de New-jersey, et président de la banque pétrolière Chase Manhattan, 36 milliards de dollars seront investis d'ici 1980 sur les côtes asiatiques. (Mais)... il ne s'agit que du pétrole d'après-demain, alors que le problème de l'approvisionnement européen est immédiat. La réalité brutale est que, dans les prochaines années, les sources extérieures du Proche-Orient et du monde ne pourront pas couvrir, dans la meilleure hypothèse, beaucoup plus que le surcroit (300 millions de tonnes peut-être d'ici à 1975) des besoins de l'Europe occidentale, qui a consommé 600 millions de tonnes l'an dernier. Notons, par exemple, que la production de la mer du Nord sera, au maximum, de 50 millions de tonnes par an dans cinq ans et que celle de la Nigeria pourrait être à la même époque de l'ordre de 150 millions de tonnes. L'Alaska, dont on parle tant depuis quelques mois, ne représente qu'une goutte — 125 millions de tonnes par an, soit 10 % des besoins d'énergie des seuls États-Unis en 1970... « ‹La diplomatie de la canonnière› *a sombré dans le canal de Suez...* » *(Le Monde,* 1er avril 1971).

Cela expliquerait la guerre d'Indochine, qui fut menée par la France jusqu'à Diên Biên Phu de 1946 à 1954 (hors de la présence du général de Gaulle), d'autre part, le vote du 1er avril 1971, de la Chambre des Représentants, où l'influence sioniste est considérable, qui, par 293 voix contre 99, prolonge de deux ans le service militaire.

Durant la longue guerre d'Indochine, le Cartel et le Pentagone ont toléré, sinon préconisé, le blocage du canal de Suez par les troupes israéliennes, pour soumettre l'Égypte et les Pays arabes au chantage sioniste, sous le prétexte de gêner le transport des armes soviétiques aux Vietnamiens. La corrélation entre les deux guerres du pétrole, évoquée dès 1968 par le général de Gaulle, fut confirmée par l'intervention discrète du Département d'État et du Cartel, auprès des gouvernants israéliens, en vue de rouvrir le Canal, lorsque l'échec en Indochine fut certain, fin 1970. La volonté des États-Unis de libérer le Canal s'est manifestée après plusieurs mois de paralysie de l'oléoduc de la Trans-Arabian-Pipeline (Tapline) « endommagé » par un tracteur syrien dans le voisinage de la ligne du cessez-le-feu. « L'accident » s'était produit dans un secteur proche des troupes israéliennes et des nouveaux kibboutzim que la Tapline indemnisa pour les dégats causés par le mazout. Néanmoins, ces guerriers, si agressifs ailleurs, n'intervinrent pas pour hâter la réparation de l'oléoduc crevé mais *tabou.*

La diplomatie secrète du Cartel aurait donné alors des assurances aux Syriens, quant au prochain retrait d'Israël en général, pour obtenir l'autorisation de réparer le pipe-line. La réparation fut faite rapidement et les redevances pétrolières furent augmentées sans discussion, en réglant les arriérés. Les déceptions rencontrées en Indochine, en mer du Nord, en Alaska, en Libye, obligeaient, en effet, le Cartel à reconsidérer la puissance de la solidarité des Pays arabes et sa situation compromise, par le Sionisme, sur les pétroles d'Arabie.

Le chantage des exigences d'Israël, en contrepartie de l'évacuation israélienne de la zone du Canal, sera une pierre d'achoppement pour le Cartel, placé entre la menace d'être privé de ses importantes sources de profits, aux pétroles arabes, et celle des gouvernants israéliens pouvant dévoiler les secrets des accords passés, avec le Cartel, avant juin 1967.

1969.
Stupeur du cartel et du sionisme.

En Libye, le Colonel Khazafi arrache le pouvoir à un régime corrompu, discrédité auprès du peuple, et fait supprimer les bases militaires étrangères (anglo-américaines), pour nationaliser progressivement les pétroles, dont il limite judicieusement l'exploitation, naguère intensive et à prix dérisoires. Cette opération, frappant de stupeur les Israéliens et les « Sionistes » occidentaux des Trusts associés, est dans l'intérêt même de l'Europe.

La guerre des Six Jours, qui se perpétuent, a fait prendre conscience dans les Proche et Moyen-Orient, en Asie et en Afrique. Elle a suscité un profond mouvement de révolte auprès des masses des jeunes générations et des gouvernants. La nationalisation des pétroles arabes ressortit à cette réaction irréversible contre les méfaits israéliens précédents.

1967.
Guerre des six jours.

Cette guerre israélienne, que le Cartel et l'Administration Johnson favorisèrent, avait pour objectifs, outre le *Grand-Israël* et le canal de Suez, voie pétrolière pour la pénétration en Égypte, les gisements de pétrole du Sinaï, observés en 1956, et la position stratégique de Charm el-Chaikh, contrôlant l'ensemble de la mer Rouge et des pétroles de l'Arabie Saoudite. Le blocage prolongé du Canal permettait au groupe Rothschild-Pérès du Cartel de construire un oléoduc pour court-circuiter (20 millions de tonnes en 1971) le pétrole d'Iran, obligé de passer par le Cap de Bonne-Espérance et coûtant à l'Europe plus d'un milliard de dollars par an, outre le coût des assurances, revenus sionistes anglais. Le conflit du Proche-Orient de juin 1967 a éclipsé, jusqu'en déc. 1971, l'actualité mondiale et a amorcé, par ses répercussions, la démystification du Sionisme, ravalé au rang d'une opération coloniale du Cartel des Pétroles, engageant la judaïcité.

1966-1969.
Le pétrole nigérien et Israël.

À la Nigeria, la guerre des pétroles du Biafra fut mise en échec, malgré les appels du rabbin Kaplan et des Sionistes de l'O.R.T.F. pour de soi-disant *Juifs d'Afrique* (dans leur aspect misérable et affamé), mis en évidence par la campagne de presse politique parisienne ; tandis que d'officieux *conseillers* israéliens, ayant entraîné des commandos biafrais en Israël, et envoyé des *conseillers* israéliens au Biafra, circulaient dans les deux camps. En 1967, la Knesset refusa d'envoyer au Biafra un corps expéditionnaire de l'armée israélienne qu'avaient proposé plusieurs députés. Le conflit sécessionniste, longtemps présenté par la presse sioniste comme une guerre islamo-chrétienne, révéla sur le tard avoir été provoqué par un groupe de jeunes officiers biafrais. Lorsqu'à la fin le caractère de la religion protestante du général Gowan, chef des Nigériens, fut connu, le rabbin Kaplan cessa ses interventions dans la presse française. *L'Arche* aussi.

1956.
« Opération de Suez », du pétrole « impérialiste ».

L'intervention occulte du Cartel dans cette affaire et son corollaire hongrois — révolte de diversion — s'est précisée par la participation de la C.I.A. à la double opération. Elle devait amplifier l'insurrection en Afrique du Nord, objectif américain du Cartel, et séparer les Français des Arabes, les privant des pétroles de Kirkouk.

Moins de deux ans après Diên Biên Phu, le Socialisme maçonnique français et sa presse sioniste complice, engageaient la France contre le Monde arabe. Guerre heureusement stoppée par le Président Eisenhower, suscitant l'indignation des Français subjugués qui ignorèrent longtemps l'étendue de la machination sioniste maçonnique en France.

Lorsqu'en rétorsion contre l'alliance des forces anglo-françaises[68] aux Israéliens pour envahir l'Égypte, la Syrie détruisit ses

---

68). Malgré le coup de force criminel de 1945 à Damas et les importantes livraisons d'armes à Israël, faites par le général Kœnig, ministre de la Guerre en 1955, les gouvernants arabes avaient maintenu des relations diplomatiques avec Paris, grâce aux excellents ambassadeurs français pro-arabes et aux dévoués enseignants français.

stations de pompage de l'oléoduc I.P.C. des pétroles irakiens (Noury Saïd), la pénurie de pétrole se fit durement sentir en France. Alors que les Anglais recevaient leurs pétroles des Caraïbes (Shell-Royal Dutch), le Cartel U.S. refusa ostensiblement de livrer du pétrole arabe Tapline aux Français. Il leur vendit, très cher, du pétrole américain et renforça son immixtion dans le Sahara que des velléitaires sionistes français prétendaient exploiter seuls.

« Que l'Europe soit dans une situation de plus en plus dépendante n'est que trop évident. Elle importe du golfe Arabo-Persique 80 % environ de sa consommation, et 60 % de ces approvisionnements passent par le canal de Suez. Le Moyen-Orient fournit déjà le quart des exportations pétrolières mondiales ; on a pu prédire qu'en 1975 il en assurerait les trois quarts... Les États-Unis, premier pays producteur, risquent de dépendre eux-mêmes du Moyen-Orient... Force était de constater que les difficultés de l'Europe occidentale au cours de l'hiver 1956-1957 remplissaient d'aise les compagnies américaines. Elles réagirent à la fermeture du Canal en augmentant immédiatement de plus d'un dollar et demi la tonne de mazout à destination de l'Europe, puis à plus de deux dollars : le coût de ces hausses... a été estimé à 500.000 dollars supplémentaires par jour (les sociétés américaines retirèrent en plus des U.S.A. 1.250 millions de dollars)... Les bénéfices des sociétés pour le premier trimestre 1957 battaient tous les records précédents, progressant de 16 % pour la Jersey (Standard), 24 % pour la Texas, 30 % pour la Gulf Oil... On proposa de construire un grand pipe-line de l'Irak à la Méditerranée à travers la Turquie : il aurait fallu un milliard de dollars et trois ans de travail... exposé au sabotage... Plus risqué encore était le projet, soutenu par des intérêts français, *d'un pipe-line à travers Israël, partant du golfe d'Akaba. Comment les pétroliers auraient-ils pu franchir le détroit de Tiran sans l'autorisation de l'Égypte et de l'Arabie ? Quelle nation arabe aurait accepté de voir son pétrole passer par le territoire maudit d'Israël ?... »* (69).

1955-1958.
LA GUERRE D'ALGÉRIE ET LE PÉTROLE.

La guerre civile franco-algérienne fut conduite par les gouvernants de la IVe République, du Parti radical socialiste maçonnique, d'obédience sioniste, contre l'autonomie des Algériens musulmans non-Français dans le département d'Algérie, où les Juifs, Français depuis 1870, avaient obtenu en 1872-1873, d'importantes

---

69). Extrait de *L'Empire du Pétrole* par Harvey O'Connor.

concessions de terrains, sur 446.416 hectares enlevés aux Algériens en 1871 (70).

Cette guerre, dominée par le rush boursier de la spéculation pétrolière et l'alliance franco-israélienne anti-arabe, conduite par Guy Mollet et Ben Gourion, fut une répression abominable opposée par le prétendu Socialisme français à la fierté nationale algérienne (71).

Lorsque, sous l'effet de la résistance algérienne et des protestations métropolitaines, le général de Gaulle étant revenu au pouvoir, le référendum accorda l'indépendance à l'Algérie, les Sionistes et le Cartel tentèrent de séparer le Sahara (pétrolier) de l'Algérie du même territoire. L'échec du *pronunciamiento* du quarteron de généraux félons fascistes (72), que le refus du contingent et du corps de l'Armée fidèle avait isolés sur ordre du général de Gaulle, marqua la fin de la IVe République maçonnique. La Ve République fut alors attaquée sans cesse par les presses sionistes maçonniques du Cartel : parisienne, alsacienne, marseillaise, luxembourgeoise ; et les attentats se multiplièrent contre le général de Gaulle redevenu la cible

---

70). A la suite d'une insurrection, le 22 mai 1871, 2.280 Algériens, armés de bâtons, furent tués par 22.000 soldats français, armés de fusils (qui n'étaient pas braqués sur les Prussiens de Bismarck cernant Paris). Une indemnité de guerre, décrétée par l'Assemblée Nationale de la IIIe République maçonnique, fut exigée aux Algériens musulmans : 446.406 hectares, dont 301.516 de terres de cultures et 54.461 hectares de terres complantées. Les insurgés versèrent au total 64.739.075 francs-or, ce qui représentait 70 % de leur capital et 85 francs-or par tête. Les chansons kabyles purent répéter : «*1871 fut l'année de notre ruine... l'année 1871 fut l'année terrible... Nous sommes tous réduits à mendier.*» Le général Lapasset jugeait que «*l'abîme créé entre colons et indigènes serait un jour ou l'autre comblé par des cadavres. Pour moi, le pays est complètement perdu ; il nous échappera un jour ou l'autre.*» Néanmoins, à l'instigation du député Crémieux Isaac Adolphe, il fut publié dans la presse française d'Algérie : «*Il faut que la terreur plane sur ces repaires d'assassins et d'incendiaires. Il faut que la répression soit telle qu'elle devienne chez toutes les tribus une sinistre légende garantissant une sécurité sérieuse aux immigrants.*» *(La Seybouse).*

71). Elle coûta la vie à 1.500.000 Algériens, sur une population de 8.500.000 âmes, et 20.000(?) Français. *Les Français d'Algérie* (1 sur 6 était Juif), *trompés par la subversion maçonnique sioniste, quittèrent le pays en abandonnant leurs biens. Mais Guy Mollet demeura secrétaire général de la S.F.I.O. maçonnique, puis fut remplacé par J.-J. Servan Schreiber, son comparse.*

72). Les bataillons de la Légion étrangère *maçonnique aux ordres des généraux félons prosionistes*, se préparaient à intervenir, à Paris, lorsqu'ils furent dissous par décret. D'autres demeurent actifs, hélas !

du Sionisme totalitaire, capitaliste criminel, du Radical Socialisme maçonnique, son laquais politique, et d'autres opposants s'égarèrent dans leurs interprétations.

1946-1956.
LE PÉTROLE ENTRE DEUX GUERRES ISRAÉLIENNES.

En Iran, le trust exploitant les pétroles découverts, vers 1909, et associé, pour moitié, avec le gouvernement britannique, n'accordait au pays de Darius que d'infimes royalties scandaleuses. Lorsque les pétroles furent nationalisés en 1951, par Mossadegh, chef du gouvernement iranien, le puissant trust ordonna, à la Royal Navy, le blocus de l'Iran et prétendit saisir les tankers italiens et grecs chargés de pétrole iranien prétendu volé par l'Iran. La Cour internationale de justice de La Haye fut chargée de se prononcer.

Pour contraindre les Iraniens, le trust anglo-hollandais pratiqua le dumping, en augmentant l'exploitation des pétroles du Koweït, jusque-là en léthargie. Le fiasco de ces vaines contraintes et les besoins de pétrole pour la guerre de Corée (1950-1953), obligèrent le Cartel à remplacer le trust anglo-iranien par un trust américain, accordant des redevances classiques (moitié-moitié) sur un prix de base maintenu faible. C'est ce trust qui pourvoit Israël en pétrole que lui refusent les trusts américains et anglo-hollandais, du même Cartel, dans les pays arabes et ailleurs dans le monde.

« Pendant la Seconde Guerre mondiale, alors que les Iraniens se plaignaient de voir l'Anglo-Iranian subventionner la marine britannique en lui accordant une réduction spéciale qui diminuait les redevances (infimes) versées à Téhéran, le gouvernement anglais donnait de l'affaire une autre version : ... au moment où la Grande-Bretagne luttait pour son existence, l'Anglo-Iranian lui facturait un combustible extrait en Iran et chargé à Abadan, au prix du golfe du Mexique, augmenté des frais de transport d'Houston à Abadan.

« Dès 1946... (l'Iran) proposa aux États-Unis de mettre toutes ses zones pétrolières sous le contrôle d'un consortium international auquel pourraient participer les sociétés iraniennes, américaines, britanniques, soviétiques, françaises et hollandaises... sous l'égide des Nations Unies. La proposition, à nouveau présentée en 1951 au Président Truman (prosioniste), fut rejetée par le Département d'État, qui, semble-t-il, voulait voir l'Iran traiter avec l'Anglo-iranien et la Royal Dutch-Shell, bref, avec le Cartel international.

« En 1953 à la reprise de l'exploitation des pétroles de l'Iran par le Cartel, les filiales américaines possédaient 40 %, l'Anglo-iranien gardait 40 %, la Shell 14 % et les filiales françaises 6 %... Les biens du consortium étant évalués à un milliard de dollars, il était prévu qu'en 1957 le bénéfice dépasserait deux milliards.

« Sur les redevances versées au gouvernement iranien entre 1911 et 1920, d'après Téhéran, il n'y avait pas eu du tout de redevance ; de 1921 à 1930, environ soixante millions de dollars; de 1931 à 1941, à peu près cent vingt-cinq millions, dont la majeure partie avait servi à l'achat de matériel militaire qui devait être utilisé plus tard sans compensation, par les Anglais et les Russes. Quant à l'Anglo, elle avait amorti depuis vingt-cinq ans ou trente ans son investissement initial de cent millions de dollars, et, depuis, ses bénéfices bruts avaient représenté vingt-cinq fois son capital.

« Ce qui irritait le plus les iraniens était qu'en 1950 l'Anglo eût payé au gouvernement britannique 142 millions de dollars d'impôts, et à l'Iran 45 millions de dollars seulement de redevances. Le fait que le trésor britannique perçut aussi 56 % des dividendes n'était pas de nature à arranger les choses. Les iraniens estimaient les bénéfices bruts d'exploitation depuis 1914 à cinq milliards de dollars, dont cinq cents millions étaient allés à l'amirauté britannique sous forme de mazout à meilleur marché, 1,5 milliard au trésor britannique à titre d'impôts, 350 millions aux actionnaires comme dividendes et 2,7 milliards à la société pour amortissements... de plus, la presque totalité du gaz était brûlé (dans des torchères) alors que Téhéran et les autres villes auraient pu l'utiliser (73). »

1939-1948.
Coexistence pétrole-sionisme.

Durant la Seconde Guerre mondiale, qui devait enrichir à nouveau les Organisations sionistes U.S. de New-York par la destruction de l'Europe, l'Irak Petroleum Company, gérante du pétrole de Haïfa en Palestine, fut l'unique centre de ravitaillement en Méditerranée. Lors de l'occupation de la Syrie par les troupes anglaises, en 1941, une section du Génie (sioniste) détruisit les trois installations de forage et leurs moteurs irremplaçables, d'intérêts français, seuls existants alors en Syrie. Les Français Libres furent indignés.

En Palestine, la guerre sioniste menée contre les protecteurs anglais (depuis le Livre Blanc de 1939), attaqua les bâtiments officiels et privés, mais jamais les installations pétrolières de l'I.P.C., que les Palestiniens sabotaient.

---

73). Extrait de *L'Empire du Pétrole* par Harvey O'Connor.

En Arabie Saoudite, que l'Empire britannique *protégeait* ainsi que tous les Émirats du Sud-Est de l'Arabie d'où il est maintenant exclu, des concessions pétrolières furent accordées aux amis américains, de 1933 à 1935, sur l'avis de géologues *anglais* dans des zones qu'ils disaient stériles. Le plus important de ces spécialistes avait décidé sa Direction en s'engageant *à boire* tout le pétrole qui serait trouvé dans la concession américaine. Cette Direction cessa de rire lorsque le fameux géologue (sioniste) devint *américain.*

Dans le Pacifique et en mer de Chine, c'est en refusant sur le tard d'approvisionner les Japonais en pétrole à partir des puits de la Royal Dutch et Shell de Sumatra, que le Président Roosevelt, prosioniste, provoqua leurs attaques contre Pearl Harbour, les Philippines et Singapour. On sait que le Japon, assuré de ces approvisionnements en pétrole et du consentement américain, s'était engagé en Mandchourie et en Chine dès 1932; et que les autorités américaines ayant fait dérober le code chiffré japonais, suivaient toutes les manœuvres japonaises jusqu'à la veille de Pearl Harbour.

1919-1939.
LE PÉTROLE DE L'ENTRE-DEUX GUERRES MONDIALES

Lorsque le Cartel, maître de l'énergie pétrolière mondiale, produite à 90% par les États-Unis, dominait les gouvernants américains et anglais jusqu'à leur imposer sa politique, les conflits préparant la Seconde Guerre mondiale se sont développés avec le consentement de l'influence maçonnique sioniste dans les pays anglo-saxons.

L'influence sioniste anglo-saxonne promotrice de la *Déclaration Balfour* et de la protection militaire française et anglaise, en Syrie et en Palestine, pour l'aménagement du Foyer juif, fut prépondérante à la Société des Nations et à l'égard du Cartel auquel elle était étroitement incorporée.

— Selon le refus ou l'octroi du pétrole, tout conflit ou politique pouvait être jugulé ou envenimé en temps opportun :
— L'ascension de Mussolini, en 1922, nouveau Garibaldi et premier dictateur militariste des provocations européennes.
— L'avènement du Nazisme, en 1933, lorsque tous les services gouvernementaux allemands étaient aux mains des 3 millions d'Achkénazim, qui aurait été suscité pour forcer l'émigration sioniste, devenue réticente faute de fonds américains, consécutive à la crise de 1929.
— La guerre d'Éthiopie, en 1935, dans l'inaction de la S.D.N. et des faveurs de la Compagnie du Canal de Suez.

— La guerre en Espagne (1936-1939), république maçonnique, supprimant la royauté catholique.
— Le Front Populaire des Blum en France (1936), préparant la déchéance française face à l'Hitlérisme menaçant.
— La guerre sino-japonaise, commencée en 1937, avec l'assentiment tacite de l'Administration Roosevelt.

1916-1924.
COLLUSION DU CARTEL AVEC LE SIONISME.

Au pire moment de la Guerre mondiale, l'accord Sykes-Picot de 1916 avait abandonné à l'Angleterre, c'est-à-dire au Sionisme, les droits séculaires de la diplomatie française sur Chypre et la Palestine en contrepartie d'une zone d'occupation française, au Liban, sur la côte syrienne, le golfe d'Alexandrette, étendue en Asie Mineure jusqu'à la frontière iranienne et couvrant la région chrétienne assyro-chaldéenne de Mossoul, zone contenant du pétrole, devenu précieux.

Cet engagement formel d'assistance française — aux minorités chrétiennes libanaises et syriennes, arméniennes et grecques, tant éprouvées, aux autres amis assyro-chaldéens, aux Syriens, Turcs et Kurdes sympathisants — intéressait le rayonnement de sa culture et reconnaissait l'honneur du sacrifice des nombreux Arméniens morts sous l'uniforme français, sur les fronts de Palestine et de Verdun.

L'abandon de cet accord par le Président du Conseil Georges Clemenceau, F∴-M∴ anticlérical notoire, trompé par son chef de Cabinet Louis-Georges Mandel(74) alias Joroboam Rothschild,

---

74). G. Mandel (1885-1944), ministre des Colonies des combinaisons gouvernementales de l'entre-deux-guerres et ministre de l'Intérieur en 1940, fut réputé *patriote anticommuniste* ainsi que son semblable Jules Moch, malgré leur amitié profonde pour leurs coreligionnaires *communistes* du Front Populaire, Léon Blum et Jean Zay. Ce quarteron F∴-M∴, achkénaze sioniste, mi-nationaliste, mi-communiste, s'opposa bien au maréchal Pétain (F∴-M∴ rebelle, rappelé de l'ambassade de Madrid à la suite de la défaite). Jules Moch, *gaulliste* fut, après 1945 (selon P. Vianson Ponté), comme ministre de l'Intérieur du Gouvernement Provisoire, l'organisateur de la résistance au général de Gaulle (pour l'inciter à s'en retirer avant le partage de la Palestine en 1947) ; au même ministère du gouvernement de la IVe République, il tenta de faire barrage au retour du Général en 1958 (pétroles du Sahara). Jean Zay, ministre de l'Éducation Nationale (1936-1939), chasse gardée de la Loge du *Grand-Orient* depuis 1871, avait choqué les Français, en 1924, en écrivant à propos du drapeau français au lendemain d'une hécatombe de 1.400.000 soldats qui avait fait 4.400.000 blessés graves :

trahissait les engagements pris. Le 2 décembre 1918, Lloyd George, chef du gouvernement anglais, assisté de Mark Sykes, député sioniste aux Communes, représentant les intérêts des groupes Shell-Royal Dutch, d'une part, et W. Wilson, président des États-Unis, Sioniste, intervenant pour les intérêts de Rockefeller (Standard Oil New-Jersey), d'autre part, obtinrent de Clemenceau l'abandon des droits français en Asie Mineure et, particulièrement, sur les pétroles.

Cet accord secret maçonnique décida du sort tragique de la politique mondiale durant un demi-siècle de Sionisme.

La Conférence de la Paix, de janvier à juillet 1919, bouleversa la carte politique de l'Europe et de l'Arabie pour favoriser le Foyer juif en Palestine. Après les modifications successives des limites, par le processus sioniste d'élimination progressive, les zones arméniennes, assyro-chaldéennes et kurdes furent effacées de la carte. Par contre, la délimitation de la Palestine, province syrienne, détermina les zones anglaise et française séparées par des frontières du passage des oléoducs.

Dans la région de Mossoul, occupée par les forces anglaises, les communautés chrétiennes, nestoriennes et chaldéennes, en paix durant la guerre, furent, de 1920 à 1924, attaquées par des bandes et massacrées en grand nombre. 150.000 Chrétiens périrent, les autres s'enfuirent, en Syrie et en Iran, pendant que les autorités mandataires étouffaient, en Irak, en Syrie et en Europe, les informations sur ce génocide qui fait suite à ceux des Arméniens et des Grecs.

Les pétroles de Mossoul, partagés en 4 *parts* de 23,75 %, furent remis aux 3 sociétés : *Shell, Royal Dutch* et Part française, pétroles où les Rothschild intéressés, tenant la *Déclaration Balfour,* mordaient aux trois gâteaux ; sauf au 4ᵉ, celui de Rockefeller. Le seul ayant droit en vertu d'un firman, M. Gulbenkian, connu pour sa philanthropie à

« *Je hais tes sales couleurs... Et n'oublie pas, malgré tes généraux, ton fer doré et tes victoires, que tu es pour moi de la race vile des torche-culs* » ; sa carrière républicaine soutenue par les F∴-M∴ n'en souffrit pas, au contraire. Jean Zay et G. Mandel qui avaient semé la haine parmi les Français, furent exécutés par la Milice en 1944. Toute la police alertée, en 1945, retrouva leurs meurtriers qui furent fusillés avec maints prétendus complices. Mais la IVᵉ République protégea les tueurs de 10 à 25.000 (?) Français, bourgeois détroussés et assassinés dans le Sud-Ouest et en Provence par la racaille de la Résistance dans cette région, parmi laquelle le vieux Dominici, sadique tueur des trois touristes anglais, *le patriarche de la Grande-Terre,* selon la presse marseillaise *trustée* par Gaston Defferre, protestant prosioniste, député-maire d'une ville de l'opposition au gaullisme et qui est réputée être un centre de stupéfiants et de Sionisme en France.

l'égard des Chrétiens d'Orient, avait dû, pour survivre, abandonner 95 % de ses droits au Cartel, dominé par la gigantesque Standard.

« Ce trust du pétrole américain était un gouvernement autonome au-dessus du gouvernement national et organisé de la même manière... Ses 33 filiales aux États-Unis contrôlaient 90 % de la production américaine, en possédant plus de 90 % des pipe-lines, qui représentaient 80 à 90 % de la production mondiale... Il avait conquis le marché européen qu'il exploitait, fixant les prix à sa guise... Comme il achetait facilement les consciences des magistrats, des fonctionnaires, des députés et des sénateurs, il se croyait tranquille du côté de l'État. » (P. Brancafort).

Le double trust — Shell-Royal Dutch — était lui-même, tant au Royaume-Uni qu'au royaume des Pays-Bas, un État dans ces États placés sous l'emprise sioniste maçonnique.

Ces trusts, Cartel des pétroles arabes et iraniens, constituèrent une filiale : l'I.P.C. (International Petroleum Company), qui fut un nouvel État supranational, dans les États arabes placés sous « la protection » des mandats militaires anglais et français en Irak, en Syrie, au Liban, en Transjordanie et en Palestine. Cette filiale du Cartel eut des pouvoirs discrétionnaires partout, entre autres ceux de faire délimiter, par les autorités mandataires assistant la S.D.N., les frontières de l'Irak, de Syrie et de Transjordanie en fonction du tracé des premiers oléoducs. Les cadres de l'I.P.C., anglais, toléraient en Syrie et au Liban quelques Français, et choisissaient les géologues parmi les protestants.

D'une façon générale, en Proche et Moyen-Orient, le diable du Sionisme était partout présent dans les trusts pétroliers dirigeant la politique mandataire.

Les gouvernants francs-maçons, administrant la IIIe République et ses territoires outre-mer et cultivant la stagnation en Afrique du Nord et Centrale, à Madagascar, aux Antilles, en Corse, en France même, firent de même aux États du Levant sous mandat, où le Haut-Commissaire avait les pouvoirs d'un vice-roi. La période mandataire — 1919-1940 — fut stérile. Les Travaux publics, l'Urbanisme, l'Agriculture, l'Industrie, l'Hydrologie, la Santé, les P.T.T., le Tourisme... livrés à l'improvisation, furent retardés considérablement et placèrent les États dans des conditions tragiques.

Gouraud demeura *garibaldien*. Weygand, papiste, fut limogé. Sarrail, *grand-Maître venu de Salonique*, recruta des F∴-M∴ et leur demanda d'adhérer aux Loges *« Union et Progrès »*, *en liaison avec les Loges italiennes*, et ordonna la répression contre les Druzes et les

Syriens. Jouvenel le remplaça par diversion politique. Ponsot suivit pour endormir et de Martel, pour changer. La politique *(protestante)* du mandat français *(maçonnique sioniste)* devait faire *mater* les *insurgés* syriens par les troupes coloniales (75). La présence au Levant était hautement considérée au tableau d'avancement des cadres militaires et des primes substantielles étaient distribuées. Gamelin et Hutzinger en profitèrent. En 1939, la mobilisation et les réquisitions furent commises en un gâchis incroyable contre ces États considérés comme annexés. Les anciens objectifs militaires furent retrouvés : un débarquement à Salonique, demeurée juive malgré le Foyer sioniste en Palestine, et une expédition au Caucase pour *prendre les pétroles*. Les buts maçonniques, demeurés inchangés durant 20 ans, de 1919 à 1939, étaient repris par la guerre.

En juin 1940, la défaite de la France, ressentie amèrement par les Syriens et les Libanais, amis des Français, ne fut pas utilisée par leurs insurgés. Par la versatilité des Francs-Maçons opportunistes, le haut-commandement français devint vichyste, puis pronazi, pour accueillir les avions allemands, envoyés pour épauler la révolte de Rachid Ali, en Irak, en 1941. C'est ainsi que les troupes françaises vichystes s'opposèrent aux Anglais, c'est-à-dire aux Australiens, Indous, Sud-Africains conduits par leurs services sionistes, de même la petite armée des Forces Françaises Libres sous les ordres du général Catroux, grand-Maître de la F∴-M∴ et prosioniste, époux de la *Reine Margot* achkénaze. Là encore le sang français coula sur ordre du prosioniste Churchill.

Rappelons que les *pétroles français* de Kirkouk étaient raffinés uniquement à Haïfa, où ils parvenaient après un long détour en terrain fortement accidenté, alors que la branche directe de l'oléoduc *français*, par la trouée naturelle de Tripoli, était demeurée sans équipement, selon la politique maçonnique sioniste régnant dans l'Empire français.

L'occupation militaire française en Syrie se termina au printemps 1945, par le dernier coup maçonnique de Damas, rééditant celui de Beyrouth, du 11 novembre 1943, commis, quant à lui, contre le gouvernement libanais, par l'équipe prosioniste : Belem, Boegner, Gauthier et consorts maçons.

---

75). Le quartier historique de Damas fut bombardé et incendié en 1925. Le général Clément Grandcourt, Délégué dans l'État du Djebel Druze, limitrophe de la Palestine, fit de la politique protestante. Serres, délégué, remplaçant Delélée des Loges, fit de même à Damas.

À l'insu du général de Gaulle et contre l'indépendance syrienne, le général Oliva Roger, ou Olive, délégué à Damas, ayant des accointances avec les *Anglais* sionistes de Palestine, lança les *Sénégalais français* à l'attaque des noyaux de l'Armée syrienne. La garde du Parlement syrien, surprise pendant son sommeil, fut massacrée au coupe-coupe. Damas fut bombardée par ses propres défenseurs... Et les forces blindées anglaises, venues de Palestine, intervinrent, commandées à partir de Londres, pour *rétablir l'ordre*. Les réactions contre les Français, isolés en Syrie, furent épouvantables, et les méharistes syriens massacrèrent leurs officiers et sous-officiers français. À Paris, les clubs maçonniques assistèrent plus tard aux conférences de F∴-M∴, prétendant que l'attaque avait été déclenchée par les Syriens. La guerre anti-arabe devait se poursuivre en Algérie avec les événements qui causèrent la mort de 45.000 Algériens (76), la même année qui vit l'essor décisif du Sionisme, pour partager la Palestine, créer Israël et développer l'exploitation des pétroles.

LE PRIX DE REVIENT DE L'ESSENCE

Voici, à titre d'exemple, le calcul effectué par l'Associated Press
(les sociétés se montrant avares de ce genre de données),
pour un gallon américain (3,78533 kg) vendu à New-York en 1949 :

Prix du brut à la production	6,20 cents
Transport à la raffinerie	0,50 "
Main-d'œuvre pour raffinage	0,67 "
Autres frais de raffinage	1,00 "
Bénéfice de la raffinerie	1,63 "
Transport maritime du Golfe à New-York	1,20 "
Livraison au dépôt	2.20 "
Stockage, etc.	0,57 "
Bénéfice du grossiste	0,33 "
Total	14,30 "

---

76). A la suite d'une «flambée» de la population de Sétif, *des colonnes infernales armées d'artillerie et de tanks américains, sous les ordres du général Duval, ravagèrent ce pays, le 8 mai 1945,* avant que de Gaulle ait été prévenu et sans que l'opinion française l'ait su. *Le même Duval, obéissant aux Loges «déposa» le Sultan du Maroc, en 1953.* L'initiative des événements libanais de 1943, syriens et algériens de 1945, marocains de 1953, *fut le fait de représentants francs-maçons, agissant sous les ordres subversifs anti-arabes, inspirés par le Sionisme, qui n'a pas été dénoncé par le protestantisme politique, ni par le Cartel des pétroles.*

			1,50	"
Taxe fédérale				
Taxe de l'État de New-York			4,00	"
Marge bénéficiaire du détaillant			5,70 – 6,20	"

Prix au détail en franc français : 0,75 le litre ou 1,43 le gallon

(Cours juin 1971) en dollar :   0,26   "

ÉVOLUTION DE LA PRODUCTION MONDIALE DE PÉTROLE ET DE SA CONSOMMATION (POLLUANTE) EN RAPPORT AVEC LES GUERRES DE 1880 À 1956
(en millions de tonnes)

Guerres	Années	Amérique		Russie	Moyen-Orient - Proche-Orient					Monde
		Nord	Sud		Iran	Irak	Arabie	Afrique	Total	
	1880	3,0		0,5						5,0
	1900	9,0		10,0						21,0
1914-19	1920	82,0		4,0	2,0					96,0
Éthiopie	34-39					20,5				
	1940	194,0	26,0	30,0	9,0	3,1	1,0			300,0
1939-45	41-45					14,6				
Indochine	46-48					11,9				
Corée	1950	286,0	78,0	37,0	34,0	6,1	47,0			530,0
	1954	324,0	98,0	59,0	3,0	29,6	97,0			685,0
Algérie	1955					32,7				
Suez	1956	365,0	129,0	84,0	26,0	30,6	102,0			835,0
Vietnam	1966					66,7				
Israël	1968					72,6				
	1969	601,0	242,0	328,0	168,0	74,9	372,0	252,0	867,0	2.145,0
	1970	629,0	253,0			75,2	300,0		689,0	2.353,0
Réserves	1970	7.000,0	3.300,0	8.200,0	7.500,0	3.700,0	34.200,0	7.200,0	52.600,0	73.200,0 [4]
Consommation	1969	863,0		311,0		45		39,0		2.085,0
Pourcentage mondial		41 [1]		15 [2]		2		2,0		100 [3]

Ce gaspillage, démesuré et cupide (du *Monde Libre* sous contrôle sioniste), risque dangereusement d'épuiser les réserves en 12 ans, en privant l'industrie pétrochimique de matières premières et en empoisonnant irrémédiablement mers et atmosphère.

1. Hémisphère américain totalisant : 470 millions d'hab. consomma 863 millions de T.
2. URSS, Europe de l'Est et Chine : 1.200 » consommèrent 311 " " "
3. L'Europe de "l'Ouest", en 1969 : 395 » consomma 560 " " "
4. De 1950 à 1970, la consommation annuelle fut plus que quadruplée. Elle atteindrait annuellement ainsi, en 1990, 9 milliards 412 millions de tonnes (moyenne 4.700) et épuiserait les réserves avant l'année 1985. Manque 192

LES BÉNÉFICES, EN 1954, DES SEPT GRANDS DU PÉTROLE

Cartel des Sociétés	Capital en millions	Bénéfice de dollars	Production en millions de tonnes	% de la production mondiale	Ventes en millions de dollars	Réserver en millions de tonnes en 1954
Standard Jersey	4.314	585	97	13,2	5,662	1.932
Standard of California	1.679	212	33	04,5	1.113	0882
Socony	2.257	184	27	03,7	1.609	0804
Gulf	1.969	183	42	05,8	1.705	1.442
Texaco	1.946	226	42	05,8	1.574	0882
Royal Dutch-Shell Anglo-iranian	3.472	377	90	19,2	5.183	1.106
British Petroleum	0.996	067	35	004,8	?	1.960
	16.633	1.834	366	50,-	16.846	9 044

En 1971, les 2/3 des réserves mondiales sont en Pays arabes et en Iran. Un tiers st contenu dans le reste du inonde. L'ARAMCO, exploitant les pétroles arabes du Moyen-Orient, annonça, fin juin, son projet de tripler en 3 ans sa production (de 1970) qui dépasserai, en 1974, 2 milliards 70 millions de tonnes par an (contre 12 millions en 1940). Si ce gaspillage à l'américaine avait lieu, contre l'Europe et les Pays arabes, c'est en 1980 — sauf entraide soviétique — que l'énergie pétrolière, d'un coût quadruple, manquerait aux motoculteurs, aux transports de vivres et au chauffage, la fourniture aux transports privés devant manquer à partir de 1978.

LES PÉTROLES DU SINAÏ.

En Israël, la gestion du directeur de la Société gouvernementale, exploitant les pétroles du Sinaï occupé, souleva un scandale débordant le secret militaire et la protection de 3 ministres. Ce directeur, d'une ancienne compagnie privée, avait vendu à l'*État juif,* pour 700 millions de livres, un vieux matériel de forage valant moins de 120 millions. Le scandale, étendu à la récupération sans contrôle du matériel égyptien faite au bénéfice du directeur et de ses amis, démontra *l'intégrité* des dirigeants israéliens qui investissent *leurs dollars à l'étranger,* Afrique noire, Europe occidentale, Canada, et des fonds obtenus pour l'idéal sioniste.

Les révélations relatives à l'incident du tanker libérien, atteint d'un *bazouka à son passage* à Bab el-Mandeb (été 71), ont affirmé qu'une très importante flotte pétrolière israélienne navigue sous pavillons panaméens et libériens irresponsables. Par ailleurs, on sait que les plus importants ravages de la pollution des mers ont été causés par ces monstres insaisissables, construits économiquement et pilotés par des équipages improvisés, sous la protection de la presse et de tolérances coupables dans les pays concernés. Alors que l'assurance contre tiers est obligatoire aux petits conducteurs sur route, ces bateaux pirates israéliens, sans pavillon valable, peuvent infester impunément les mers et océans et les côtes.

L'occupation des *îles* arabes du détroit d'Ormuz par l'armée iranienne, instruite par des conseillers américains et israéliens, constitue un cas d'une extrême gravité, qui aura une influence capitale sur les gouvernements de la région. Celte provocation délibérée des Arabes, prétextée par le départ des Anglais et le besoin de garder ce passage essentiel des 2/3 du pétrole mondial, fut commise peu après l'ouverture des opérations pakistanaises (OTASE) au Bengale, qui suscitèrent la réaction indienne contre le refoulement de 9 à 10 millions de réfugiés bengalis sur l'Inde. Pays de la faim, abondamment pourvus d'armes américaines (sionistes) pour se battre. Dans la *Tribune des Nations* (10 déc. 71) M. Pierre Rossi démontra que les préparatifs de cette opération étaient liés à la fourniture à l'Iran d'escadrilles de *Phantom,* de missiles et de chars de combat pour un montant d'un milliard de dollars, et à l'entraînement, par roulement sur ce matériel, des équipes d'aviateurs israéliens. L'accord de livraison des *Phantom* stipule que l'Iran devrait, le montent venu et en cas d'urgence, mettre ces avions à la disposition de l'armée israélienne, contre les Pays arabes pétroliers.

Ainsi fut tourné l'empêchement américain de livrer directement des *Phantom* à Israël, que le Sénat exige de l'administration Nixon, embarrassée par ses responsabilités de plus en plus graves dans les Pays arabes ; en même temps le retrait obligatoire des forces anglaises de la région, quel le chah d'Iran invitait naguère à partir au plus tôt, est compensé par l'intervention israélienne directe sur ce point le plus névralgique du pétrole de la planète, pour tenir l'Europe à sa merci.

Toutefois il est improbable que les velléitaires de la junte iranienne veuillent faire longtemps *les frais de la casse* alors que les gouvernants américains se désengagent et que l'isolement d'Israël s'accentue. À l'Assemblée générale de l'O.N.U. (13 déc. 71) enjoignant à Israël de restituer les territoires arabes occupés, votèrent contre : Costa-Rica, République Dominicaine, Salvador, Haïti, Israël, Nicaragua, Uruguay, États maçonniques sionistes restant engagés, tandis que les hésitants s'abstenaient, dont : Australie, Brésil, Canada, Danemark, Islande, Madagascar, Nouvelle-Zélande, Singapour, Suède, *États*-Unis, mêlés à ceux des États arabes qui ne reconnaissent pas le Sionisme.

Pour défendre les pétroles iraniens du Cartel, le Sionisme se trouve seul, à l'inverse de la politique traditionnelle d'Esdras et d'Isaïe (ch. 45) :

«*Ainsi parle l'Éternel à son oint Cyrus*
«*Qu'il tient par la main*
«*Pour terrasser les nations devant lui.* »

Exposée au chapitre suivant et mieux encore dans le livre *L'Iran face à l'imposture de l'histoire,* du Prince M. Firouz, éditions de l'Herne.

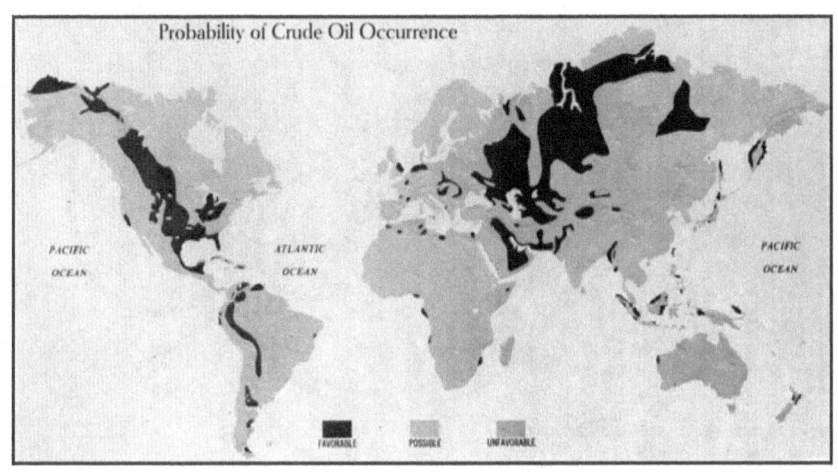

Planche 31

Les nappes pétrolières probables dans le monde.

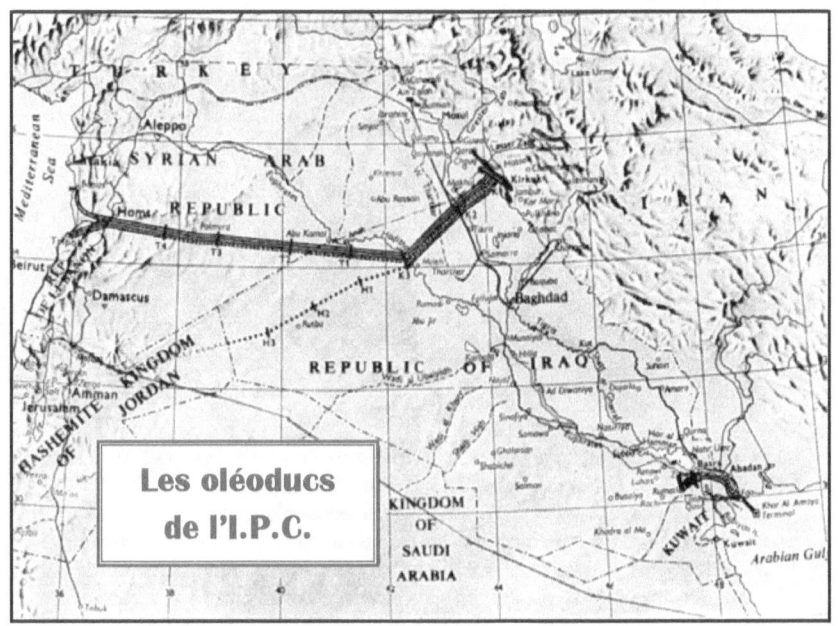

Planche 32

Les oléoducs de l'I.P.C.

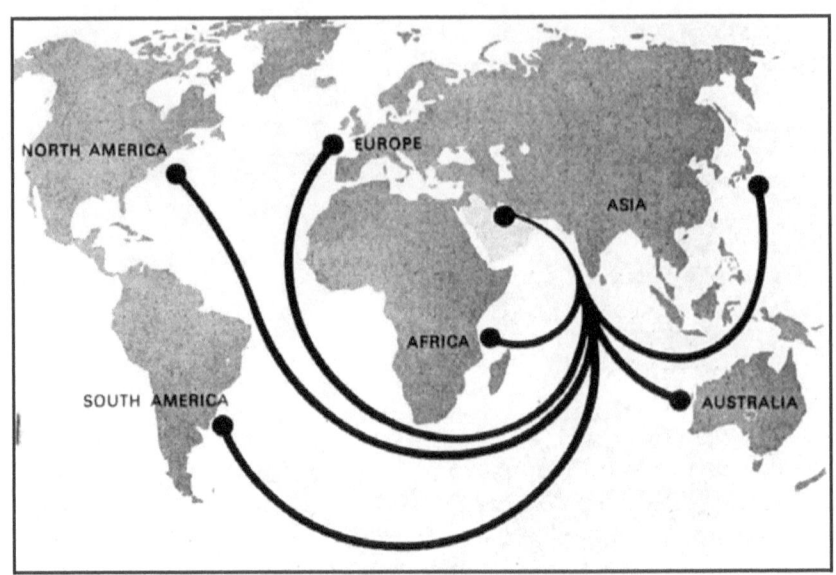

Planche 33

Le transport du pétrole du Moyen-Orient, par super-tankers, de 1967 à 1971.

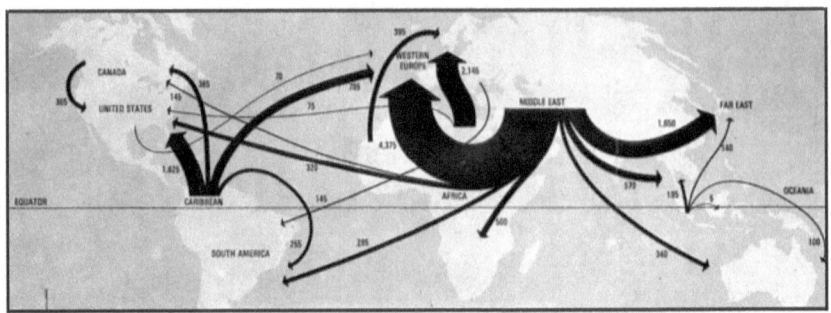

Planche 34

Les exportations des pétroles du Moyen-Orient, d'Amériques et d'Asie du Sud-Est, en milliers de barils par jour, en 1969. Par la suite de leur dilapidation, aggravée en 1970-1971, il est probable que le prix du pétrole soit doublé ou triplé avant 1976. Le calcul des probabilités fixe également vers 1982 l'arrêt presque total des exportations des carburants du Moyen-Orient vers l'Occident, où les moteurs à combustion cesseront d'être alimentés en pétrole. Avions et autos seront immobilisés. Au dessus du 45e degré de latitude Nord (Limoges-Milan) les conditions du froid, intensifié par la pollution atmosphérique, rendront inhabitables les grands ensembles, palaces de verre, les stations de sport d'hiver, etc., tributaires du chauffage au mazout. Les populations nordiques tendront à émigrer vers le Sud : la Méditerranée, l'Afrique... plus tempérées.

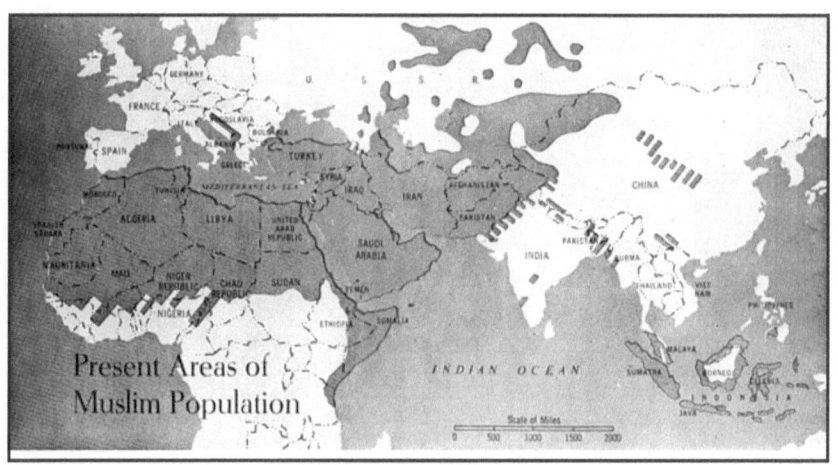

Planche 35

La population musulmane en 1971, en Afrique, en Europe et en Asie

Planche 36

Carte postal de Beyrouth des années 1960, 1970 (?)

Ce blason de type français se blasonne ainsi :
« Coupé, au premier de gueules à huit barres d'argent, un livre ouvert d'or avec la devise en latin : "*Berytus Nutrix Legum*" à dextre à senestre, brochant ; au deuxième d'azur au navire phénicien d'or soutenu de deux lignes de vagues du même. » Écu bordé d'or et timbré d'une couronne civique à trois tours d'or avec ornements divers.

CHAPITRE V

LE SIONISME CONTRE LES JUIFS

Au moment de la phase, décisive pour le Sionisme, des temps actuels, il parait utile de citer, ici, comme conclusion à cet opuscule qui est loin d'être exhaustif, le plus récent témoignage, et, semble-t-il, le plus probant, en la personne de Nahum Goldmann, président du Congrès juif mondial, qui a consacré toute son existence à la cause du Sionisme. Son autobiographie, parue aux Éditions Fayard, contient l'aveu pathétique de son échec, bien que les secrets compromettants du passé y soient celés.

« La politique d'Israël en face du monde arabe était presque inévitablement dictée par la guerre de 1948 et la victoire qui suivit... mais où la réaction israélienne dépassa largement la mesure de la provocation. Ces mesures de représailles continuèrent à élargir le fossé qui sépare Israël des Arabes et éveillèrent chez eux des sentiments d'amertume qui les conduisirent à un armement toujours plus puissant... C'est ainsi que naquit cette émulation funeste qui domine la situation actuelle. Cette politique atteignit son point culminant dans la campagne du Sinaï de 1956, qui creusa un abime entre les Arabes et Israël, d'autant plus que cette campagne, ainsi que nous le savons clairement aujourd'hui, *a été préparée et exécutée avec l'aide directe de la France et de la Grande-Bretagne*(77)... Cette guerre, dont le but véritable était de provoquer la chute de Nasser et de contraindre l'Égypte à la paix, *fut à cet égard un échec...* J'ai toujours douté, hier comme aujourd'hui, que des succès militaires puissent donner naissance définitivement à la Paix... Israël semble

---

77). En italique : les passages paraissant perfides ou concluants. Pour ce cas des auteurs sionistes et des historiens ont relaté, dans ses détails, la collusion organisée par Ben Gourion et la C.I.A., omniprésente et affidée aux Organisations sionistes.

plus éloigné que jamais de pouvoir conclure la paix avec le monde arabe... A long terme le Proche-Orient devra parvenir à s'unir et à former un bloc, et le problème cardinal de la politique étrangère israélienne, et dont dépend l'avenir de l'État, est, *comme par le passé, son intégration dans un tel bloc.*

« ... *Au contraire de nombre de mes collègues,* je n'ai jamais exigé que l'on accorde au comité exécutif sioniste un droit de regard sur la politique israélienne. Je suis cependant convaincu, aujourd'hui encore, que *l'idée de la souveraineté absolue de l'État d'Israël n'est dans les faits absolument pas raisonnable.* Si la population *mondiale juive ne s'était pas engagée* à prendre parti pour la création de l'État d'Israël, celui-ci n'aurait pas vu le jour, et en tout cas n'aurait pas pu survivre. Dans un monde libre et démocratique, il est en tout cas absurde de *continuer* à dire aux Juifs : Vous devez collaborer à la cause israélienne mais vous n'avez pas le droit de donner votre avis...

« ... Je n'ai jamais considéré que la dissuasion militaire était une méthode véritablement constructive qui puisse conduire à la solution du problème (arabe)...

« ... Après la proclamation de l'État d'Israël et sa direction par David Ben Gourion, l'Organisation sioniste *perdait toute influence sur la politique israélienne.* À notre époque *d'États prétendus libres,* la politique ne peut être déterminée que par les citoyens... et que cet État (Israël) ait veillé avec mesquinerie au respect de ses privilèges.

« ... (Réponse à David Ben Gourion) : Tu es l'homme qui veut réunir en Israël les Juifs du monde entier, *qui n'oublie aucune défaite*(78), *qui ne les pardonne pas,* pour lequel un combat perdu représente une profonde blessure morale que seule la victoire peut guérir...

« ... Si l'on ne considère que les succès à court terme, *la politique de Ben Gourion était juste...* À longue échéance cette politique.., fait.., approfondir l'abîme qui sépare les adversaires... (Le Sionisme voulait détruire l'Arabie.)

« ... *Je me sentais une certaine responsabilité envers ce pays, telle qu'à mon avis n'importe quel Juif doit la ressentir.* J'avais également derrière moi *vingt ans de travail au service du Sionisme* avec toutes les expériences, les convictions et les relations qui en résultaient... (par l'évolution de la conjoncture).

« ... Ma situation était particulièrement difficile lorsque je travaillais à New-York et que *ma tâche était d'influencer les Juifs*

---

78). Voir appendice de la page 223 : Les défaites hébraïques et la haine sioniste.

des États-Unis sur la politique israélienne. J'avais décidé au moins de *mettre fin* au *chaos qui régnait dans les organisations juives d'Amérique* en ce qui concerne les problèmes israéliens, *puisqu'il n'en résultait que des conséquences fâcheuses.* Bien entendu, *je considérais comme un devoir* de soutenir la politique israélienne auprès des Juifs américains *quelles que fussent mes opinions...*

«... Je croyais à la victoire d'Israël, *mais j'étais convaincu que le but véritable ne pouvait être atteint* : contraindre l'Égypte à la paix. Même si *l'Angleterre et la France occupaient Le Caire*, et forçaient Nasser à s'enfuir, la campagne du Sinaï *était vouée à l'échec.* Je parvins à gagner les organisations américaines,... à obtenir leur soutien (79) en face de l'attitude très négative de l'Administration Eisenhower-Dulles...

«... Je dois tout d'abord répéter (80) qu'Israël, en tant que territoire isolé au milieu d'un océan arabe, ne *peut continuer à exister...* À la longue, il fausserait la raison d'être d'Israël et rendrait impossible pour cet État l'accomplissement du devoir pour lequel il a été créé : être le *centre d'un peuple* et le facteur essentiel de sa survie (81). Si l'on part de ces prémisses, il n'y a que deux possibilités de solution définitive. La première correspond aux idées que je soumettais à Dean Acheson pour *obtenir que le gouvernement américain accepte le plan de partition.* Il faudrait alors considérer qu'Israël doit s'insérer comme un partenaire... dans une confédération du Moyen-Orient (82). *La Ligue Arabe qui existe aujourd'hui est une absurdité* dans le monde actuel puisque c'est une fédération reposant *sur des bases raciales.* Les confédérations et les grands ensembles ne peuvent fonctionner aujourd'hui que sur des fondements géopolitiques et, puisque le Proche-Orient n'est pas peuplé exclusivement d'Arabes, la différence est évidente entre une confédération du Moyen-Orient et une fédération arabe (83).

---

79). À calmer la haine sioniste envers Eisenhower.
80). Les premières contradictions publiques de M. N. Goldmann datent de la fin de 1970, soit après le constat de la double défaite au Vietnam et sur le front de Suez.
81). Le racisme hitlérien fut formellement condamné à Nuremberg au procès des grands criminels de guerre (1945-1946).
82). Pour les États-Unis, le Proche-Orient commence en Espagne.
83). La fédération arabe tripartite, unissant l'Égypte, la Syrie et la Libye, non constituée lors de la parution de la bibliographie de Nahum Goldmann, fut ressentie par les Organisations sionistes mondiales comme un *khazouk* (pal) pour Israël.

« Une véritable fédération d'États laisserait à Israël son autonomie *dans la plupart des domaines*, en particulier celui de l'immigration, mais soumettrait *l'économie* et la politique *aux buts généraux de la confédération*, ce qui reviendrait pratiquement à admettre que la supériorité arabe dans les problèmes de politique étrangère est inéluctable. Dans ses rapports avec la majorité arabe, *Israël devrait en venir à l'idée d'entente* et ne pourrait mener une politique qui se trouverait en opposition déclarée avec les tendances officielles du monde arabe (84). Quiconque verrait là *une atteinte portée à la souveraineté israélienne* ne doit pas oublier que la même remarque serait valable pour presque tous les États, qui ne sont que des partis de grands blocs ou de structure géopolitique. Par ailleurs, Israël serait pour la première fois membre d'une grande confédération mondiale et *bénéficierait des possibilités d'influence* qui lui sont interdites aujourd'hui dans *l'isolement de .sa situation politique* » (85).

En résumé, Nahum Goldmann (86) expose ainsi que tous les moyens furent bons, à l'Organisation sioniste internationale, pour impliquer la population juive mondiale, les Américains, les gouvernants étrangers, ... de façon à promouvoir le Sionisme qui s'épanouit dans la soumission des gouvernements étrangers placés sous son joug. Pour les Pays arabes, c'est maintenant par le moyen,

---

84). Aveu implicite que la politique israélienne et sioniste consiste asservir les Arabes.
85). Cette intention sioniste d'appliquer dans les États arabes l'assujettissement qu'elle pratique en Amérique, en Europe occidentale, en Australie et en Afrique du Sud, ressortit au programme sioniste.
86). N. Goldmann, destitué mais naturalisé suisse, fut remplacé par le Dr William Wexler, autre Achkénaze américanisé élu, le 7 juillet 1971, président de la Confédération mondiale des Organisations juives réunissant : États-Unis, France, Grande-Bretagne, Canada, Argentine, Australie et Afrique du Sud (7 nations plus visées par le Sionisme).
Cependant N. Goldmann, gardant son titre, invita à Londres, le 20 déc. 71, ses coreligionnaires à cesser d'encourager les Juifs soviétiques à immigrer en Israël. « *Ils ont entièrement le droit de vivre en Union Soviétique en tant que communauté israélite et ce serait les trahir que de les obliger à quitter leur pays* », a-t-il dit en soulignant l'admiration hypocrite que lui inspire la communauté juive soviétique qui est, à son avis, *la plus créatrice du monde*. *Mais* l'AFP annonça aussi que le ministre de l'Intérieur israélien avait décidé d'accorder la citoyenneté israélienne à des Juifs inculpés d'activités sionistes et emprisonnés en URSS, et que 12.000 Juifs d'Union Soviétique avaient immigré en Israël durant 1971.

déjà expérimenté, d'une grande confédération économique et politique que le Sionisme voudrait imposer sa dictature policière et militaire.

Le changement de la tactique du Sionisme international impérialiste en Proche et Moyen-Orient, ainsi modifiée en 1971 par son président Nahum Goldmann, doit être rapproché de sa déclaration — non moins révélatrice à Montréal en mai 1947 — faite à la Septième session plénière du *Canadian Jewish Congress* (à la veille du partage de la Palestine, page 116). La première session du Congrès juif mondial ayant précédé la Guerre mondiale que le Sionisme anglo-saxon laissa déclencher. Cette déclaration contenait :

« Le Moyen-Orient, *situé entre trois continents*, lien entre l'Europe, l'Asie et l'Afrique, est probablement la région stratégique la plus importante du monde.

« Au cours d'une de mes conversations que j'ai eues l'été dernier avec M. Bevin, et où il me parla en toute franchise, il me dit : « Savez-vous, docteur, ce que vous demandez en voulant que j'établisse un État juif ? *Vous me demandez de vous livrer les clefs de la région stratégique la plus importante du monde.* Vous me permettrez d'y réfléchir sérieusement avant de vous remettre ces clefs-là… »

« *La Palestine est aujourd'hui le centre de la stratégie et de la puissance politique mondiale* et les hommes d'État qui s'occupent maintenant du Sionisme le pensent. Je voudrais que les Sionistes le comprennent. *Ce n'est pas toujours ce qui s'appuie sur la justice et l'honnêteté qui compte dans le monde.* Les nations et les gouvernements du monde arrêteront leur attitude d'après *leurs intérêts réalistes.* Ce seront des considérations décisives. Tous les aspects humanitaires du problème qui peuvent jouer un certain rôle ne seront pas décisifs, et *nous devrons adapter notre politique aux aspects réalistes du problème.*

« Quand un homme d'État ou un politicien pense aujourd'hui au Sionisme, il ne le fait pas à la façon des prophètes, des prédicateurs, des idéalistes, des poètes. Il pense en termes très réalistes *du pétrole*, d'État juif en Palestine, *de Moyen-Orient, de Russie, d'Amérique* » (*The Congress Bulletin*, Montréal, 31 mai 1947).

DES DÉFAITES HÉBRAÏQUES À LA HAINE SIONISTE.

Les discordes et les controverses sionistes des diverses tendances ont démontré, de 1900 à 1971, la xénophobie viscérale de la politique juridico-capitaliste des Israéliens — aux 4/5 athées ou indifférents (André Fontaine dixit, *le Monde*, 3 nov. 71).

L'État juif, dans sa forme évolutive, a pris le caractère d'un ghetto politico-économique bloqué dans une impasse internationale, que les gouvernants occidentaux ne peuvent plus entretenir — sur les Lieux-Saints, chrétiens et musulmans — sans risquer de perdre définitivement leurs commerces impératifs avec les Pays arabes. De même, l'appui du Club des Présidents, achkénazim internationaux, octroyé sans réserve au fétichisme israélien, proviendrait du chantage d'un pacte liant les Achkénazim en un parti politique, tels ceux de la Mafia et du Nazisme, au servage d'une conspiration sioniste d'accaparement économique.

La conjoncture de la situation internationale, fin 1971, confirme que les membres du Club des Présidents, impérialistes, Maîtres des affaires occidentales et influençant la politique des gouvernants, la Franc-Maçonnerie, l'Information, ont contraint la judaïcité, ashkénaze principalement, d'*être* l'esclave d'une politique de trahison, de révolution et de guerre fomentée au profit de leurs intérêts associés au Sionisme.

En faussant à dessein l'information des grandes agences internationales, alimentant la presse, la radio, la télévision, trompant les esprits, lavant les cerveaux, présentant l'État juif en idéal pacifique, racial et religieux, le Sionisme est le facteur principal de l'antisémitisme.

Le Prince M. Firouz, dans son livre *L'Iran face à l'imposture de l'histoire* paru fin 1971, expose que les chronologistes considèrent que la grande immigration des tribus primitives aryennes des régions du Caucase et du Pamir à continence environ 3.000 ans avant J.C. — 500 ans environ plus tard, Zoroastre ou Zarathoustra, le grand philosophe aryen, frappé par les souffrances du peuple sous la domination des prêtres qui imposaient le culte de nombreux dieux et exploitaient les masses leur bénéfice personnel, propagea, pour la première fois dans l'histoire de l'humanité, l'amitié de Dieu et la conception monothéiste de la religion. — Parmi les chercheurs, Anquetil Duperron, à son retour des Indes en 1762, déposa à la Bibliothèque Royale de Paris une traduction hindoue des parties principales de l'*Avesta*, recueil des Livres zoroastriens, qui déchaîna le tollé monstre de certains milieux influencés par l'obscurantisme de l'époque. Certains nièrent l'existence de Zoroastre, d'autres fixèrent son enseignement comme étant postérieur à l'émigration d'Abraham d'Ur vers l'an 2200 (?) avant J.-C., et à l'enseignement de Moïse, ou limitèrent l'origine des traditions mazdéennes au VIIe s. av. J.-C., selon Aristote, qui eut des relations réduites avec les régions de l'Est.

Examinons en résumé les vagues pérégrinations de la tribu hébraïque d'Abraham qui, parlant le dialecte primitif des Arabes et repoussée des zones cultivées, eut son premier contact avec la civilisation en Égypte et pour première loi écrite celle de Moïse (égyptien) ; loi écrite en phénicien déformé, que Josué fit disparaitre pour pénétrer en *Terre Promise*. Tandis que la loi écrite des Israélites a pour origine les ambitions despotiques d'Esdras ou Esra au Ve s. av. J.-C.

Abraham quitta la Chaldée (Irak) et mena sa famille nomade au Hauran, sur le moyen-Euphrate en Syrie, puis au sud, vers Hébron et Beersheba. Son arrière-petit-fils Joseph, vendu par ses frères, devenu ministre en Égypte y accueillit sa tribu affamée, dans le riche Delta où elle fut malmenée ensuite par les Égyptiens pris d'inquiétude. Un nouveau-né, d'origine juive ou égyptienne, devenu chef de la tribu, Moise ou Moshé ou Moussa, son Sage, comprit qu'elle devait quitter l'Égypte. Il l'a fit sortir du Delta, traverser le lac Amer et nomadiser dans le désert du Sinaï durant 40 ans. Moise communiqua aux Hébreux les Dix Commandements de Dieu. Les voici tels que les rapportent le livre de l'Exode et le Deutéronome :

« Je suis le Seigneur votre Dieu qui vous ai tirés de l'Égypte, de la maison de servitude.

« Vous n'aurez point de dieux étrangers devant moi.

« Vous ne ferez point d'image taillée, ni aucune figure de tout ce qui est en haut dans le ciel, et en bas sur la terre, ni de tout ce qui est dans les eaux sous la terre. Vous ne les adorerez point et vous ne leur rendrez point de culte.

« Vous ne prendrez point en vain le nom du Seigneur votre Dieu.

« Souvenez-vous de sanctifier le jour du sabbat. Vous travaillerez pendant six jours et vous ferez tout ce que vous aurez à faire, mais le septième jour est le jour du repos consacré au Seigneur votre Dieu.

« Honorez votre père et votre mère, afin que vous viviez longtemps sur la terre que le Seigneur votre Dieu vous donnera.

« Vous ne tuerez point.

« Vous ne commettrez point de fornication.

« Vous ne déroberez point.

« Vous ne porterez point de faux témoignages contre votre prochain.

« Vous ne désirerez point la maison de votre Prochain

« Vous ne désirerez point sa femme, ni son serviteur, ni sa servante, ni son âne, ni son bœuf, ni aucune des choses qui lui appartiennent. »

Les Commandements de Moïse, transcrits de l'alphabet phénicien, sont les premiers écrits sacrés des Hébreux illettrés. Leur vocabulaire archaïque, dialecte arabe primitif, fut augmenté de mots égyptiens, babyloniens, perses, grecs, latins, pour constituer le Talmud, vaste compilation de doctrines et des préceptes enseignés par les docteurs dans l'institution des synagogues en particulier dans l'activité d'Esdras — vers 530 — en faveur du règne de la Loi.

Cette tradition, d'abord orale, s'élabora durant sept siècles environ au sein des écoles juives. L'étude des interprétations infinies du Talmud imposa la solidarité juive, développa l'hérédité de l'intelligence particulière et de la psychologie des Juifs. Certains préceptes xénophobes des Lois, dites d'Esdras, appliqués dans les affaires comme en politique ont servi le prosélytisme et inspiré la vengeance.

Cela, malgré tout un courant sapientiel universaliste et humaniste qui, à l'époque persane, a trouvé le meilleur de son expression dans Midraseh de Jonas.

La haute moralité de la Loi de Moise fut violée par Josué, chef de guerre, qui succéda au patriarche à la tête de la tribu pour commencer (entre 1220-1200), l'invasion de la Palestine en dépit de l'apparition de ses habitants, qui n'ont cessé de résister aux prétentions d'un État partagé entre le despotisme et l'esprit religieux, matérialisant sur leurs biens le songe d'une « Terre promise » aux bédouins.

Tandis que la xénophobie devenait un culte hébreu dès la première fête dont la cérémonie commence par ses mots :

« C'est le sacrifice de la Pâque pour remercier le Seigneur, qui détruisit l'Égypte mais épargna les maisons des enfants d'Israël » ; *et où chaque mets du repas symbolique cultive la haine, rappelle la misère de servitude dans le Delta (luxuriant), l'argile des briques façonnées (travail manuel) ; le départ précipité, avec du pain azyme (sans levain) et les herbes amères (du chemin) ; l'eau salée, ou du vinaigre, pour les tanner de la soif du lac Amer ; l'os garni du maigre agneau pascal sacrifié, un œuf cuit sous la cendre... qui pour les uns représente le sacrifice de la fête, pour les autres la destruction du Temple (premier ou second), auquel les convives vidant la quatrième coupe (?) se souhaitaient* « L'an prochain à Jérusalem ! »

(Inquiétés par les Chinois *incorruptible* qui seront, dit-on, 2,1 milliards dans 60 ans, les Achkenazire, dans leur refuge australien, diront-ils, vers 1985, *l'An prochain à New-York ?* Déjà commence à Tel-Aviv la IIIe diaspora qui menace la Hollande en premier, puis la France avant l'Australie, préférées d'Israël, beaucoup moins sûr de lui-même.)

Les guerres hébraïques entrecoupées de défaites et de révoltes religieuses ? achevèrent en l'an – 587 par la destruction de Jérusalem et de son Temple par les Babyloniens de Nabuchodonosor qui massacrèrent la plupart des Hébreux et emmenèrent le roi, le clergé, les plus riches, qu'une longue marche décima, sur 1.200 kilomètres, jusqu'au lieu d'origine d'Abraham. Alors, durant cinquante ans, les Juifs survivants et leur descendance assimilèrent les us et coutumes indigènes Puis en s'y mariant. Ou l'éternel balancier du destin envoya à Babylone (l'an – 570), Cyrus, roi des Perses, puis des Mèdes, qui, un an après, rendit aux cités conquises et aux peuples leurs idoles et leurs chefs captifs.

Tandis que Zorobabel, prince, rejeton de déporté, récupérait les vases sacrés et partait vers Jérusalem pour faire reprendre péniblement le culte juif disparu avec les Hébreux, à la Cour des Perses, un « collaborateur », petit-fils de déporté, Esdras ou Esra, devenait un personnage influent. Il obtint d'Artaxerxés, roi perse, un rescrit lui donnant pouvoir de réformer les mœurs des descendants des Juifs assimilés aux Babyloniens ; de leur faire respecter la Thora oubliée ; de déporter en Judée, occupée par les Perses, 1.775 hommes descendant de Juifs ayant refusé de suivre Zorobabel ; de taxer tous les Juifs de l'Empire perse pour reconstruire le Temple de Jérusalem. Nommé gouverneur, il fit chasser du peuple (?) les femmes étrangères, punir ceux qui les avaient épousées, restaurer la nationalité juive sous la menace des armes perses. Esdras, auteur de livres sacrés (– 530), fut le tyran, très riche et intransigeant en Judée, qui fit périr des milliers d'esclaves païens à la construction du Temple et de son enceinte, « le mur de leurs lamentations ».

(L'apocalypse dit Esdras, apocryphe, servit à collecter des dons juifs après la destruction de ce second Temple, l'an 70. Les Rothschild s'en servirent pour s'attribuer une large part des pétroles de Kirkouk, d'Iran et d'Arabie en échange de la Déclaration Balfour et de la neutralisation des Syriens par le Mandat français. De même, les Présidents achkénazim de Wall-Street, Londres et Paris, mobilisèrent la solidarité juive au profit de leurs affaires, en échange de leur influence sur les gouvernants occidentaux en faveur d'Israël.— Attachés, plus au pétrole qu'au souvenir de la Perse antique, les Sionistes de l'Anglo-Persian Petroleum Co., en 1925, firent renverser la dynastie des Qadjars et proclamer chah Riza Khan, général de basse extraction qui abdiqua, en 1941, en faveur de son fils. Mossadegh, noble Qadjar, porté au pouvoir, libéra l'Iran en nationalisant ses pétroles, en 1951, mais une autre junte policière, *aidée par les*

Anglo-Américains, déposa le Libérateur qui mourut désespéré dans la honte iranienne(87). Cette même junte, perfectionnée par des spécialistes israéliens, fit occuper, en déc. 71, les *îles* arabes Tomb et Abou Moussa du golfe Arabe-Persique.)

Alexandre le Grand, chef des Grecs, s'attaqua aux Perses et les vainquit. Il enleva Tyr, Jérusalem, l'Égypte, en −332; Babylone, en −331; Persépolis, en −324 et mourut en −323 après être parvenu aux Indes. L'Empire grec d'Alexandre se couvrit de villes d'un âge d'or. En Palestine libérée, les Juifs hellénisés traduisirent la Bible en grec et se répandirent en: Égypte, Phéninicie, Syrie, Asie Mineure, Thessalie, Macédoine, Péloponnèse, Argos, Corinthe, Afrique. Mais les Pharisiens, dressés contre l'hellénisme, s'opposèrent à l'assimilation des Juifs et reprirent le Prosélytisme pour accroître leur influence et leurs Profits. En −164, les Juifs, révoltés contre les rois grecs de Syrie, conquirent Jérusalem sous la conduite de Mathathias et ses fils, dont Maccabée. Leur indépendance commencée en −143 gagna l'ancien royaume hébreu. La dynastie juive ruinée en −69 −63 se rétablit en −37 avec l'aide romaine et disparut 4 ans avant l'ère chrétienne(88).

Une nouvelle révolte juive, 68 ans après, fut écrasée par l'empereur Vespasien, puis par Titus et sa première Légion gauloise qui redétruisit le Temple, l'an 70 après J.-C. (page 11). La dernière insurrection juive *(dans le maquis)* dura cinq ans (130-136). Alors l'empereur Hadrien ravagea méthodiquement le pays, reconstruisit Jérusalem et, pour bien montrer sa résolution d'en finir avec la race rebelle, bâtit un temple à *Jupiter* sur l'emplacement du temple de *Salomon*. Les Juifs dispersés vécurent ensuite en communautés isolées et n'eurent plus de vie politiques(89).

À Rome, Sénèque (4 av. J.-C.-45) et Tacite (55-120) critiquèrent sévèrement « les pratiques de cette nation scélérate... vaincue qui donne des lois aux vainqueurs ». Au début du Christianisme, jusqu'à l'an 49, tous les Chrétiens étaient Juifs et tes postulants païens devaient se faire circoncire ! La victoire de l'apôtre Pierre sur Paul sépara l'Église

---

87). Voir *L'Iran face à l'imposture de l'histoire*, du Prince Mozaffar Piron, éditions de l'Herne, novembre 1971.

88). Les manuscrits de la Mer Morte sont du Ier siècle seulement, postérieurs aux Livres d'Esdras, le falsificateur de la Loi de Moïse.

89). La langue hébraïque rabbinique, post-biblique, mêlée de babylonien, persan, grec et latin, abandonnée par le peuple qui parlait l'araméen, le grec, le latin, fut reprise par le Mandat anglais, en Palestine, en 1920. Elle tend à s'imposer dans certains quartiers de Paris, notamment à Belleville où le nom des rues est libellé en hébreu.

de la Synagogue. Alors les Juifs devinrent si turbulents que l'empereur Claude les fit chasser de Rome. Peu après, à la suite d'une vague de dénonciations, la persécution sanglante des Chrétiens commença.

On sait également qu'après les répercussions de la rébellion juive de Barcochba, et du massacre des Grecs et Romains de Salamine à Chypre, l'édit de Trajan fut rapporté par Antonin et, en 212, Caracalla accorda le statut de citoyen romain à tous les Juifs et aux hommes libres de l'Empire. Un siècle après, Constantin décréta le Christianisme religion d'État, en laissant aux Juifs leur qualité de citoyen, mais en leur interdisant le prosélytisme demeuré actif. Constance leur interdit en outre, sous peine de mort, de se marier avec des chrétiennes. Théodose écarta les Juifs des fonctions publiques. Justinien (565-578) voulut orienter la liturgie juive vers la foi chrétienne.

On sait de même que l'Islam, devenu au VIIe siècle un refuge accueillant pour les Juifs, s'étendit en flèche sur l'Égypte, la Palestine, la Syrie, l'Irak, l'Afrique du Nord, et, encore guidé par eux, occupa l'Espagne et franchie les Pyrénées en 715. Durant sept siècles, la prospérité juive sépharade fut favorisée et abâtardie par les Berbères, non sémites, et les Arabes qui interdiraient tout prosélytisme juif en territoires islamisés. Au VIIIe siècle la conversion au judaïsme du bloc massif des hordes khazares, Mongols de la Caspienne, provoqua leur longue guerre contre les chrétiens du Caucase, de Géorgie, de l'Azerbaïdjan suivie de leur défaite, au Xe siècle, et de leur dispersion, par les czars Vladimir et Iaroslav, qui répandit ces Juifs achkénazim, « athées ou indifférents », en Europe centrale jusqu'au Rhin.

Entre-temps, en Europe au Moyen Age, les expulsions des Juifs se succédèrent : Espagne (613), France (629), Angleterre (1290), de nouveau la France (1294), Vienne (1421) et Espagne (1492). (Un article israélien, relatif à l'embargo français de 1967, rappela que des Juifs occupaient la Gaule avant eux. Effectivement, au IIe siècle av. J.-C. des Juifs avaient précédé *les* braves Francs du roi Dagobert venus, de Germanie, après Clovis.) Les Juifs, revenus de façons *différentes*, obtinrent l'*égalité des droits civiques en France, le 28 septembre 1791 (durant la Terreur), en Prusse en 1812.* L'Allemagne les leur accorda en 1848, l'Angleterre en 1859, l'Autriche-Hongrie en 1867, l'Italie en 1870 (sous Garibaldi), la Russie en 1917 (sous Kérensky).

Au moment des migrations juives vers le « Grand-Occident » américain, des *pogroms* apparaissent en Europe centrale. La Roumanie commence, en 1866 et 1870, après la guerre de Crimée. L'antisémitisme se forme en Allemagne (1870), qui durera jusqu'en 1945. En Russie, le mouvement sioniste Bilou s'opéra en 1890 et les pogroms se multiplièrent en 1883, 1905, 1918, 1921. 30.000Juifs, sur 3 millions de Mongols khazars, furent conduits en Mongolie (au Birobidjan, République soviétique juive).

(Les conséquences du prosélytisme, politique contestable appliquée aux Khazars impies, contrairement aux lois rabbiniques, ont revêtu une extrême importance, au XXe siècle, par le nombre de leurs descendants achkénazim devenus 4 fois plus nombreux que les Séphardim, seuls vrais Israélites aujourd'hui gouvernés par le Parti achkénaze.

Le philosophe Juda Halévy, sioniste passionné de l'organisation de Tolède, en Espagne occupée au XIIe siècle, n'imaginait pas l'issue de son thème Kuzari (Khazar : « ... l'élite des Juifs de l'Islam contribuait, de Grenade et de Cordoue à la Propagande sioniste, en contact avec leurs coreligionnaires des Royaumes d'Occident sous la protection des armées musulmanes d'Égypte... »

Sans doute les Achkénazim russes, polonais, galiciens, allemands, descendent des rames Mongols blancs khazars, eux-mêmes apparentés : aux Huns d'Attila, venus plus tôt et christianisés en partie en Hongrie ; aux Seldjouks, Mongols turco-islamisés aux XIe-XIIe siècles ; aux hordes de Gengis Khan du XIIIe siècle et de Timur-lang, ou Tamerlan du XIVe siècle, qui dévastèrent l'Europe de l'Est et l'Orient byzantin et arabe, où ils avaient été guidés comme l'avaient été les Berbères en Espagne et les Américains en Indochine.

(Nous avons vu que le même but, de forme sioniste-maçonnique, a guidé les conquêtes coloniales des XIXe et XXe siècles, l'expédition anglo-française à Suez en 56, les Américains en Indochine de 56 à 71, les Iraniens aux îles arabes du détroit d'Ormuz, en déc. 71. Elle est visible, de même, dans la *Tribune juive* du 4 déc. 71. où J.J. Servan-Schreiber déclare : ... *Le devoir de l'Europe... de la France, serait de s'occuper de l'équilibre militaire au Moyen-Orient, c'est-à-dire, de l'armement d'Israël, si l'U.R.S.S. continue d'armer les autres pays et de provoquer le déséquilibre.* Le politicard radical achkénaze, Franc-Maçon sioniste, qui fit fortune au chantage des guerres d'Indochine et d'Algérie, en servant les Amé- ricains pour lesquels il demanda l'aide des forces françaises, voudrait-il que la livraison d'un seul *Mirage à* Israël puisse provoquer la coupure du pétrole arabe aux Français, selon la demande sioniste et la tradition d'Esdras qui fit la fortune des Rothschild ?)

Le Sionisme a provoqué souvent l'antisémitisme par réaction. Dans les royaumes chrétiens, les Séphardim furent tranquilles et prospères sous Charlemagne qui leur accorda le droit de posséder terres et immeubles. Narbonne, Château-Thierry, Dampierre, Auxerre, Troyes furent des centres culturels talmudiques. C'est sous l'effet des guerres antichrétiennes menées par les barbares Seldjouler-turcomans, alliés des Khazars, lorsque le Pape Urbain II fit appel aux Croisades pour secourir la Chrétienté d'Orient, qu'une violente réaction se fit contre un ennemi reconnu. Malgré la protection des Princes et du Clergé, plus de 1.000 Juifs périssent à Mayenne et à Worms (centres sionistes). En 1182 Philippe-Auguste fait expulser les Juifs et confisque leurs biens. Ils seront autorisés à revenir 16 ans plus tard. Sous Louis IX, en 1242, des anciens manuscrits du Talmud sont brûlés comme hérétiques en place de Grève. Charles VI ordonne le bannissement des Juifs qui se réfugient en Alsace et en Bohême et dans le Comtat Venaissin. Sur les terres pontificales d'Avignon, de nombreuses familles juives Prospérèrent jusqu'à la Révolution de 1789 qui annexa le Comtat et ravagea le Château des Papes, protecteurs des Juifs. Néanmoins de nombreux Juifs demeurèrent en France, protégés des Princes, et les « Marranes » expulsés d'Espagne et du Portugal s'y réfugièrent du XVIᵉ au XVIIIᵉ siècles. Nombreux d'entre eux appuyèrent secrètement la Réforme, la Franc-Maçonnerie, la Révolution... Mirabeau, que certains disent d'origine juive, étudia la réforme politique des Juifs en 1787, et la Constituante décréta, en 1790, que tous les Juifs portugais, espagnols, avignonnais seraient citoyens « éligibles ». Un an après, tous les Juifs de France (40.000 environ) bénéficièrent des mêmes prérogatives, uniques en Europe, qui donneront l'impulsion moderne au Sionisme.

La première colonie sioniste en Palestine était fondée en 1826 ; l'Alliance Israélite Universelle, créée à Paris en 1861 ; Moise Montefiore, de Londres, et Edmond Rothschild, de Paris, fondèrent 17 colonies (à partir de 1883) avec l'aide de la *Loge de Salonique*, initiée en 1886 par la *Loge de Prusse « Jeune Europe »*.

En France *l'Affaire Dreyfus* survint et Théodore Herzl publia *l'État juif*, en 1896, faits qui eurent une grande importance aux États-Unis.

Le XIXᵉ siècle fut, en général, décisif sur le sort de la Palestine par l'effet des Congrès sionistes annuels, commencés en 1897, prolongés au cours de la Première Guerre mondiale durant laquelle, le 2 novembre 1917, la *Déclaration Balfour* fut remise aux Rothschild à la demande de W. Wilson, président américain élu par le Sionisme.

L'antisémitisme accéléra le mouvement sioniste en Europe centrale et en Amérique. Le Nazisme eut d'abord une forme antisémite verbale de participation au Sionisme. En été 1935 Himmler envoya Mildenstein, son second SS, à Tel Aviv pour rencontrer les chefs de la Haganah (armée secrète sioniste). L'un d'eux Feivel Polkes vint à Berlin, le 26 février 1937, et Adolf Eichmann, devenu le chef du service *Organisation sioniste,* se rendit à Haïfa, le 2 octobre, pour ébaucher une alliance avec la Haganah, afin de forcer les 300.000 Juifs autrichiens à émigrer en Palestine, aux frais des Juifs riches et à la barbe du Mandat anglais.

En 1938, le 12 mars, les troupes allemandes entrèrent en Autriche. Ferdinand Von Rothschild les attendit, en hôte de la Gestapo, puis quitta le Reich librement pour gagner Paris. Roosevelt ayant fait limiter l'admission, aux États-Unis, des Juifs d'Europe, à 30.000 par an, l'American Distribution Committee leur versa 100.000 dollars pour favoriser le départ, vers la Palestine, de ces malheureux qui hésitaient à abandonner leurs biens. En automne les services d'Eichmann avaient fait quitter l'Autriche à 45.000 Juifs. Mais la politique sioniste du IIIe Reich se heurta à l'opposition brutale des Nazis fanatiques.

Néanmoins le 24 janvier 1939, Heydrich SS reçut l'ordre de reconduire l'*émigration juive* : 78.000 quittèrent l'Allemagne, tandis que, en Bohême et en Moravie, Eichmann(90) *réussit à organiser* le départ de 30.000 autres, en collaboration avec le chef de la Haganah : Eliahu Golomb. En même temps, le dirigeant sioniste Pino Ginzburg faisait embarquer directement, à Hambourg et à Emden, les Juifs partant pour la Palestine ; la guerre vint interrompre cette émigration juive clandestine organisée par les Nazis et les Sionistes associés.

Après la défaite de la France, en juin 1940, Hitler approuva le projet d'Eichmann de transporter 4 millions de Juifs à Madagascar, que le gouvernement de Vichy devait céder, mais un changement survint, le 31 juillet 1941, pour mettre en pratique « *la solution finale.* » Dès lors l'extermination des Juifs, pris au piège du *Sionisme nazi,* fut décidée (91).

Pour comparer l'influence du Nazisme — officialisé, en 1933, avec la tolérance des gouvernements maçonniques anglais, français et américains — sur l'immigration sioniste en Palestine, il faut citer les nombres des immigrants juifs de 1920 à 1946(92), provenant

---

90). *Historia* hors-série, 20 : « Les SS ».
91). Eichmann, enlevé en Argentine avec la complicité des F∴-M∴, fut jugé et pendu en Israël, où la peine de mort est exclue pour les Juifs. Un de ses ravisseurs sionistes, Ephraim Elrom, consul général israélien à Istanbul, fut enlevé, à son tour, en Turquie par des révolutionnaires, en mai 1971. Aussitôt, la presse israélienne ne manqua pas de menacer le gouvernement turc.
92). O. Hobman, *Palestine's Eeonomies Futures*, p. 160.

d'Europe et de l'U.R.S.S. en général où la libre tendance juive à émigrer préférait l'Afrique du Sud. (L'Amérique n'a fourni que très peu d'immigrants à Israël).

1971, l'Organisation maçonnique sioniste de l'Afrique du Sud, de la Nouvelle-Zélande, de la Jamaïque, d'Australie, du Benelux, conditionne politiquement l'entrée de la Grande-Bretagne au Marché Commun européen.

1920 à 1929	99.206	*(essai de révolution, crise économique)*
1930 à 1936	182.839	*(chômage et tension nazie)*
1937 à 1946	122.796	*(Anschluss, Munich, guerre)*
Total	404.841	

En 1948, à la veille de l'avènement de l'*État d*'Israël, il y avait quelque 700.000 Juifs en Palestine — dont un bon nombre attirés des Pays arabes voisins, et 55.000 environ provenant des anciens résidents avant 1920 — plus 1.250.000 Arabes *musulmans et chrétiens*, soit près de 2.000.000 d'habitants. Une année plus tard, après la guerre menée..., il ne restait plus... que 900.000 âmes : 750.000 Juifs et 150.000 Arabes(93).

Dans les Pays arabes, la poussée sioniste pour forcer l'*émigration* vers la Palestine se fit également sous l'influence des guerres d'Israël de 1947 à 1965 (préparation 1967). En voici l'exemple :

ÉMIGRATION DES SÉPHARDIM SIONISTES

Provenance	1947~48	1955	1965	Totaux	Populations 1967
Algérie	130.000	40.000	140.000	310.000	12.093.000
Égypte	75.000	40.000	2.500	117.500	29.600.000
Libye	38.000	3.750	6.000	47.750	1.677.000
Maroc	280.000	240.000	70.000	590.000	13.323.000
Tunisie	90.000	105.000	10.000	205.000	4.675.000
Irak	110.000	6.000	6.000	122.000	8.262.000
Liban	8.000	6.000	6.000	20.000	2.400.000
Syrie	12.000	4.000	4.000	20.000	5.399.000
Yémen	45.000	3.500	2.000	50.500	5.000.000
Totaux	**788.000**	**448.250**	**246.500**	**1.482.7.50**	**82.429.000**

---

93). J. P. Migeon et Jean Jolly, *A qui la Palestine* ? p. 189 et 196

Durant cette période, la population israélienne juive passa de 750.000 à 2.300.000 *âmes*. L'accroissement de 1.550.000 — dont 1.482.750 provenant des Pays arabes et 67.250 seulement venant d'Europe, d'Asie, d'Afrique du Sud et d'Amérique (y compris les produits de la natalité et de la réémigration des Juifs déçus) — marque l'abus de confiance, dont les Juifs séphardim des Pays arabes furent victimes, et le désengagement des Juifs occidentaux (Ashkénazim) envers Israël.

La Société des Nations, fondée à Genève pour la politique sioniste coloniale, qui, de 1919 à 1939, laissa déclencher neuf guerres au moins et refermer le pi*ège nazi sur les Juifs et les* « communistes », était de constitution maçonnique.

L'Organisation des Nations Unies, de même ossature initiale, suivait une politique semblable lorsque survint la décolonisation. Le mutisme de ses principaux responsables scandinaves traduisait les engagements du *Grand-Occident* envers le *Grand-Orient*.

En 1971, l'Organisation maçonnique sioniste de l'Afrique du Sud, de la Nouvelle-Zélande, de la Jamaïque, d'Australie, du Benelux, conditionne politiquement l'entrée de la Grande-Bretagne au Marché Commun européen.

L'Afrique du Sud ségrégationniste manque de main-d'œuvre blanche. Ses dirigeants, « Balthazar » et Oppenheimer, rois de l'or et du diamant, contraints d'admettre les Noirs qualifiés aux travaux de construction, les munissent de plantoirs jardiniers en guise de truelles. Celles-ci demeurent des instruments maçonniques interdits aux *colored*. *Mais* bientôt c'est l'*énergie musculaire des Nègres qu*i prévaudra devant le protestantisme politique déchu à Johannesburg, en Ulster et ailleurs.

Au Congrès de l'International Socialiste, d'obédience maçonnique sioniste, tenu à Helsinki, les déclarations faites par Golda Meir, chef du gouvernement israélien, pour maintenir les réfugiés palestiniens hors de Palestine et l'occupation sioniste des territoires arabes, se passent de commentaire sur l'interprétation donnée par la Franc-Maçonnerie au sens du Socialisme et des Droits de l'Homme.

Suite à l'enlèvement et au meurtre du consul d'Israël à Stamboul, un régime policier s'abattait sur des milliers de personnes soupçonnées d'en être responsables, pendant qu'à la Knesset un projet de loi était soumis aux termes duquel Israël demanderait automatiquement l'extradition des auteurs d'attentats ou de crimes commis à l'*étranger contre des ressortissants ou de biens israéliens.*

À Paris une Cour de justice jugeait Joseph Stadnik, 26 ans, né à Tulle, d'origine juive polonaise. Au cœur de la capitale il avait rançonné, à main armée (avec un pistolet à silencieux, une grenade fumigène et un flacon d'acide chlorhydrique) Guy Rothschild, banquier, roi du nickel de Nouvelle-Calédonie, et son fils David. La « naïveté » de Stadnik et la « puérilité » de son plan, plaidées par Albert Naud, l'avocat général et les jurés accordèrent les circonstances atténuantes à l'accusé afin de lui laisser sa chance. Le président Braunschweig prononçait la sentence : cinq ans de prison *avec sursis.* Le journaliste Kosta Chrititch était favorable. Ce jugement constitue un précédent pour les Juifs de Paris.

Fin mai 1971, l'*échec du complot maçonnique au Caire* et le Traité soviéto-égyptien mettent fin aux spéculations occidentales sionistes, répercutées en Scandinavie où Golda Meir, en tournée diplomatique, déclare *« qu'Israël ne peut plus compter sur l'aide internationale ».* Sans doute parce que les dirigeants anglo-saxons et scandinaves lui ont fait observer qu'ils ne pouvaient aller plus loin dans l'aberration.

Le Portugal, membre de l'OTAN et collaborateur sioniste, en se retirant de l'UNESCO, parait entrer, lui aussi, dans la finalité de sa déchéance maçonnique. Celle-ci commencée en 1810, par l'action des « Petits Maîtres » descendants de Juifs « convertis » devenus ses représentants, est menée à la ruine complète pour la cause sioniste.

Les Netouri Karta orthodoxes défenseurs de la loi mosaïque, en Israël, exigent l'observance du Sabbat par les Juifs et menacent les médecins pathologistes coupables de pratiquer des autopsies (non admises par le peuple *élu* qui doit ressusciter). Ces fidèles de la Loi de Moïse refusent d'*être mobilisés* et demandent l'internationalisation de Jérusalem, déjà décidée-par l'O.N.U., mais refusée par les gouvernants israéliens. Aussi sont-ils attaqués par la police armée et casquée qui fait irruption dans leurs synagogues, frappant aveuglément des femmes, des enfants et des vieillards, alors qu'ils s'adonnent à la prière et que les contestataires se réfugient à l'ambassade américaine.

(Des témoins sûrs ont entendu des officiers israéliens déclarer que ces Juifs religieux n'étaient tolérés que pour obtenir des subventions des Juifs américains, mais qu'ils seraient liquidés en 4 heures à la première occasion.)

Cinquante familles géorgiennes, attirées en Israël par la

propagande sioniste, ont adressé, le 2 décembre 1971, à M. Podgorny, président du Soviet Suprême, une pétition que 200 familles, parvenues en Palestine depuis 1969, veulent signer demandant leur rapatriement *pour retrouver la liberté* de prier. Une organisation sioniste américaine comptant 75.000 membres a adopté au congrès d'Atlantic-City, de novembre 1971, une résolution reprochant aux gouvernants israéliens de ne pas fournir aux immigrants soviétiques des moyens suffisants pour célébrer Leur culte.

En avril 1971, le Grand Rabbin de la communauté juive d'Irak Sassoon Khadoury, adressa à M. U Thant, Secrétaire général de l'Organisation des Nations Unies, la lettre suivante :

> *Monsieur le Secrétaire Général,*
>
> *Israël continue de mener une campagne virulente contre l'Irak et contre les citoyens irakiens de religion juive. À cet égard, je voudrais assurer Votre Excellence qu'il y a une différence considérable entre le Sionisme et le Judaïsme. Le Sionisme est une idéologie politique et raciale. C'est un mouvement colonial et expansionniste qui contredit l'essence et les enseignements du Judaïsme, l'une des trois religions révélées du monde. Le Sionisme a trop souvent desservi le Judaïsme et ses adeptes en déformant ses idéaux et son histoire et en recourant à la violence contre les Juifs pour les forcer à émigrer en Israël.*

Au Maroc, l'émigration des Juifs, demeurée libre, fut suscitée par des provocations organisées dès 1948 sous le couvert maçonnique des gouvernants de la IVe République et du Résident Juin. Son adjoint, le Contrôleur civil Chennebault, fit massacrer une centaine de Juifs les 7 et 8 juin. La même organisation, en étroite relation avec les Israéliens, fit déposer te roi Mohamed V, en 1953, qui revint au pouvoir en 1955, sous la pression de l'opinion publique. Après l'indépendance, acquise en 1956, les pressions sionistes vinrent de l'Ambassade américaine. Les départs se faisaient dans les années 50 à raison de 6.000 émigrants par an. Lors de la visite du Président Nasser, en janvier 1961, un petit rafiot, incapable de tenir la mer, mais chargé de 42 émigrants juifs, coula devant Les côtes. Connaissant l'organisation sioniste, on remarqua que le capitaine se sauva et que le naufrage du petit *Exodus* marocain servait la propagande sioniste.

> *Une jeune avocate israélienne, Me Felicia Langer, consultée (le 2 juin 1971) au sujet des tortures infligées aux détenus palestiniens défendis par elle, déclara des formes de punitions infligées : Dayan a dit, exception faite de les pendre, on leur*

> *fait Tout.... il n'y a pas de punition qui n'ait été infligée aux habitants des zones occupées... Dix mille maisons au moins ont été dynamitées... parfois sur un simple soupçon que les habitants pourraient savoir la place d'une cache d'armes ou avoir des liens avec les « organisations illégales »... On ne leur permet pas de reconstruire ni d'utiliser les débris pour se loger ailleurs. (Pour les faire partir). Des douzaines de maisons furent dynamitées dans un village de Naplouse, parce qu'une cache d'armes fut trouvée à proximité. Une autre méthode consistant à déporter les habitants vers le désert est considérée efficace pour « éliminer » les indésirables... Des centaines de détenus n'ont jamais été déférés devant un tribunal. Un malheureux Palestinien devenu fou dans sa prison, amené au Tribunal, était incapable de comprendre ce qui se passait... Le juge militaire, tout en reconnaissant que l'homme avait été suffisamment puni en devenant fou,... l'a condamné à 10 ans de prison... Dans les prisons israéliennes les Arabes jouissent de soixante-dix centimètres carrés par détenu et il leur est souvent impossible de s'allonger la nuit et interdit de s'asseoir le jour... Au-dehors, la grève est interdite, fermer un magasin ou s'abstenir d'aller à l'école est défendu ; il est même défendu de pleurer les morts... Procurer un verre d'eau à un membre d'une organisation hostile est un crime punissable de 5 ans de prison. (France-Pays Arabes, n° 20, sept. 1971)*

Les Ambassades étrangères, dont les États-Unis, savent tout cela, ainsi que la *Ligue des Droits de l'Homme*. Tout un peuple est désespéré en raison de la passivité de l'Occident, et des Juifs pleurent de honte.

Enfin les dirigeants américains et canadiens demandent la « libéralisation » des Juifs de l'U.R.S.S. Rappelons à ce sujet que le célèbre Joseph Reinach, opposé formellement au Sionisme, fort de la haute compétence de ses frères Salomon et Théodore, savants historiens français de notoriété universelle, écrivit en 1919 :

> « *L'immense majorité des Juifs russes, polonais, galiciens, descend des Khazars, peuplade tartare du Midi de la Russie qui se convertit en masse au Judaïsme vers le temps de Charlemagne. Pour parler d'une race juive, il faut être ignorant ou de mauvaise foi. Il y a eu une race sémite ou arabe : il n'y a jamais eu de race juive.* »

Cette déclaration politique d'avertissement solennel, parue au *Journal des débats* du 30 mars 1919, contenait également :

> « Si l'on entend par « sionisme » la constitution de colonies ou de foyers juifs en Palestine, l'intervention de la Conférence de la paix est inutile (...) Pleine et entière liberté doit être donnée... aussi à des colonies catholiques, protestantes, grecques, arméniennes, de s'établir en Palestine, en se conformant aux lois du pays.
>
> « Mais si l'on entend par « sionisme » la constitution d'un État a un juif en Palestine. Je dis nettement, résolument : Non !
>
> « Je répète, l'ayant émit déjà bien des fuis, que le Sionisme, État juif en Palestine, est une sottise. La seule idée d'un État ayant pour base la religion est contraire à tous les principes du monde moderne. Elle eût déjà été traitée d'absurde dans l'antiquité. Il y a eu une nation juive au temps du royaume d'Israël. Il n'y a plus de nation juive depuis vingt siècles.
>
> « De ce qu'il a existé, dans des temps très anciens, un royaume d'Israël à Jérusalem, il n'en résulte pas pour les Juifs un droit particulier sur Jérusalem. Vingt peuples divers ont occupé la Palestine... Comme il y a seulement une religion juive, le sionisme est bien une sottise — une triple erreur historique, archéologique, ethnique. »

Cet acte antisioniste de Joseph Reinach, demeuré isolé et oublié, reparut dans le bon livre *Le jeu de la France* (Julliard, 1970) de Philippe de Saint-Robert, éditorialiste de la *Tribune des Nations*, (analyse hebdomadaire de la conjoncture, que les francophones liront mieux que les mensonges sionistes de l'*Express*, ou les falsifications achkénazim des groupes qui, même au seul journal sérieux *Le Monde*, se partagent l'exclusivité française de la politique étrangère). Parmi les *œuvres* antisionistes oubliées ou cachées : *L'avant-guerre* (1913) de Léon Daudet, politicien courageux calomnié et éditorialiste de *l'Action Française*, journal patriotique que les Béha, d'origine juive, firent mettre à l'Index par le Vatican. Son action et celle de Charles Maurras, taxés de racisme (!), en firent les cibles des Loges et du Communisme achkénazim. Le fils de Léon Daudet fut assassiné par la police de la IIIe République, et lui-même, père meurtri, emprisonné, ô, la honte des Français avachis, par d'ignobles gouvernants, dut s'évader et vivre en exil, lui, brillant parlementaire. Un autre livre antisioniste primordial est *The International Jew* (1922) d'Henry Ford, le pionnier génial de l'industrie automobile américaine, qui, ayant subi, de 1914 à 1918, les tentatives de chantage et d'accaparement de son industrie, par l'Organisation achkénaze, protégée du Congrès, ouvrit un crédit de plusieurs millions de dollars à *un groupe d'érudits pour étudier* les subversions du Parti achkénaze et prévenir l'opinion publique avec un livre comportant les matières suivantes :

1. L'Histoire des Juifs des États-Unis.
2. Différentes approches de l'influence juive.
3. Victimes ou persécuteurs ?
4. Existe-t-il une « Nation juive ? »
5. Le « programme politique juif. »
6. Introduction au « protocole juif. »
7. Comment les Juifs utilisent le pouvoir.
8. L'influence juive sur la politique américaine.
9. Bolchevisme et Sionisme.
10. La suprématie juive au théâtre et au cinéma.
11. Le jazz juif devient notre musique nationale.
12. Boisson, jeu, vice et corruption.
13. Le problème le plus actuel du monde.
14. Les hauts et bas du pouvoir monétaire juif.
15. La bataille pour le contrôle de la presse.
16. L'état de « Tout Judas. »

Les chapitres sont précédés de citations des *Protocoles des Sages de Sion* et de déclarations juives importantes. La publication de l'ouvrage déclencha les représailles juives contre la Ford Motor Company : gribouillages sur les murs (comme en Mai 68 à Paris), mannequins macabres (meurtres psychologiques), caricatures ridicules, boycottages commerciaux, etc. Puis des ordres furent donnés aux Khazars américanisés et leurs associés, pour faire disparaître les copies de la publication lesquelles, achetées pour être détruites, devinrent plus rares que les livres de collection. Enfin la presse publia la retentissante lettre d'excuses de Ford par laquelle il blâmait ses collaborateurs pour avoir publié un livre contre les Juifs en s'engageant à faire cesser cela définitivement. — En 1940, Henry Ford expliqua, devant témoins, à son ami M. Gerald L.K. Smith, que la lettre d'excuses n'était pas de lui mais d'Harry Bennet, administrateur dictatorial de sa Compagnie, bizarre et influent, et qu'il comptait reprendre la publication. — Après la mort de Ford, en 1947, Harry Bennet publia, avec le Juif Paul Marcus, un livre critiquant son ancien patron *« Nous ne l'avons jamais appelé Henry »* et avouant son intervention contre *Le Juif international*. La lettre d'excuses, composée par Brisbane, Samuel Untermeyer, Louis

Marshall et lui-même, ayant été repoussée par Ford, fut signée par lui Bennet imitant la signature de Ford. M. Smith se fit alors un devoir de reprendre à son compte la publication du *Juif international* et des *Protocoles des Sages de Sion*, prétendus apocryphes par les Juifs, mais que de nombreux experts jugent authentiques, et auxquels Henry Ford croyait, pour avoir remarqué *qu'ils concordaient en 10145 Points avec ce qui se passait dans le monde. « Notre travail ne prétend pas donner le dernier mot sur la Judaïcité en Amérique, mais simplement le caractère de son influence actuelle... Que les gens apprennent à identifier la source et la nature de l'influence qui domine autour d'eux, est suffisant. Que le Peuple américain comprenne, pour une fon, que ce n'est pas une dégénérescence naturelle, mais une subversion calculée qui nous afflige, et il sera sauvé... Le temps montrera que nos détracteurs* (du parti khazar russe) *sont en train d'agir évasivement qu'ils n'abordent pas les problèmes principaux. Il n'est pas de penseur mûr ni de lecteur honnête et conscient pour mettre en doute la logique d'Henry, Ford, telle que résumée ici. Je suis d'accord entièrement avec lui. Ford que l'Amérique entière doit connaître la vérité et que la vérité nous libérera... »*, écrivait alors, en substance, M. Gerald L. K. Smith lequel livra *The International Jew* sous l'adresse : National Director, Christian Nationalist Crusade, P.O.B. 27895, Los Angeles 27, California (broché de 77 pages, format 0,20 x 0,27 : single copy $2.00, 50 copies $75.00, 100 copies $100.00).

L'ANTISIONISME DOIT ÊTRE EXPRIMÉ LIBREMENT.

Un survivant de l'hécatombe franco-allemande de 14-18, Céline, héros invalide à 75 %, devenu médecin, fut expert à la S.D.N. durant 3 ans, aux ordres d'Achkenazim, qui lui inspirèrent *Bagatelles pour un massacre* et l'*École des cadavres*, que le ministère maçonnique de Daladier contra par la loi Marchandeau (radicale-socialiste) de mars 1939 ; « *Contre les injures ou diffamations publiques à l'égard d'un groupe de personnes ou de citoyens appartenant par leur origine à une race ou à une religion déterminée, dans le but d'exciter la haine entre les habitants.* »

Bien qu'il n'y ait pas de scandale et de folie révoltante que la société journalistique et littéraire parisienne ne puisse supporter, la censure des livres et nouvelles antisionistes permit aux Organisations sionistes de développer librement leurs actions contre la Ve *République* qui n'a pas rapporté cette loi maçonnique, limitant la liberté de la presse.

Cette loi semble dictée par les *Rothschild* et l'Organisation sioniste achkénaze pour couvrir leurs subversions continuelles et attaquer Pop-position susceptible de les gêner. Céline n'était pas un homme politique, c'*était un esprit religieux,* un homme de foi et un lutteur entêté. Il dénonçait l'imposture contemporaine menant la décadence contre l'instinct de l'espèce livrée à l'ivrognerie, à la pollution, aux désordres politiques, à la misère de l'habitat. Il sonnait le tocsin avec furie contre la curée des barbares, contre les folies meurtrières et suicidaires de l'homme, contre les traquenards et les injustices de la société conduite par la Franc-Maçonnerie achkénaze. Dans ses constats de mort de l'Européen, ses diagnostics n'avaient pas perdu l'espoir ; c'*était des appels à la renaissance opposée* à l'anglicanisme sioniste. Ce visionnaire de 1937 rêvait de la politique de De Gaulle de 1962, celle de Richelieu recommandée par Bainville, et considérait avec dégoût, dans un sursaut de colère, l'assoupissement des Français, leur étrange indifférence à tant d'*événements qui les concernaient directement. Les circonstances, les folies de la politique maçonnique* sioniste régissant l'information lui faisaient croire à la perte prochaine de l'humanité chrétienne. Il fut taxé de collaboration et emprisonné au Danemark durant 14 mois dans une cellule de condamné à mort, puis 5 mois dans un hôpital pour assouvir la vengeance sioniste danoise. À Paris, sa maison pillée, ses manuscrits et notes enlevés, il fut à nouveau condamné, le 21 février 1950, à un an de prison, à l'indignité nationale — lui, héros de guerre — à la confiscation de ses biens (mais il fut amnistié le 26 avr. 51) sous le régime pourri de la IVe République. En septembre 71, l'avocat de M. Céline nous interdit de reproduire les œuvres de Céline censurées à Paris, prétendant que l'auteur *avait changé avant de mourir.* Nous passerons outre à cette trahison de la mémoire du héros, pour faire paraître un condensé de ces 3 ouvrages (94) utile à l'*édification de la jeunesse* occidentale et orientale.

M. Jacques Fauvet, directeur du journal objectif *Le Monde,* au cours d'une conférence de presse donnée au Liban en janv. 71, a exposé que la forme la plus néfaste du mensonge de la presse était le silence, partiel ou total. Il a déclaré n'*être pas Franc-Maçon et a reconnu que la presse française était infestée de sous-marins.* Une petite brochure que l'auteur lui avait adressée était revenue avec la fin de non-recevoir classique, signée Philippe Herreman, chef adjoint du Service Étranger, qui l'avait ainsi soustraite à son destinataire :

Monsieur,   Paris, 19 nov. 70.

---

94). Retrouvez ces ouvrages sur le site : http://www.the-savoisien.com/blog/index.php?q=céline

> *Notre directeur m'a transmis le document que vous lui avez adressé le 4 nov. et qui est intitulé « Le Sionisme menace l'Amérique. » J'ai lu ce texte avec la plus grande attention et en ai apprécié le caractère sérieux et documenté. Malheureusement le peu de place dont nous disposons dans notre journal nous interdit d'envisager la possibilité de publier un texte aussi important. Je le regrette vivement, et tout en vous remerciant de la confiance dont vous nous témoignez, je vous prie d'agréer, Monsieur, mes salutations très distinguées.*

M. Jacques Fauvet, la recevant enfin des mains de l'auteur y répondit : *Paris, 12 janv. 71.*

> Cher Monsieur,
>
> *J'ai lu avec attention les 2 textes que vous m'avez remis à mon passage à Beyrouth. Celui qui est intitulé* « Le Sionisme menace l'Amérique » *pose des problèmes bien difficiles à trancher. Mais je n'ai par manqué de les communiquer à notre Service Étranger. Je vous prie, cher Monsieur, de croire à l'expression de mes sentiments les meilleurs.*

Cette correspondance décida de la publication du *Défi Israélien*, l'auteur ne parvenant plus, par ailleurs, à faire paraître un seul article dans *Le Jour* et *L'Orient* depuis l'achat du second par le premier, en sept. 70 ; opération faite au détriment de la diffusion de la langue française en Proche-Orient, qui combla d'aise l'Ambassade américaine à Beyrouth et Israël, à la disparition d'un excellent journal libanais de langue française qu'animait son brillant directeur, M. R. Aggiouri, opposé au Sionisme.

Le supplément du 4 déc. 71 donnait un exemple de la subversion antichrétienne que poursuit l'organisation *(sioniste)* du cinéma pornographique de Paris qui, ayant invité un critique déséquilibré, lui aurait dicté tels blasphèmes sataniques : « *R. Russel* (Women in Love, The Music Loyers) *ne recule devant aucun effet... Louis XIII en folle tordue, l'abbé Grandier (qui parlait déjà du mariage des hommes d'Église) en amant dégoulinant de sueur, sœur Jeanne des Anges, en hystérique sexuelle manipulant d'énormes cierges qui, ne servant plus à éclairer la chapelle, assouvissent sa soif de milles..., un C....t qui descend de sa C...x pour s'accoupler aux nonnes. etc.* Ce critique S. N., indigne du nom de chien, participe aux programmes français de l'O.R.T.F. où l'Organisation sioniste clandestine enregistre pour les Pays arabes les émissions pornophoniques (95), le prosionisme et la publicité clandestine, afin d'agir contre les amitiés franco-arabes. Cette campagne de dépravation antifrançaise contre la religion se poursuit dans les magazines féminins, et *Paris-Match,* par exemple fin nov. : *Faut-il baptiser les enfants à la naissance ?,* dans *Lectures pour tous* (depuis son rachat)... n'attaquant jamais la synagogue ou la circoncision, certes, mais attirant la réaction contre la judaïcité. Remarquant que cette campagne sioniste antireligieuse ne s'attaque pas à l'Islam, les autorités musulmanes sont effectivement très attentives à son respect intégral.

Le *Défi Israélien* parvint alors à M. J. Fauvet qui répondit :

Monsieur,

J'ai bien reçu votre lettre du 5 juin 1971 et votre livre sur le Sionisme. Je n'ai pas manqué de le parcourir, puis de le communiquer à notre Service Étranger. Je vous prie, Monsieur, de croire à l'expression de mon meilleur souvenir.

Le même ouvrage fut transmis à la Librairie Hachette, présidée par M. Norah et concessionnaire des Maisons de la presse et des kiosques dans les gares sur l'ensemble du territoire français. Voici la réponse :

Monsieur,   *Paris, 30 juillet 1971.*

Nous avons reçu dernièrement 2 exemplaires de l'ouvrage que vous venez de publier : « Le Défi Israélien ». Il ne nous est pas possible cependant de donner une suite favorable à votre proposition de diffusion, nos distributions étant actuellement réservées, soit aux ouvrages de notre fonds, soit aux ouvrages des fonds dont nous avons la vente exclusive ou à ceux de maisons dont nous sommes depuis longtemps les distributeurs auprès de nos correspondants qui nous en ont fait la demande expresse. Par ce courrier nous vous retournons les deux volumes que vous nous avez fait parvenir. Veuillez agréer, etc.

Il en fut de même avec la douzaine d'*éditeurs* et de *diffuseurs* consultés à Paris ; des *catholiques* aux *gauchistes* personne n'osa affronter les consignes maçonniques. Les plus sincères répondirent : *On nous tolère ainsi, ne* nous *condamnons pas avec le* « Défi Israélien » *explosif que nous applaudissons certes et remercions.* — Il est interdit à Paris, Genève, Bonn, Bruxelles, Rome, moins à Londres, de mêler

---

95). Radio-Liban, 19 déc. 1971, à 21 heures.

les sujets de la Franc-Maçonnerie avec la judaïcité et le Sionisme que chacun sait associés. Le monopole de la presse, par les *Rothschild*, en Europe occidentale n'est pas moins totalitaire qu'en Europe orientale où les raisons d'État sont impératives, tandis qu'en Occident les raisons de la presse sont pernicieuses, subversives, subjectives et antigouvernementales lorsque l'État ne protège pas le Sionisme. Les Juifs religieux peuvent s'opposer à Josué ou Dayan, mais cela serait interdit aux Chrétiens ; tel est l'ordre maçonnique.

Les derniers événements de la situation, terminant l'année 1971, soulignaient l'échec de la politique étrangère du Congrès (sioniste) des États-Unis, constaté dans le bilan de la Maison-Blanche. Elle impute à la précédente administration les difficultés économiques irrésolues par la première phase de la dévaluation du *Dollar* et la réévaluation de certaines monnaies étrangères plus dépendantes de l'influence maçonnique. La crise économique mondiale empêchera l'industrie américaine d'écouler ses surplus, et *les* réévaluations monétaires, en réduisant les échanges, seront préjudiciables à Israël.

En Indochine, bien que les forces américaines, diminuées des 2/3, *ne soient plus combattantes au sol*, des avions, poursuivant leurs bombardements intensifs, ont été abattus sur des territoires que leurs mercenaires abandonnent. — Au Pakistan, allié des États-Unis, Israël ressent sa propre défaite des gouvernants américains. M. Ali Bhutto nationalise, bloque la fortune des plus riches spéculateurs, destitue les gouverneurs militaires et épure la Marine, tandis que les 9 millions de réfugiés bengalis peuvent rentrer dans leur pays libéré de la dictature militaire des massacreurs.

En Israël, le sénateur américano-israélien Javitt, principal activiste sioniste au Congrès des États-Unis, implora les gouvernants de se retirer au plus tôt du canal de Suez pour limiter la défaite américaine en Méditerranée. Aussi le peuple, dit d'élites, par la supplantation subversive des autres, devient-il moins sûr de lui-même, de ses dernières conquêtes, et surtout de l'aboutissement du règne sioniste colonial maçonnique du XXe siècle. M. U Thant demanda à son remplaçant à l'O.N.U. l'application intégrale des résolutions du Conseil de Sécurité pour le retrait d'Israël de tous les territoires et la réintégration des réfugiés palestiniens. M. Jarring, pour sa part, invité par les États-Unis à reprendre sa mission, refusa de retourner en Israël. Le rabbin Meir Kahane, président de la Ligue de défense juive qui avait exigé, le 14 oct. 71, l'expulsion des Juifs noirs d'Israël — parce qu'ils sont noirs comme Sammy David Junior et 10 à 15.000 autres Américains reconnus nés d'une mère juive et d'un père nègre — déclara qu'il n'y avait plus d'avenir pour les Juifs en Amérique où la crise serait, pour eux, catastrophique. Craignant les réactions maçonniques des gouvernements noirs africains, les dirigeants israéliens, investissant en Afrique, n'osent pas expulser les Black Jews de Dimona qui prétendent descendre de Balthazar et qui rejettent la tradition orale (le Talmud) en contestant l'autorité des rabbins. Mais des Juifs noirs américains, disposant de la caution des 5.000 $ exigés, ont été refusés en Israël ainsi que des Juifs japonais et indiens, produits locaux du prosélytisme. Le plus grave est que l'argent rentre mal en Israël : 322 millions de $ en 1971, contre 6.360 millions $ en 1967. *L'Appel juif unifié* espère encore obtenir 22 millions $ aux États-Unis contre 400 initialement prévus en 1971. Les scandales multiplient les contestations : celui du racisme israélien qui refuse de reconnaître Juif le 3e fils, âgé de 2 mois, du colonel Shalith ; les fouilles illégales de Moshé Dayan sur les sites antiques exploités pour le commerce des antiquités, du ministre de la Défense, pour une valeur de 700.000 $, etc. Surviennent le prince Napoléon et sa femme pour passer leurs *vacances sionistes* en Israël.

En Europe, les gouvernants italiens dont on sait l'obédience maçonnique, refusaient de taxer les produits agricoles américains parvenus en Italie et suscitaient la demande française de réunir d'urgence le Conseil des Six. Le rôle français dans la défense européenne, confirmé par le succès du Président Pompidou devant M. Nixon, doit affronter les subversions sionistes maçonniques des dirigeants anglais qui persistent contre les Catholiques irlandais. Par contre en Suisse, le Grand Conseil (maçonnique) après avoir admis dernièrement le vote des femmes, confirme sa résistance au Sionisme en supprimant de la Constitution helvétique deux articles qui interdisaient la présence de la Compagnie de Jésus en Suisse.

« *MIRAGE* » REMBOURSÉS CONTRE « *VEDETTES* » RESTITUÉES POUR QUE LA COLLECTE SIONISTE EN FRANCE NE PAIE PAS LES « *PHANTOM* ».

Au début de 70, l'ambassade d'Israël à Paris, centre d'espionnage et de subversion, avait évité la rupture des relations diplomatiques françaises en engageant son gouvernement à ne pas armer les *Vedettes*, enlevées par ses pirates et les traîtres, et à *les* affecter aux *recherches* de pétrole. Les engagements sionistes, soutenus par d'importants représentants des Pétroles *français*, étaient violés en 1971. Une revue navale, à Haïfa occupé, a présenté les *Vedettes* en engins plus redoutables que l'avaient été les hélicoptères (français) qui détruisirent la flotte aérienne de l'aviation civile libanaise sur l'Aérodrome International de Beyrouth en 1968. Les gouvernants français, excédés des pressions internes et externes pour relâcher les 50 *Mirage* israéliens bloqués en France, avaient offert, dès 68, de les rembourser à Israël qui refusait ; escomptant leur livraison sous la pression de sénateurs, du constructeur, des parlementaires et de la presse, bien connus pour leurs affinités sionistes. En 1971, les frais d'entretien s'élevant considérablement pour ces appareils dépréciés, Israël, à court de fonds, en demanda lui-même le remboursement, assorti d'intérêts et d'engagements français de non-réexportation et de rétablissement de relations normales entre Paris et Tel-Aviv. Entre temps, l'ingénieur général Bonte, Armentiérois limogé pour sa responsabilité à Cherbourg, gênant l'espionnage mourut dans un accident d'auto fortuit (?). Les tractations, secrètes à Paris, diffusées en Israël, font varier les montants entre 2.100 millions de francs demandés par Israël et 220 millions offerts par la commission française qui n'assujettit pas le remboursement des *Mirage* à la restitution des *Vedettes* à Cherbourg, ou à leur désarmement contrôlé, pour être effectivement affectées aux recherches de pétrole. Cette lacune, susceptible de troubler intentionnellement les relations françaises avec les Pays arabes, est subversive.

LES PORTES DES TEMPLES MAÇONNIQUES.

Au *Grand-Orient* de France, créé à Paris en 1773, le nouveau Maître Fred Zeller, que l'on sait lié au Sionisme et aux alliés achkénazim, conseillers de Nixon et fournisseurs de *Phantom* à Israël, et ordonnateurs des bombardements en Indochine, déclare, fin 1971, ouvrir les Temples et tracer les grandes lignes de ce que devrait être la Maçonnerie de *l'an 2000*.

« Aujourd'hui nous avons conscience d'être — à peu *de chose* près *— dans la même situation que nos ancêtres du XVIIIe siècle (...) C'est à la révision* « permanente et fondamentale » *de nos conceptions que nous devons nous attacher (...) Il faut (...) ayant tout, une méthode de communication et de création appropriée à notre temps et aux temps à venir (...) Le marxisme, quant à son pronostic optimiste, a été contredit par les faits (...) Ce qui nous appartient donc de définir, en cette fin de siècle, ce sont de nouvelles valeurs historique ; mobilisatrices (...) Le libre accès à une information partagée par tous, dans le cadre de nouveaux systèmes démocratiques décentralisés ; (...) Il nous faut redéfinir l'homme en tenant compte de toutes ses aspirations, des conditions sociales et biologiques qui sont les siennes*

et de ses motivations profondes. Il nous faut aussi redéfinir « le type de le société idéale » *dans laquelle pourraient vivre heureux les hommes et les femmes de l'an 2000. Le* « Grand-Orient » *de France, désireux d'être réellement le* « centre de l'union », *à la vocation de rassembler toutes les idées valables et de leur assurer le rayonnement voulu. Désireux d'être le lien vivant entre la connaissance maçonnique* (96) *et le monde qui nous entoure, nous ouvrons nos temples à tous ceux qui se sentent animés d'une profonde foi dans l'humanité.* »

Ainsi les successeurs des criminels de la Convention de 1792-95, assassins des Vendéens, du Clergé et de la Noblesse, coupables des guerres napoléoniennes et coloniales et des massacres des Communards *et* des Chrétiens d'Orient ; ces maçons dreyfusards, sionistes, organisateurs de 1914-18, du Mandat colonial en Syrie et des guerres d'Indochine, de Suez et d'Algérie, prétendent vouloir poursuivre leurs activités par une nouvelle méthode mobilisant d'antres imbéciles parmi la jeunesse !...

LE TALMUD

Ce grand ouvrage littéraire, un des plus importants du monde, résulte du travail de nombreuses générations commençant 450 ans avant J.-C. et se terminant 500 ans environ après J.-C. 2.000 érudits de différents pays ont contribué au Talmud juif contenant plus de 6.000 pages et divisé en Talmud babylonien, de loin le plus important, et un Talmud palestinien ou Yerushalmi.

Le Talmud est composé de deux parties principales, le *Halakah* et *l'Agadir*. La première comprend la loi juive qui est l'expression sémite

---

96). Le rituel de *l'initiation maçonnique*, obnubilée en singeries du *symbolisme* et de la *promotion*, impose la *soumission* et le *secret*. Dans le cérémonial grotesque, le postulant doit savoir, la corde au cou, exécuter le signe s'engageant à se couper la gorge plutôt que de parler (de *l'enseignement*). La Franc-Maçonnerie italienne imprégnée d'anticléricalisme maintient au 30e degré la scène de la couronne royale et de la tiare pontificale foulées aux pieds. À *ces* 2 coiffures symboliques, certaines autres Loges ajoutent, selon les circonstances, le képi du général (?) ou la toque de la Justice vers lesquels l'initié au 32e degré crie 3 fois *Nakam*, mot hébreu signifiant vengeance. Bien entendu *le maçon universel* ne sait pas bâtir. Un des plus cyniques, Winston Churchill, responsable de l'opération maçonnique des Dardanelles en 1915 (250.000 morts) et du Foyer juif (1919), maçonna bien à la truelle des tronçons de murs de briques, dans son jardin, mais ne s'est jamais intéressé à l'urbanisme en Angleterre.

de l'enseignement iranien et aryen de Zoroastre. *Le « Halakah » copie tous les principes sociaux de l'« Avesta », recueil des Livres zoroastriens (d'une doctrine commençant 2.500 ans environ avant J.-C.), avec une mention spéciale à la glorification du travail manuel et qui considère le crime plus comme un phénomène pathologique, et demande un ordre social libéral (...) Le fait que la conception monothéiste de la religion ait été fondée et propagée par Zoroastre bien avant l'apparition des prophètes et des législateurs juifs sur la scène mondiale, que le peuple juif ait été libéré de la captivité par Cyrus, qu'ils appelèrent eux-mêmes dans leur Bible l'oint du Seigneur et de sa main droite, et que plus tard, après leur retour en Palestine, ils restèrent pendant deux siècles sous domination iranienne, subissant ainsi de toute évidence l'influence de la culture d'une grande civilisation, prouve que Clermont-Garneau avait bien raison de présenter dans la revue « Critique » de janvier 1880, le Judaïsme comme une émanation du Mazdéisme*, nous apprend : *L'Iran face à l'imposture de l'histoire »*, du Prince Mozaffar Firouz.

Sur les 4 livres qui portent le nom d'Esdras, les deux derniers sont apocryphes et le second est en réalité le livre de Néhémie. (« Larousse » 1968) ; le premier a pour objet la promulgation de l'*édit de Cyrus, qui permit aux Israélites* les plus zélés, captifs à Babylone, de s'établir à Jérusalem et au despote Esdras de rétablir par la force le respect des lois juives.

L'*Agada* (exposition) est la paraphrase de l'histoire ou des exhortations bibliques qui commentent aussi d'autres livres bibliques que ceux de la Loi. La rédaction du Talmud, qui contribua, au Moyen Age, à conserver l'amour des patientes études au sein des écoles rabbiniques, se termina vers l'an 500, au moment de la propagation du Christianisme et de la diffusion des connaissances, par les chroniqueurs qui précisèrent des exemples de subversions sionistes. Des écrivains arabes et persans ont cité celles dont furent victimes les partisans d'Ali, quatrième calife (656 à 661) dont la mort tragique divisa l'islam.

Au Liban, un ami nous indiqua la mention de relations sionistes dans les *Mémoires de Casanova* précédant la campagne sioniste de Bonaparte à Saint-Jean-d'Acre. De même *des fuites* sur l'annihilation de l'élite polonaise à Katyn, parmi les 15.000 prisonniers de guerre polonais exécutés en 1940-41, nous apprenaient que les services de l'espionnage achkénaze anglais et américains savaient l'horrible vérité depuis longtemps lorsque, le 13 avril 1943, la radio allemande annonça la découverte du charnier de plus de 3.000 cadavres d'officiers polonais. La cause sioniste s'expliquerait par l'attitude de ses partisans entourant Roosevelt *et* Churchill qui étouffèrent cette *affaire* en sachant que les *Khazars* de Béria des armées soviétiques en étaient les exécutants. La propagande sioniste antisoviétique, depuis 1949, s'est toujours abstenue de citer Katyn ; également les 900.000 Russes anticommunistes qui, levés par les Nazis, firent livrés, au printemps 1945, sous la menace des tanks anglais et américains, lorsque le Sionisme, gouvernant en Maître les Alliés, décida de faire expulser 18 millions d'Allemands de Pologne, de Tchécoslovaquie, de Hongrie et de Prusse orientale, et de les chasser vers l'Ouest en faisant périr plus de deux millions d'hommes, de femmes et d'enfants durant cette migration. (Les collaborateurs alsaciens nazis furent absous.)

Une autre *affaire* sioniste, parvenue trop tard ici, est l'attaque achkénaze, en avril 1968, contre la vie exemplaire d'un vieux médecin suisse, le Dr Jean Albert Mathez, de Vevey, auteur d'un livre de 700 pages, *Le passé, les temps présents et la question juive.* Des Achkénazim internationaux, habitant la Suisse et ayant pour témoins la *Ligue des droits de l'homme* de Daniel Meyer et Cie achkénaze ainsi que Madeleine Fourcade, résistante décorée de partout, conseillère de l'agression israélienne sur le camp de Karameh des réfugiés palestiniens résistants, poursuivaient ce médecin en justice (Canton de Vaud) pour faire détruire son livre. Le journal libanais *Le Soir* des 7 et 8 juin 68 s'est engagé à en informer ses lecteurs.

LA GUERRE SANS MENSONGE.

Le présent dépend du passé et l'avenir est préparé par le présent. La vérité seule est sûre. Les mensonges apportent guerre, ruine, désastre, mort. Il faut connaître la vérité du passé pour agir au mieux et préparer un avenir que nos fils ne nous reprocheront pas. Depuis longtemps, les hommes politiques, les journalistes, les citoyens français ne réagissent à l'égard des Allemands, des Italiens, des Russes, des Anglais, des Américains et aux événements en général que par des réflexes de passion conditionnée par l'information mensongère, qui les ont aveuglés jusqu'à les pousser à ne plus penser français, à se laisser engluer dans le mensonge, à pousser certains à la trahison. Pourtant la France de Descartes est un bon guide en matières internationales ; et de Bossuet : « ... *nous ne Pouvons changer la vérité... nous ne subsistons nous-mêmes que par un trait de la vérité qui est en nous.* »

Le XXᵉ siècle, né de 1789, est le plus sanglant de l'histoire du monde, parce que c'est celui qui a le plus menti, qui a été le plus ennemi de la vérité, qui l'a, le plus impudemment, bafouée.

De tout temps, les États comme les hommes ont usé de contre-vérités ; des dirigeants ont jugé utile de tromper leurs propres peuples ou leurs voisins. Jamais comme depuis 1910, plus en Allemagne et en Italie jusqu'en 1943, en Angleterre et en France jusqu'en 1958, aux États-Unis et en Israël jusqu'à ce jour on n'a érigé le mensonge en méthode essentielle de gouvernement. Jamais, non plus, on n'a tant parlé d'honneur, de vérité, de justice, de *paix juste...*

La guerre maçonnique de 1914 commence par le mensonge allemand du bombardement français de Nuremberg, — comme celle de 1870 commença par le trucage mensonger de la dépêche d'Ems —, elle s'étend en Belgique par le mensonge de l'attaque belge sur l'Allemagne. Les 93 intellectuels allemands (aux 2/3 Achkénazim) mentent dans leur manifeste de 1915 : « *... Ce n'est pas vrai que l'Allemagne ait provoqué la guerre..., violé la Belgique..., détruit la belle cité de Louvain et sa bibliothèque...* » ; Comme mentent les 26 historiens et juristes les plus célèbres d'Allemagne, les 3.200 membres des universités et des hautes écoles germaniques (en grande partie Achkénazim) ; les pasteurs les plus influents, tel Dryander qui n'hésite pas à blasphémer : « *Nous continuons l'œuvre du Christ... Nous avons à défendre Dieu contre le monde...* » Les mensonges achkénazim continuent après la guerre : « *Nous n'avons pas été vaincus*, clament les chefs qui dirigent l'Allemagne, *nous touchions la victoire lorsque la révolution a poignardé l'armée dans le dos. Nous sommes victimes d'une trahison de l'intérieur comme d'une trahison de l'extérieur. Nous n'avons cessé le feu que par horreur du sang versé et par la promesse... des 14 points de Wilson*. Or, ils nous ont *menti...* » Alors, le Sionisme, aidé des Loges anglo-saxonnes, françaises et italiennes, fera déchirer les traités de Versailles et de Sèvres pour permettre au Foyer Juif, négocié contre les pétroles de Kirkouk, de s'étendre, massacrant et en chassant les Chrétiens d'Orient ; à Hitler de grandir, pour forcer les Juifs allemands à émigrer en Palestine, placée sous garde anglaise ; et surtout, imposer les mandats de la S.D.N., genevoise, sur les Arabes en général pour les neutraliser et accaparer leurs pétroles.

Tandis qu'en Allemagne et en Italie on supprimait la presse libre, en France, en Angleterre, aux États-Unis elle était depuis longtemps acquise ou muselée par l'argent sioniste. Les Totalitaires mentent, *Mussolini dénonce l'ingratitude de la France que l'Italie a sautée en demeurant neutre en 1914* et *sa déloyauté dans le partage des territoires.* Il prétend que *le Reich est l'appui tutélaire de l'Italie qui, grâce à lui, obtiendra de justes compensations sous menace de guerre.* De part et d'autre des Alpes la propagande insultante oppose les deux peuples, alors qu'ils sont les meilleurs amis naturels, issus d'une même culture gréco-latine de même confession. Cette propagande maçonnique (sioniste) les dresse ensemble contre le peuple le plus admirable du monde : les Grecs, que bientôt Hitler fera attaquer, suivi du Communisme.

Le Nazisme totalitaire accumulait les mensonges que les millions d'hommes désarmés consentent à avaler. — (Les Maîtres anglais et américains, d'obédience sioniste, n'interviendront en Allemagne, en Italie et au Japon que pour les écraser sous les bombes.) —Les masses allemandes, italiennes, japonaises, hurlent d'enthousiasme, sous la propagande à peine gênée par les *démocraties* maçonniques, laissant ce délire empester la mort qui frappera les coupables et les complices, menteurs et dupés, avec les innocents (97). La vérité se venge toujours : elle s'est vengée d'Hitler, de Bismarck, de Frédéric, les 3 plus grands dupeurs — outre les Napoléon et le Sionisme — que le monde ait connus. Elle s'est vengée de l'Allemagne bâtie sur le mensonge, de tous les peuples qui, par intérêt, ignorance ou lâcheté, ont fait le jeu des Totalitaires. Justice immanente : le mensonge porte en lui un germe mortel. L'Angleterre sioniste qui a contribué à détruire l'Europe chrétienne, et couvé l'État juif ; les États-Unis qui ont laissé croître Hitler et le Sionisme ; les Russes qui ont signé avec eux l'accord d'août 39 ; la Belgique qui, en 1937, a abandonné la France pour plaire à son bourreau ; la Pologne du colonel Beck ; la Hongrie et la Roumanie ; la Tchécoslovaquie du sioniste Bénès qui proposa d'abandonner les Sudètes, en un *Munich maçonnique,* des Daladier-Bonnet dont les révélations récentes privent la propagande sioniste du mot Munich employé jusque-là ; la France, radical-socialiste, maçonnique et coloniale, proies faciles pour la propagande étrangère ou les traîtres de la politique, de la presse, des mouvements syndicalistes et des anciens combattants, s'offraient aux aventuriers de seconde zone achkénaze pour qui l'argent n'a pas d'odeur, et à tout le troupeau des amoraux, des vaniteux, des ambitieux médiocres dont la passion d'arriver est plus frénétique.

---

97). Le nombre de 6 millions de Juifs victimes du Nazisme serait très exagéré par la propagande. Certains affirment heureusement qu'il est très inférieur.

Nous payons aujourd'hui pour les fautes contre la vérité que tant de nos compatriotes ont commises, qu'ils fussent simples citoyens, abusés par la propagande mensongère des traîtres de la presse, ou ministres complices du Sionisme qui, au sein de la Franc-Maçonnerie, guide l'information depuis qu'elle existe.

Avec les mensonges de Stresemann ou d'Hitler, nous payons aussi les fautes des gouvernants anglais et américains qui ont financé le réarmement allemand et se sont laissé tromper par e Sionisme ou se sont mentis à eux-mêmes en dépendant de la Franc-Maçonnerie. Wilson, Roosevelt, Truman, Johnson, américains ; Lloyd George, Churchill, anglais, ont été les valets du Sionisme qui bouleverse le monde moderne à partir de l'Orient, depuis 1789.

Rares étaient ceux qui, en Occident, osaient dire la vérité. S'ils voulaient réussir en politique, dans une *situation* ou les *affaires,* il fallait préférer la facilité, plutôt *qu'être ennuyeux inutilement*, Il est plus facile de céder au mensonge quand il flatte et paye, que de s'*élever contre les menteurs et recevoir* leurs coups et ceux de leurs dupes. Ceux qui cédaient au Sionisme, à la politique coloniale, en ont été comme imbibés et s'en sont faits les propagateurs. L'ignorant, dupé par la presse, succombe, entêté, au mensonge sans s'en être avisé, alors que le menteur ruse avec le mensonge et change de camp en temps opportun. Aujourd'hui cela n'est même plus permis et demain il sera trop tard.

C'est pourquoi il faut le courage de la vérité aux vrais Allemands, Anglais, Arméniens, Autrichiens, Belges, Espagnols, Français, Grecs, Hollandais, Hongrois, Irlandais, Italiens, Polonais, Roumains, Russes, Scandinaves, Suisses, Turcs, Yougoslaves, ... continuelles victimes des guerres par les subversions sionistes.

Il ne faut plus attendre les Américains qui, du Nord au Sud, doivent faire leur révolution, épurer leur Congrès et leur presse mensongers, les vider complètement du Sionisme politicard et spéculateur criminel.

La Paix véritable ne saurait être obtenue qu'en mettant au ban de la société cette institution maçonnique sioniste, en interdisant la fabrication des armements et en libérant définitivement la Palestine.

Réviseur et correcteur : *Eugène Georges Chidiac* (Edt. 1972)
Reprise numérique : *Lenculus*† (Edt. 2007) – *Baglis* (Edt. 2019)

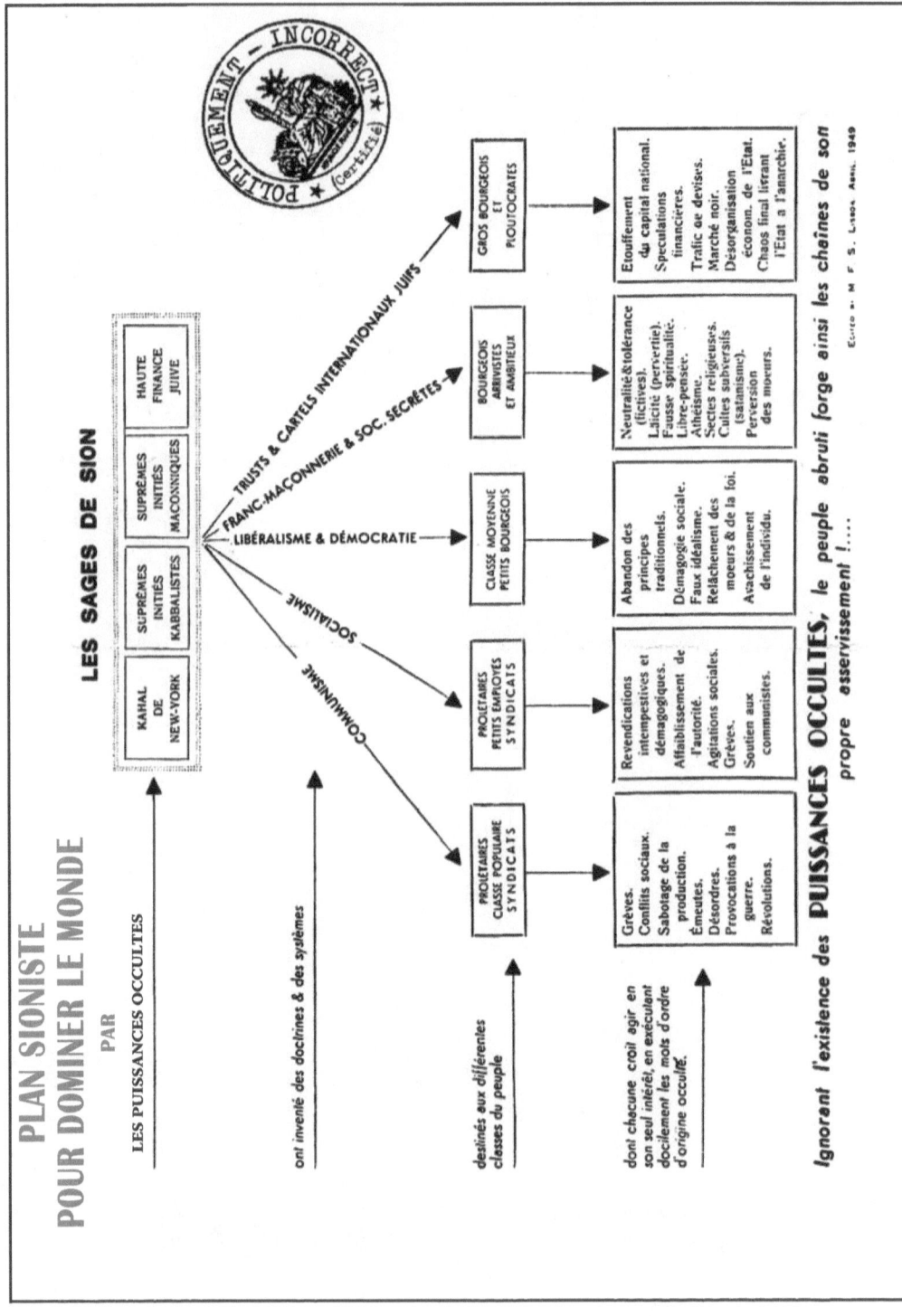

Annexe

Lucien CAVRO
Rue de 1 UNESCO, Imm. Jammal No.13
Beyrouth, Liban-Tel: 301 355

Beyrouth   1972

Monsieur, Madame, Mademoiselle,

Nous vous invitons à nous aider pour diffuser un livre révélateur que l organisation sioniste interdit aux librairies et information qu'elle controle. Nous désirons atteindre les personnes soucieuses d'etre averties des prochaines crises sociales et politico-économiques inéluctables suscitées par cette organisation destructrice dissimulée de la Droite à la Gauche.

Notre livre élucide les déformations de l histoire, depuis 1789, et de l actualité comparable, sur les événements qui dévastent le monde pour réduire les civilisations chrétiennes et islamiques. Il explique le sens de la politique incompréhensible.

Votre conscience du devoir envers la paix et les traditions nationales, envers la jeunesse révoltée et les v tres abusés, avec ceux que le malheur a frappés et qui vous menace aussi vous conduira à assumer cette entraide indispensable au salut commun.

La Providence vous la rendra.

Nos moyens, limités et indépendants, sont utilisés aux éditions prochaines en : anglais, allemand, italien, espagnol, grec, arabe.

- the-savoisien.com
- pdfarchive.info
- vivaeuropa.info
- freepdf.info
- aryanalibris.com
- aldebaranvideo.tv
- histoireebook.com
- balderexlibris.com

Librairie Excommuniée Numérique CULUS (CUrieux de Lire des Usuels)

www.ingramcontent.com/pod-product-compliance
Lightning Source LLC
LaVergne TN
LVHW091535060526
838200LV00036B/623